미일동맹이라는 거울

미일동맹이라는 거울

지은이 지지와 야스아키

1978년 일본 후쿠오카현에서 태어났다. 히로시마대학 법학부를 졸업한 뒤 오사카대학 대학원에서 국제공공정책연구과 박사 과정을 수료했다(국제공공정책 박사). 교토대학 대학원 법학연구과 COE연구원, 일본학술진흥회특별연구원(PD), 방위성 방위연구소 교관, 내각관방부장관보(안전보장, 위기관리담당)실 주사, 방위연구소주임연구관, 동 연구소 국제분쟁사 연구실장을 거쳐 2026년부터 일본대학 국제관계학부 준교수로 재직 중이다. 또 국제안전보장학회 이사로 활동하고 있다.

일본에서 출간한 주요 저서로《안전보장과 방위력의 전후사 1971~2010》(지쿠라쇼보, 제7회 일본방위학회 이노키 마사미치상 정상(본상) 수상),《전쟁은 어떻게 종결되는가》(주코신쇼, 제43회 이시바시 단잔상 수상) 등이 있고, 국내에 번역 소개된 책으로《단숨에 읽는 세계 정세》가 있다.

옮긴이 길윤형

1977년 서울 출생. 서강대학교에서 정치외교학을 전공했다. 2001년 11월《한겨레》에 입사해 사회부·국제부 등을 거쳤고, 2013년 9월부터 3년 반 동안 도쿄 특파원으로 재직했다. 귀국 후《한겨레21》편집장과《한겨레》국제뉴스팀장, 통일외교팀장을 맡았고 국제부장을 거쳐 통일외교국제 담당 논설위원으로 일하고 있다.

지은 책으로《나는 조선인 가미카제다》《아베는 누구인가》《안창남, 서른 해의 불꽃같은 삶》《26일 동안의 광복》《신냉전 한일전》《조선의 갈림길》이 있고, 옮긴 책으로《나는 날조 기자가 아니다》《아베 삼대》《공생을 향하여》《북일 교섭 30년》이 있다. 앞으로 한반도를 둘러싸고 전개되는 정세 변화에 관심을 가지고 이런저런 글을 쓰려고 한다.

미일동맹
이라는
거울

지지와 야스아키 지음
길윤형 옮김

일러두기

1. 필자의 의도가 훼손되지 않는 선에서 최대한 유려한 한국어 문장으로 다듬 기 위해 최선을 다했다.
2. 인명, 지명 등 외래어는 국립국어원 외래어표기법을 따랐으나, 일부는 관례 에 따라 그대로 두었다.
3. 본문에서 대괄호([ ])로 표시한 단어 또는 문장은 독자들의 이해를 돕기 위 해 옮긴이가 추가한 부분이다. 별도 설명이 필요한 구절에는 옮긴이 주를 각주로 달았다.

한국어판 서문

일본의 고도 나라古都 이카루가斑鳩에 자리한 호류지(법륭사)는 7세기에 건립된, 현존하는 세계에서 가장 오래된 목조 건축물군이다. 세계유산에도 등록된 이 사원을 일본인은 역사적·문화적으로 의지할 곳으로 여겨 소중하게 지켜 왔다. 필자는 2025년 가을에 처음 호류지를 방문해 건축물뿐 아니라 자애로움이 넘치는 표정을 지닌 백제 관음상 등 압권이라 할 수밖에 없는 불교 미술품 앞에서 잠시 가만히 서 있었다. 이 작품들은 고대 한반도에서 일본으로 전해진 기술의 영향을 받은 것으로 알려져 있다. 일본과 한반도는 오랜 옛날부터 교류를 이어 왔고, 이것이 무엇과도 바꿀 수 없는 문화를 만들어 낸 것이다.

필자가 호류지를 방문한 지 두 달 뒤인 2026년 1월 14일 나라 출신의 다카이치 사나에高市早苗 총리는 같은 장소로 한국의 이재명 대통령을 초대했다. 이재명 정권이 탄생했을 때 일본 내에선 기시다 후미오岸田文雄, 조 바이든Joe Biden, 윤석열, 세 정상이 한미일 안전보장 협력을 추진해 가겠다고 선언한 2023년 8월 18일 '캠프 데이비드 합의'의 앞날을 우려하는 목소리가 있었다. 그러나 한일 두 정상이 호류지를 방문하면서 이런 우려가 사라지게 됐다. 한일 양국은 역사 인식 문제 등이 발목을 잡아 온 탓에 언제나, 양호했다고 할 수 없는 복잡한 관계를 이어 왔다. 그럼에도 보수파라고 알려진 일본 총리와 혁신파인 한국 대통령이 굳게 손을 잡았다. 이는 중국의 군사적 대두나 북한의 핵미사일 능력 향상 등으로 인해 동아시아 내 국제 안전보장 환경이 급속히 악화되고 있다는 사실과 전혀 관계없는 일은 아닐 것이다.

이 책《미일동맹이라는 거울》은 동아시아 안전보장의 핵심이라 할 수 있는 미일동맹을 주제로 삼아, 이것이 미국의 다른 동맹망에서 독립해 존재하는 '양자 동맹'인 것처럼 받아들이는 것은 착각이라는 사실에 대해 논하고 있다. 미일동맹은 아시아·태평양에서 미국을 핵(허브)으로 삼는 '허브 앤 스포크형 동맹망(스포크란 방사선 모양으로 퍼지는 복수의 선을 뜻하며, 여기선 미일동맹과 한미동맹을 이른다)'의 일부이다. 또한 이 동맹망 가운데서도 미군이 일본 내 기지를 사용하고 있다는 것을 매개로, 한미동맹과 특히 더 밀접한 관계를 맺고 있다. 오히려 미일동맹은 [따로 떨어진 양자 동맹이 아닌] '한미·미일 양 동맹'이라는 안전보장 시스템 내 하나의 기능이라고까지 생각해 볼 수 있다.

이런 안전보장 시스템의 배경에 있다고 할 수 있는 것이, 필자가 '극동 1905년 체제'라고 부르는 지역 질서다. 이는 "동아시아에서 전통적 패권국인 중국이 약체화 혹은 자제적이 됐다는 것을 전제로, 일본과 일본에 지정학적으로 중요한 한반도(적어도 그 남부)와 대만이 힘의 뒷받침에 의해 같은 진영에 묶이게 된 지역 질서"

라고 정의할 수 있다. 이 질서는 1905년 미국·영국·러시아의 국제적인 승인을 얻으며 처음 만들어졌다(단, 필자에게 일본의 조선 식민 지배를 정당화하려는 의도가 없다는 점을 이해해 주셨으면 한다).

역사적 사실을 살펴보면, 1945년 일본 제국이 붕괴한 뒤에도 '극동 1905년 체제'는 지속됐다고 할 수 있다. [일본의 패전 이후] 이 체제를 힘으로 뒷받침하게 된 것은 '한미·미일 양 동맹'이라는 안전보장 시스템이었다.

이렇게 생각하면, [동아시아 내] 안전보장 환경의 악화에 따라 한미일 안전보장 협력이 강화된 것은 전략적·지정학적 관점에서 보자면 자연스러운 흐름이라고 할 수 있다. 2023년 당시 윤석열 대통령이 굳이 한국의 광복절인 8월 15일을 골라 한국 유사사태 때 일본의 기지가 갖는 중요성을 강조한 것도 상징적이었다.[*]

필자의 '극동 1905년 체제'론은 일본의 보수적인《산케이신문》으로부터 리버럴한《마이니치신문》까지, 나아가 한국의《한겨레》에서도 다뤄지며 여러 논의를 불러일으켰다. 특히 남기정 서울대 일본연구소 교수가 이 개념을 일본의 역사 인식 문제가 후퇴하고, 지정학적 봉인이 해제되어 가는 하나의 예로서 비판적으로 소개했다.(남기정, '봉인된 역사-한국에서 본 아베 정치'《세카이世界》2023년 8월호) 이는 의미 깊은 비판이라 할 수 있었다. 분명 현재의 '극동 1905년 체제'에 대한 필자와 남 교수의 견해는 다르지만, 그럼에도 한일의 안전보장이 매우 밀접한 관계를 맺고 있다는 것에 대해선 공통

---

[*] 윤 대통령은 2023년 광복절 경축사에서 이렇게 발언했다. "일본이 유엔사령부에 제공하는 7곳 후방 기지의 역할은 북한의 남침을 차단하는 최대 억제 요인입니다. 북한이 남침을 하는 경우 유엔사의 자동적이고 즉각적인 개입과 응징이 뒤따르게 되어 있으며, 일본의 유엔사 후방 기지는 그에 필요한 유엔군의 육해공 전력이 충분히 비축되어 있는 곳입니다."

이해가 있기 때문이다.

이 책에선 논의를 한층 더 파고들어 일본 쪽의 '이렇게 됐으면 좋겠다'는 희망 사항이나 일본의 국내 정치적 사정이 미일동맹을 둘러싼 제도적 틀과 사고 양식에 영향을 끼친 게 아니냐는 지적을 했다. "미국이 한반도에서 벌이는 전쟁에, 이를 원하지 않는 일본이 말려들어 가지 않도록 [제도적 장치를 마련]해 두고 싶다"는 생각 등이 그 전형적인 예라고 할 수 있다. 이것을 이 책에선 '일본적 시점'이라 부르고 있다. 하지만 지금 일본에게 필요한 것은 '극동 1905년 체제'론과 같은 '제3자적 시점'이 아닌가 생각한다. 이를 일본 이외 국가들의 견해도 고려해 가면서, 현재를 역사적 배경이나 지역 전체를 큰 틀에서 부감俯瞰(내려다 보는)하는 관점이라고 바꿔 표현해 볼 수도 있다. 도미타 고지冨田浩司 전 주미 일본대사가 《교도통신共同通信》의 신문 서평에서 이러한 이 책의 의도를 진지하게 소개해 주셨다.

현재 동아시아에선 한국 유사사태뿐 아니라 대만 유사사태에 대한 우려도 커지고 있다. 그런 만큼 미일동맹과 관련해 이 책이 지적하는 '일본적 시점'과 '제3자적 시점'의 괴리를 극복하는 게 점점 더 중요해지고 있다. 다카이치 총리는 2025년 11월 7일 대만 유사사태가 일본의 평화안전법제에서 규정하는 '존립위기사태'에 해당될 수 있다(즉, 일본이 집단적 자위권을 행사할 수 있다)고 답변해, 중국의 격렬한 반발을 뒤집어써야 했다. 존립위기사태는 일본 국내적으로는 '전력을 가질 수 없다'고 규정하고 있는 일본 헌법 조항과 정합성을 유지하면서 집단적 자위권 행사를 한정적인 상황에서 용인하기 위해 만들어진 법적 개념으로, 애초 억제적인 성격을

   미일동맹이라는 거울

가진 것이다. 하지만 중일 관계의 맥락 속에서 "대만 유사사태에 일본이 개입하려는 구실'로 받아들여지고 만 것은 아닐까 생각해 본다. 여기에서도 '일본적 시점'과 '제3자적 시점' 사이의 괴리를 지적할 수 있을 듯하다.*

애초에 집단적 자위권의 한정 용인이라는 것은 미국의 전쟁에 '말려들어 갈 수 있다'는 비판에도 불구하고, 다카이치 총리의 정치 스승이라고 할 수 있는 고 아베 신조安倍晋三 전 총리의 정권 시대에 만들어진 것이다. "이것조차 없다면 미일동맹이 위기에 빠지고 만다"는 위기의식이 있었기 때문이다. 다카이치 총리의 답변이 나온 뒤 얼마 지나지 않은 같은 달 25일 미일 정상의 통화가 이뤄졌다. 이 자리에서 트럼프 대통령은 다카이치 총리에게 중국을 자극하지 말라고 충고했다는 보도가 나왔다. (미국의 전쟁에) '말려들어 간다'는 우려를 해야 했던 시기가 이미 지나 버린 것 같은 느낌을 받는다.**

미일 정상의 전화 통화가 이뤄진 직후 트럼프 정권이 발표한 〈국가안보전략NSS〉은 서반구를 우선하는 이른바 '돈로주의'를 내걸고 있다. 미국이 우크라이나를 놓고신 러시아, 대민에 대해선 중국과 '거래'를 할 수 있다는 대국 간 협조의 시기가 도래할 수 있다는 우려가 현실감을 띠기 시작한 것이다.

---

* 일본 국내적으로는 존립위기사태라는 개념을 만들어 내 자위대의 집단적 자위권 행사를 크게 제한한다고 생각했지만(일본적 시점), 중국은 이를 대만 사태 개입을 위한 공세적인 구실로 받아들였다(제3자적 시점)는 의미다.

** 이전에는 일본이 원치 않는 미국의 전쟁에 말려들어 가지 않기 위해 여러 안전장치를 만들어 내기 위해 부심했지만, 이제는 미국이 동아시아의 안전보장 문제 자체에 큰 관심을 갖지 않게 됐다는 의미다.

중국은 '극동 1905년 체제'와 같은 지역 질서를 받아들이지 않을 것이다. 결국 동아시아 지역이 안고 있는 [가장 큰] 과제는 지역의 모든 당사국이 합의할 수 있는 지역 질서관이 존재하지 않는다는 사실이다. 그에 따라 현재 상황을 평화적으로 유지하기 위해선 외교뿐 아니라 억지력 구축이 불가결하다고 말할 수밖에 없다. 돈로주의 아래의 아시아·태평양에선 미국의 안보 관여를 확보해 가는 것에 더해 '허브 앤 스포크형 동맹망' 안에서 조약상 동맹국이 아닌 국가와 지역의 연대, 이른바 소다자주의Minilateralism를 발전시켜 나가야 한다.

이런 가운데 일본이 감당해야 할 안전보장상 책임이 점점 커지고 있다. 올해 2026년 일본은 새로운 방위 3문서(국가안전보장전략, 국가방위전략, 방위력정비계획)의 개정을 예정해 두고 있다. 다카이치 정권은 2월 8일 중의원 선거에서 역사적 대승을 거두면서 국내적인 정치 기반을 확고히 마련했다. 앞으로 다카이치 정권 아래서 안전보장을 둘러싼 논의는 관계국이나 지역을 끌어들이는 형태로 한층 활발해질 것이다.

이런 시기에 미일동맹과 한국 등 동아시아 지역의 연계가 갖는 의미에 대해, 이 책의 한국어판을 통해 한국 독자 여러분과 함께 생각해 볼 수 있다면 필자에겐 이보다 더 큰 기쁨이 없을 것이다.

2026년 4월

지지와 야스아키

미일동맹이라는 거울

중고등학생 때 치렀던 역사 시험에서 묘하게 오래도록 마음에 남는 문제가 있었다. 포츠담 선언은 누구 이름으로 발표된 것이냐는 질문이었다.

포츠담 선언이란 제2차 세계대전 막바지인 1945년 7월 26일 연합국이 일본을 상대로 내놓은 항복 권고를 말한다. 연합국과 전쟁을 벌였던 일본·독일·이탈리아 3개국 가운데 이탈리아는 1943년에 이미 항복했고, 독일 역시 1945년 5월 무릎을 꿇은 상태였다. 이제 [추축국 가운데] 남은 것은 일본밖에 없었다. 이런 가운데 연합국 정상들이 점령 중이던 독일 수도 베를린의 교외에 자리한 포츠담이란 지역에 모여 일본을 향해 [항복을 요구하는] 선언을 내놓은 것이었다.

하지만 일본은 포츠담 선언을 곧바로 수락하지 않았다. 결국 미국은 8월 6일과 9일 히로시마와 나가사키에 각각 핵무기를 투하했고, 소련(현 러시아)은 9일 새벽 일본을 상대로 참전에 나섰다. 일본은 이런 일이 벌어진 뒤인 14일이 되어서야 포츠담 선언을 수락하고, 이튿날인 15일 쇼와 천황은 이 사실을 녹음 방송을 통해 국민에게 알리게 된다.

포츠담 선언이 누구 이름으로 발표됐는지에 대해 왜 신경을 쓰게 됐는가 하면, 이 회담의 참가자와 서명자가 [정확히] 일치하지 않았기 때문이다.

포츠담 회담에 참가한 연합군 정상이 누구인가라는 문제가 시험에 나온다면, 해리 트루먼Harry Truman 미국 대통령, 윈스턴 처칠Winston Churchill 영국 총리와 회담 중에 그와 교체된 클레멘트 애틀리Clement Attlee 후임 총리, 그리고 소련의 최고지도자였던 이오시프 스탈린Joseph Stalin이라고 답해야 한다. 이렇게 쓴다면, 동그라미를 받을 수 있다.

하지만 포츠담 선언이 누구 이름으로 발표됐느냐라는 문제에는 트루먼, 처칠(애틀리가 아니다)에 더해 중국(당시는 중화민국)의 총통 장제스蔣介石라고 답해야 한다. 심지어 장제스는 포츠담에 오지 않았는데도, 트루먼 대통령이 그의 동의를 얻어 대신 서명했다.

즉, 연합국 정상 가운데 스탈린은 포츠담 회담에 참가하고도 중요한 포츠담 선언에는 서명하지 않은 게 된다. 이렇게 알 수 없는 얘기가 또 있단 말인가.

[그렇다면] 왜 스탈린은 포츠담 선언에 서명하지 않았던 것일까? '당시 일본과 소련은 소일중립조약을 맺고 있었기 때문이었다'라고 수험 참고서에 적혀 있었던 것인지, 아니면 선생님이 설명해준 것인지는 기억나지 않는다. 일본과 소련은 소일중립조약을 통해 서로가 상대방을 공격하지 않겠다는 약속을 해 두고 있었다. 이 조약이 체결된 것은 미일 개전이 이뤄지기 전인 1941년 4월이었

                                        미일동맹이라는 거울

다. 원래대로라면 이 조약은 1946년 4월까지 유효할 것이었다.*

하지만, 솔직히 소일중립조약 때문이었다는 설명만으로는 잘 납득되지 않았다. 이 조약이 있었기 때문에 포츠담 선언에 서명하지 않았다고 하는 '설명'과 그로부터 불과 2주 뒤에 소련이 태연히 이 조약을 파기했다는 '현실'이 당시 학생이던 내 눈에도 어쩐지 이치에 맞지 않게 느껴졌다. 당시 중학생이긴 했지만 바쁘기는 어른들과 마찬가지였다. 포츠담 선언에 스탈린이 서명하지 않은 수수께끼에 대해 그 이상 더 파고들어 생각해 볼 만한 여유가 없다고 무의식중에 혼자 판단해 버리고 이 답답한 마음을 방치해 두고 말았다. 그런 채 상당한 시간이 흐르게 됐다.

포츠담 선언이 나오게 된 과정에 대해 다시 살펴볼 수 있었던 것은 이미 포닥(박사 학위를 취득한 뒤 정규직에 취직하기 전까지의 비정규직 연구자)이 된 뒤였다. 그동안 이 문제에 대해 애써 공부하지 않았던 사실을 부끄러워할 수밖에 없었다.

여하튼 조사를 해 본 뒤 알게 된 것은 스탈린 본인은 사실 포츠담 선언에 서명할 생각이었다는 기묘한 사실이었다.

왜 포츠담 선언에 스탈린의 서명이 없는 걸까

포츠담 회담이 열리기 5개월 전인 1945년 2월 당시 소련령이었던 크림반도의 얄타에서 연합국 정상들이 한데 모인 또 다

---

* 그에 따라 소련이 일본에 선전포고를 하기 위해선 이 조약을 파기할 필요가 있었다. 뱌체슬라프 몰로토프(Vyacheslav Molotov) 소련 외교장관은 사토 나오타케(佐藤尚武) 주러 일본대사를 1945년 8월 8일 오후에 불러 내일부터 조약을 파기하고 일본과 전쟁을 시작할 것이라는 선전포고문을 낭독했다. 사토 대사는 훗날 자신의 회고록《회고 80년(回顧八十年)》(1963)에 당시 상황을 자세히 적었다.

른 회담이 있었다. 이때 미국 대통령은 프랭클린 루스벨트Franklin Roosevelt였다. [두 달 뒤인] 그해 4월 루스벨트가 갑자기 숨을 거두기 때문에 부통령이었던 트루먼이 갑자기 대통령으로 승격돼 이후 열린 포츠담 회담에 참가하게 된다.

얄타에서 루스벨트와 스탈린은 [전 세계가] 전율할 만한 밀약을 맺게 된다. 독일이 항복하고 2~3개월 뒤에 소련이 일본을 상대로 참전하면, 그 대가로 일본령인 지시마 열도千島列島* 등을 소련에 넘겨준다는, 일본에겐 악몽과도 같은 대국 간의 비밀 약속이 맺어진 것이다. 이른바 '얄타 밀약'이었다.

실제 독일이 5월 7일 항복하자 소련은 3개월 만인 8월 9일 얄타 밀약에 따라 일본을 상대로 전쟁을 시작했다. 소련군은 일본인 거류민이 많이 살고 있던 중국 동북부 지역인 만주를 향해 갑자기 발생한 눈사태가 덮치듯 한꺼번에 공격해 들어왔다. 그로 인해 일본의 패전이 결정적으로 굳어졌을 뿐 아니라 엄청난 희생이 발생하고 말았다. 소련의 공격에 의해 일본군 약 8만 명과 일본 민간인 약 25만 명이 사망했다. 또 전쟁이 끝난 뒤 일본군 포로 약 57만 명이 시베리아에 억류돼 이 가운데 10만 명 이상이 고국의 땅을 다시 밟아 보지 못하고 현지에서 숨지고 말았다. 일본은 쿠릴 열도를 빼앗겼고, 일본 고유의 영토인 북방영토**는 지금까지도 러

---

* 현재는 러시아어 지명을 따 쿠릴 열도(Kuril Islands)라고 부른다. 이후 쿠릴 열도라고 표기한다.

** 쿠릴 열도 남단의 네 개 섬을 말한다. 위부터 에토로후, 구나시리, 시코탄, 하보마이로 구성돼 있다. 이 네 개 섬의 귀속 문제가 합의되지 않아 일본과 러시아는 1956년 국교 정상화를 하고도 아직 평화조약을 맺지 못하고 있다. 러시아는 이 네 개 섬이 쿠릴 열도에 속한다는 입장이지만, 일본은 이 섬들은 홋카이도에 딸린 부속도서라 보고 있다. 일본은 1952년 4월 발효된 샌프란시스코 강화조약 제2조 (c)항에 따라 쿠릴 열도에 대한 권리를 포기했기 때문에, 이 네 개 섬이 쿠릴 열도에 속하는지 홋카이도에 속하는지는 이 문제를 다루는 핵심 쟁점이 된다.

　　　　　　　　　　　　　　　　　미일동맹이라는 거울

시아에 의해 점거된 채 남아 있다.*

스탈린이 포츠담 선언에 서명하려 했던 것은 그로 인해 [엄청 난] 전리품을 얻을 수 있는 대일 참전을 정당화할 수 있었기 때문 이었다.[1]

소련은 [선언에 서명하는 것을 통해] 연합국 즉, 국제사회의 요청에 의해 일본 군국주의에 철퇴를 내린다는 [대일 개전의] 논리를 제시할 수 있었다. 이미 이 시점이 되면, 연합국이 곧 국제사회라고 할 수 있었다. '이런 대의 앞에선 어쩔 수 없이 소일중립조약을 파기할 수밖에 없다.' 다른 연합국 정상들의 이름과 나란히 스탈린의 서명이 들어간 대일 선언문이 나오게 된다면, 이렇게 주장할 수 있는 확실한 근거가 될 수 있었다. 스탈린은 소일중립조약이 있었기 때문에 포츠담 선언에 서명하지 않은 게 아니라, 애초 소일중립조약이 있었기 때문에 포츠담 선언에 서명할 필요가 있었던 것이다.

그렇지만 미국은 소련과 사전 의논 없이, 더구나 스탈린에게 서명할 틈도 주지 않고 제 맘대로 포츠담 선언을 발표해 버리고 말았다.

스탈린을 수행하고 있던 몰로토프 소련 외교장관은 크게 분노해 제임스 번스James Byrnes 미국 국무장관에게 따지고 들었다. 번스 장관은 소련은 일본과 전쟁 상태에 있지 않다고 지적하며, 그래서 포츠담 선언에 끌어들이지 않는 방식으로 "귀국을 [배려해] 폐를

---

* 소련의 참전은 한반도의 운명에도 결정적 영향을 끼쳤다. 소련의 참전이 며칠만 늦었다면 이들이 한반도의 38도선 북부 지역을 점령하는 일은 없었을 것이다. 소련의 갑작스런 참전은 한반도 분단의 직접적 원인이었다.

끼치지 않으려 한 것"이라고 변명했다.[2]

　그렇지만 번스 장관의 이런 해명은 납득하기 힘든 것이었다. 미국은 1941년 12월 진주만 공격 이후 소련에 끊임없이 대일 참전을 요구해 왔다. 일본과 대결 중인 미국 입장에서 볼 때 소련이 배후에서 공격에 가담해 준다면 자국의 인적·물적 소모를 줄일 수 있었다. 그렇지만 미국이 원했던 대로 드디어 소련의 대일 참전이 현실화되는 단계에 이르자, [갑자기] 소련을 거들떠보지 않게 된 것이었다.

　실은 소련 참전을 둘러싸고 미국 내에선 주저함이 있었다. 소련의 대일 참전은 어떤 의미에선 마약과도 같은 것이었다. 그로 인해 미국의 희생이 줄어드는 대신, 전후 동아시아에서 소련의 영향력이 커지는 위험을 감수해야 하는 큰 대가를 치러야 했다. 소련 참전 없이 일본을 항복시키는 게 최선의 시나리오였던 것이다. 그리고 미국은 포츠담 선언을 발표하기 [불과] 10일 전이 되는 시점에, 이것을 가능하게 할 수 있는 옵션을 손에 넣게 된다. 원자폭탄이 완성된 것이었다.

　그래서 원자폭탄을 보유하게 된 미국이 소련을 향해 "폐를 끼치지 않으려 한 것"이라고 변명하는 것은 오로지 남을 위하는 척하면서 제 이익을 극대화하는 꼼수에 불과했다. 한편, [이런 사정을 읽고 있던] 소련은 미국에 뒤처지지 않기 위해 대일 참전 예정일을 앞당기게 된다.[3]

　　　　　　　　　　　　　　　　　　　미일동맹이라는 거울

자신의 희망 사항과 형편을 우선시한 일본

이렇게 '눈 감으면 코 베어 갈 듯한' 엄혹한 국제정치의 현실을 모른 채 포츠담 선언에 스탈린의 서명이 없다는 사실을 확인한 뒤 가슴을 쓸어내린 것은 다름 아닌 일본이었다.

당시 일본은 연합국이 요구하는 무조건 항복을 거부하고, 조금이라도 일본에 유리한 타협적 평화를 얻어 내기 위해 애쓰고 있었다. 이 목적을 위해 본토 결전에 대비하면서도 군사적으로 승리할 전망이 없다는 사실을 받아들이고 소련의 영향력에 의지해 연합국으로부터 양보를 얻어 내려 한 것이다. 소련의 중개를 얻어 내 연합국과 [다소 유리한 조건 속에서] 강화할 수 있다는 최후의 희망을 버리지 못하고 있었다.

이런 정세 속에서 일본은 포츠담 선언에 스탈린의 서명이 없다는 사실을, 소련이 자신들에게 호의를 품고 있다는 증거라고 자기에게 유리한 쪽으로 해석하고 말았다.[4] 그로 인해 일본은 포츠담 선언을 즉시 수락하는 결단을 내리지 못했다. 대신 자신들의 중개 요청에 답이 올 가능성이 전혀 없는데도, 소련의 긍정적 회답을 기다리는 데 소중한 시간을 허비하고 말았다.

애초 소련에 중개를 요청한다는 구상 자체가, 당시 국제정치를 냉정히 관찰해 볼 때 합리적이거나 개연성이 높다고 생각해 추진된 게 아니었다. [결사 항전을 해야 한다는] 강경한 입장을 유지하는 육군까지를 포함해 일본 국내에서 합의를 얻어 낼 대안이 이것밖에 없었기 때문이었다. 대일본제국 헌법이 채용하고 있던 분권적 정치 시스템으로 인해 총리대신의 리더십이 발휘될 수 없었고, 그에 따라 군부가 반대하면 내각마저 붕괴할 수 있었다.* 이런 정치 시스템 아래에선 누구도 반대하지 않을 만한 정책만이 선택될 수 있었던 것이다.

하지만, 연합국과 타협적인 강화를 위해 소련이 중개에 나서 힘을 써 주지 않을까 하는 기대는 일본의 희망 사항일 뿐이었다. 또 국내적인 합의를 이끌어 낼 방법은 소련에 중개를 요청하는 것뿐이라는 발상 역시 일본 자신만의 생각에 불과했다. 이런 일본의 내부 사정은 [국제정치의] 엄혹한 현실 앞에선 완전히 무력할 뿐이었다. 그 앞에 어떤 파멸적인 결말이 기다리고 있었는지에 대해선 이제 우리 모두 잘 알고 있다.

국제정치의 현실과 '일본의 시점' 사이의 괴리를 파악하고, 이것이 어떤 비극을 불러왔는지를 파악하는 것이야말로 우리가 역사 수업을 통해 배워야 하는 것 아닐까? 역사 시험에 출제되어야 하는 진짜 문제는 포츠담 선언에 누가 서명했는지가 아니라 누가 서명하지 않았는지다.

미일동맹을 둘러싼 '일본의 시점'과 '제3자적 시점'

미일동맹에 대해 다루려 하는 이 책의 앞부분에 이런 얘기를 꺼낸 이유는 일본이 엄청난 희생을 지불하며 얻은 교훈을 아직 충

---

* 대일본제국헌법에는 내각총리대신의 권한이 따로 정해져 있지 않았다. 총리는 천황을 보필하는 역할을 부여 받은 국무대신(제55조) 가운데 우두머리일 뿐이었다. 그런데다 국가의 의사를 정하기 위한 각의 결정은 만장일치에 의해 이뤄졌기 때문에 한 사람이라도 끝까지 반대하면 '내각불일치'가 발생해 내각이 총사퇴할 수밖에 없었다. 즉, 육군의 의사를 대변하는 육군대신이 반대하는 결정을 내릴 수가 없었다.

미일동맹이라는 거울

분히 살리고 있지 못하다고 느꼈기 때문이다.

전후 일본은 미일동맹을 안전보장의 기축으로 삼았다.

얄타 회담에서 연합국이 그린 전후 구상은 미국과 소련이 협력하면서 독일과 일본이 두 번 다시 국제평화를 어지럽히지 못하도록 엄혹하게 감시한다는 것이었다(얄타 체제). 미국은 이 같은 전후 구상에 기초해 일본을 비군사화·민주화하기 위한 점령 정책을 추진해 갔다. 하지만 곧 전승국들 사이에 동지 관계가 깨지면서, 미소 냉전이 시작된다. 이런 상황 변화로 인해 미국은 지금까지 계획했던 '얄타 체제'적인 전후 구상을 180도 전환해 일본을 자신이 속한 서구 진영에 끌어들인다는 생각을 갖게 됐다. 한편, 비무장화된 일본 역시 강화 이후 자신의 안전을, 미군을 자국 영토에 주둔하게 하는 방식으로 확보하려 했다.

미일동맹의 근거가 되는 미일안전보장조약은 1951년 9월 8일 샌프란시스코 강화조약과 거의 동시에 서명이 이뤄졌다. 이후 1960년 1월 19일 한 차례 개정돼 지금에 이르고 있다. 미일동맹은 이 조약을 중심으로 하는 여러 제도나 법률 그리고 사고 양식에 의해 지탱되어 왔다.

한편, 이런 제도적 틀이나 사고 양식은 일본 내부의 '이랬으면 좋겠다'는 희망이나 국내 정치적인 상황에 의해 만들어지는 측면이 있다고 할 수 있다. 가령, [대부분의 일본인은] 일본이 원치 않는 미국의 전쟁에 말려들고 싶지 않다, 미국에 대한 군사적 협력은 최소한의 수준으로 묶어 두고 싶다고 생각한다. [그러면서도] 미일동맹을 통해 전쟁을 억지하는 게 가장 중요하기 때문에, 만약 억지가 깨지고 난 뒤엔 어떤 일이 벌어질지에 대해서까진 생각하지 않는다.

　이런 일본 쪽의 희망이나 사정에 기초한 생각을 이 책에선 '일본적 시점'이라 부르겠다. 일본적 시점이 생겨나는 데엔 주로 두 가지 배경이 있다고 할 수 있다.

　첫째, '일국평화주의'이다. 일국평화주의라는 것은 일본과 일본 바깥 사이에 선을 그을 수 있다는 전제 위에서 일본의 책임과 관여는 전자(즉, 일본 내부)에 한정해야 한다고 보는 전후 일본 특유의 안전보장 관념이다. 예를 들어 "일본이 전쟁에 말려들지 않으면 그것으로 됐다"는 생각이 이에 해당한다.

　둘째, '필요최소한론'이라고 부르는 헌법 해석이다. 잘 알려진 대로 헌법 9조는 일본은 '전력戰力'을 갖지 않는다고 규정하고 있다. 이 전제 위에서 일본이 자위대와 같은 '실력實力'을 갖기 위해선 자위대가 '전력'이 아니라고 말해야 한다. 여기서 자위대는 "자위를 위한 필요최소한의 실력"일 뿐 '전력'이 아니기 때문에, [자위대를 유지하는 것은] 헌법 위반이 아니라는 공식적인 [헌법] 해석이 나오게 된다. 이것이 바로 필요최소한론이다.

　이 해석을 따르게 되면, 자위를 위한 실력을 가질 수 있다고 하더라도 [전력이 아니기 때문에] 반드시 어딘가에 "여기보다 안쪽이 [일본이 행사할 수 있는] 필요최소한"이라는 '선'을 그어야 한다. 전형적인 예가 국제법상 인정되고 있는 자위권 가운데 자국에 대한 공격에 맞서는 자위권인 '개별적 자위권'과, 자국과 밀접한 관계에 있는 타국에 대한 공격에 맞서는 '집단적 자위권'의 차이를 '필요최소한'이라는 개념과 연결하는 헌법 해석이다. 이에 따르면, '집단적 자위권의 행사는 필요최소한를 넘은 것이기 때문에

　　　　　미일동맹이라는 거울

헌법 위반'이 된다.

그러나 이런 배경에서 만들어지는 '일본적 시점'이 꼭 [일본이 직면해 있는] 안전보장 현실과 잘 맞아떨어진다고는 볼 수 없다.

예를 들어, 미군이 일본의 기지로부터 한반도 유사사태에 직접 군사개입을 하려 한다고 가정해 보자. 이 경우 미국은 일본 정부와 사전에 협의해야 하는 제도가 갖춰져 있다. 일본이 자신과 관계없는 미국의 전쟁에 말려들지 않기 위해 만들어 둔 [안전] 장치라고 할 수 있다.

그러나 실제 현실을 보면 사전협의를 우회할 수 있는 미일 정부 간의 '밀약'이 존재한다는 사실이 밝혀져 있다. 일본이 사전협의를 통해 미국의 요청을 거부하는 등의 판단을 내린다면, 미국이 한국을 방위하는 게 어려워질 위험이 있기 때문이다.

미일동맹에 비판적인 논자는 이런 실태를 '기만'이라고 맹렬히 비난해 왔다. 이는 한편에서 볼 때 분명 맞는 지적이라고 할 수 있다.

그러나 이런 비판은 어떤 의미에선 문제를 왜소화해 버리는 것이라고 할 수 있다. 일본을 둘러싼 안전보장 환경이 섬섬 너 엄혹해지는 상황 속에서 '일본적 시점'에 집착하게 되면, 이 시각에 현실을 끼워 맞춰 가는 게 점점 더 어려워지게 된다. 앞선 예를 통해 말한다면, 일본이 사전협의에서 '거부한다'는 입장을 취해 미군이 한국을 방위할 수 없게 되면 결국 일본 자신의 안전도 위협받게 되는 것이다.

그렇기 때문에 미일동맹의 억지력을 강화하고 평화를 유지하기 위해 '제3자적 시점'을 받아들여야 할 필요가 있다.

‘일본적 시점’은 일본 쪽의 희망이나 사정에 따른 것임에 견줘, ‘제3자적 시점’은 일본 이외 국가들의 견해도 고려하면서 현재 상황을 역사적 배경 혹은 지역 전체 상황 속에 놓고 ‘큰 틀에서 내려다 보는’ 견해이다. 전략적·지정학적 시점이라 할 수 있고 또 조금 더 쉽게 설명하자면 바둑에서 훈수를 두는 것 같은 견해라고 해도 된다. 바둑에서는 대국 중인 당사자보다 옆에서 지켜보는 사람이 더 많은 수를 내다볼 수 있는 경우가 있다.

앞으로 이 책에선 ‘일본적 시점’에서 만들어지고 혹은 평가되어 온 미일동맹을 둘러싼 제도적 틀이나 사고 양식을 ‘제3자적 시점’을 통해 점검해 보려 한다. 여러 수 앞까지 내다본다는 것은 쉬운 일이 아니다. 그렇지만 ‘일본적 시점’과 안전보장의 현실 간의 괴리를 분명히 드러내는 것을 통해 이 차이를 메워 가려는 노력에 기여했으면 한다. 이것이 이 책을 쓰는 목표라 할 수 있다.

기지 사용·부대 운용·사태 대처·출구전략·확장억지

다만, 미일동맹을 전략적·지정학적 시점에서 점검해 간다고 해도 [명확한 서술의 틀이 없다면] 두서없는 얘기가 될 수 있다. 이를 피하기 위해 이 책에선 미일동맹이라는 주제를 다섯 개 분야로 나눠, 비교적 이용하기 쉬운 사료나 최신 연구 등에 기초해 한 장에 하나씩 살펴보려 한다.

제1장에선 ‘기지 사용’에 대해서 검토한다. 미일안전보장조약은 무엇보다 미국이 일본에 대해 방위 의무를 지는 대신 ‘일본은 미국에 대해 기지 제공 의무’를 짊어진다는 것을 정한 것이다. 미

                                        미일동맹이라는 거울

군이 일본 내의 기지를 사용한다는 사실이야말로 미일동맹의 가장 핵심적 내용이라고 해도 과언이 아니다. 이 장에서는 특히 미군이 일본 유사사태뿐 아니라, 한반도 유사사태 등 '극동' 유사사태 때에 일본 내 기지를 사용할 수 있다는 사실에 주목해 이로부터 '일본적 시점'과 안전보장의 현실 사이의 괴리를 보여 줄 것이다.

이어지는 제2장에서는 '부대 운용'에 대해 다룬다. 미일안전보장조약은 미군이 일본 내의 기지를 사용할 수 있을 뿐 아니라, 미일 양국이 "공통의 위험에 대처하기 위해 행동한다"고 선언하고 있기도 하다. 또 이를 위한 지침인 '미일방위협력을 위한 지침(이하 가이드라인)'이 만들어져 있다. 이 장에선 동맹국 간 부대 운용의 핵심이라 할 수 있는 '지휘권 조정'*에 초점을 맞춰 이 문제를 극동 지역 전체를 포괄하고 있는 미군의 지휘체계 안에 어떻게 자리매김할지에 대한 시점을 제시하겠다.

제1·2장에서 파악할 수 있었던 것은 조약의 규정이나 그 하위에 있는 지침과 같은 미일동맹의 이른바 '정적靜的'인 면이라고 할수 있다. 제3장에선 '동적動的'인 면, 즉 실제 유사사태가 발생했을 때 대처하는 '사태 대처'에 대해 다루겠다. 그리고 '낙동유사사태' '중요영향사태' '존립위기사태' '무력행사사태'로 나뉘어 있는 각각의 사태에 대처하는 제도적 틀을 개략적으로 살펴본다. 이 과정에서 '제3자적 시점'을 섞어 보는 것을 통해 향후 과제가 될 수 있는 점들을 드러내 보려 한다.

제4장에서는 제3장에서 다룬 사태 대처의 '스핀오프'로서 '출

---

* 한국의 이른바 전시 작전권 환수 문제가 동맹 간 지휘권 조정과 관련된 대표적인 현안이다.

구전략'에 대해 고찰한다. 제3장의 주제가 유사사태의 '시작'에 대한 것이라면 그 '끝내는 법'에 대해선 어떻게 생각하면 좋을지를 전쟁종결론의 시점에서 검토한다.

마지막으로 제5장에선 '일본적 시점'과 안전보장의 현실이라는 차이가 극한까지 커진다고 할 수 있는 분야, 즉 핵무기에 의한 '확장억지'에 대해 다룬다. 핵과 관련해선 일본의 국시国是라고 할 수 있는 '비핵 3원칙'*이 존재한다. [다만] 비핵 3원칙 자체에 대해 살펴보기보다 미국의 핵전략에 기초한 확장억지의 전체적인 구도 가운데 미일동맹에서 핵이 어떤 위치를 점하고 있는지에 대해 생각해 보려 한다.

이처럼 이 책은 미일동맹에 관한 일반적인 개설·역사서와는 다른 구성을 취하고 있다. 조약의 규정(1장), 그 하위에 있는 지침(2장), 출구전략을 포함한 실제 유사사태에 대한 대응(3~4장), 그리고 최고 수준의 보증이라 할 수 있는 핵억지(5장) 등으로 구성되는 다섯 개 중요 분야를 살펴보는 것을 통해 전후 일본이 지금까지 외면해 왔다고 할 수 있는 '사각死角'에 빛을 비춰 보려 한다. 이를 통해 미일동맹의 모습을 더 잘 이해할 수 있게 될 것이라고 믿는다.

지정학적 경쟁의 시대에 평화를 지킨다

2022년 12월 16일 일본에선 '국가안전보장전략' '국가방위전략' '방위력정비계획' 등으로 구성되는 '안보 3문서'가 새로 만들

---

* 핵을 만들지도, 갖지도, 반입하지도 않는다는 원칙. 5장에 자세한 설명이 나온다.

미일동맹이라는 거울

어졌다.* 이 2022년 안보 3문서는 그해 2월 24일 시작된 러시아의 우크라이나 침략과 최근 중국이 보이는 패권주의적 행동 등 힘에 의한 일방적인 현상 변경이 버젓이 통용되는 현재의 국제질서를 '지정학적 경쟁'의 시대라고 규정했다.

지정학이란 국제정치를 지리적 조건을 통해 분석하는 접근법을 의미한다. 일본은 한반도나 대만해협이라는 잠재적으로 분쟁이 발생할 수 있는 지역이나 군사적으로 커지고 있는 중국이란 나라 옆에 바로 붙어 있다는 지리적 조건으로부터 벗어날 수 없다. 그렇기 때문에 지정학적 경쟁이 격화되면 일본의 안전보장이나 미일동맹도 직접적 영향을 받게 된다. 최근 미국이나 한국의 일본 연구자들도 이렇듯 지정학적 시점에 서서 미일동맹을 분석하는 논의를 활발히 진행하는 중이다.[5]

이런 가운데 기시다 후미오 총리는 2023년 1월 13일 미국 워싱턴 연설을 통해 [자신이 주도한] 안보 3문서 개정을 요시다 시게루吉田茂 총리의 미일안전보장조약 체결, 기시 노부스케岸信介 총리의 1960년 조약 개정, 아베 신조 총리의 평화안전법제 제정(2015년 9월 19일, 집단적 자위권을 한정적으로 용인했다)에 버금가는 미일동맹을 강화해 가는 데 있어 "역사상 가장 중요한 결정 가운데 하나"라고 말했다.[6] 미일동맹은 지금 역사적으로도 변화의 중요한 길목에 서 있다고 말할 수 있다.

---

* 다카이치 사나에(高市早苗) 총리는 2026년도 안에 안보 3문서를 다시 한번 개정하겠다는 뜻을 거듭 밝히고 있다. 그는 2월 8일 중의원 선거에서 역사적인 대승을 거둔 뒤 20일 국회 시정방침연설에 나서 "(드론 등) 새로운 전투 방식이 드러나고, 장기전에 대비해야 할 필요성이 커지는 등 다양한 분야에서 안보 환경이 변화하고 있다"면서 "일본의 방위력을 근본적으로 강화"하기 위해 "올해 안에 3문서를 앞당겨 개정하겠다"고 말했다.

이런 엄혹한 시대에 평화를 지켜 가려면 지금까지 '일본적 시점'을 통해 보는 것에 친숙해져 있는 우리의 '미일동맹관' 그 자체를 '제3자적 시점'을 받아들이는 쪽으로 갱신해 가야 할 필요가 있다.

제2차 세계대전 말기, 모스크바에 주재해 있었기 때문에 일본에서 물리적으로나 심리적으로 거리를 둔 채 정세를 [객관적으로] 바라볼 수 있었던 사토 나오타케 주소련 일본 대사는 1945년 7월 30일 소련에 중재를 요청하는 구상에 휩쓸려 가던 본국을 향해 이렇게 타전했다.

"이 점에서 귀측의 관찰과 이 방면의 실제 현실과는 상당한 차이가 있다는 것으로 사료된다."[7] 그러나 사토의 경고는 끝내 받아들여지지 않았다. 일본의 희망과 사정만을 앞세워 실제 국제정치의 무대에 나설 순 없다. 이 책이 이런 점을 고민하는 데 도움이 된다면, 그보다 기쁜 일은 없을 것이다.

** 이 책의 내용은 필자 개인의 생각으로 필자가 현재 또는 예전에 소속돼 있던 기관의 견해를 대표하지 않는다.

차례

제1장

기지 사용: 동맹의 성격과 작동 원리

이제부터 미일동맹과 관련된 여러 제도적 틀과 사고 양식을 '제3자적 시점'을 고려해 가며 점검해 가겠다. 가장 먼저 살펴볼 것은 '기지 사용'이라는 분야이다. 미일동맹은 '기지 동맹'이라고 부를 수 있을 정도로 미군이 일본 내 기지를 사용할 수 있다는 사실이 동맹의 핵심을 이루고 있다.

개정 전 옛 미일안전보조장약을 체결할 때 교섭을 담당했던 니시무라 구마오西村熊雄 외무성 조약국장은 이 조약의 구조를 '사물과 사람의 협력'이란 말로 표현한 적이 있다.[1] '사물'이란 것은 일본이 미국에 제공하는 기지, '사람'은 유사사태가 발생했을 때 미국이 일본을 위해 내놓게 되는 미군 병사를 의미한다. 즉, 미일안전보장조약은 "일본이 미군에게 기지를 제공하는 의무"와 "미국이 일본을 방위하는 의무"를 맞바꾸는 것을 통해 성립하고 있음을 단적으로 드러낸 말이라고 할 수 있다.

일반적으로 동맹이라고 하면, [서로를 지켜 주는] 상호 방위 의무를 지고 있는 것 아니냐는 이미지가 있다. 이처럼 서로가 상대를 지켜 준다는, 즉 "사람과 사람의 협력"이 보편적이라고 할 수 있다. 그렇지만 미일안전보장조약에서 일본은 '사물'을 교환 대상으로 삼고 있다. 그만큼 미일동맹에게 기지 사용의 비중이 크다고 할 수 있다.

하지만 여기서 잊지 말아야 할 것이 있다. 미군은 일본이 제공하는 기지를 일본을 방위하기 위해서뿐 아니라 '극동' 유사사태에도 사용할 수 있다는 점이다. 극동유사사태는 일본에 대한 무력공격, 즉 일본 유사사태가 발생하진 않았지만 극동, 이를테면 한반도에서 북한이 한국을 무력공격하는 상황 등이 발생했을 경우를 이르는 말이다. 이에 대해 정하고 있는 것이 미일안전보장조약의 '극동 조항'이다. 극동은 지금은 '동북아시아'라고 불리는 경우가 많지만, 미일안전보장조약의 조문과 용어를 맞추는 게 더 읽기 편할 때엔 [인용구가 아닌] 본문 안에서도 '극동'이라는 말을 쓰도록 하겠다.

일본 영토 밖에 있는 극동에서 유사사태가 발생할 때에도 미군이 일본 내 기지를 사용할 수 있다는 사실에 대해 많은 일본인이 곤혹스러움과 거부반응을 보여 왔다. 이로 인해 미국이 외국에서 벌이는, 일본과 관계없는 전쟁에 자신들이 말려들게 되는 것은 아닌가 우려했기 때문이다.

그로 인해 도입된 것이 '사전협의'라고 하는 제도이다. 이를 통해 미군은 몇 가지 상황, 예를 들어 극동유사사태가 발생해 일본 내 기지에서 직접 어딘가를 공격하게 되는 '직접전투작전행동'에 나설 때엔 일본 정부와 사전협의를 하게 됐다. 이 제도에 따라 일본은 미일안전보장조약에 의해 기지 사용이 허용된 극동유사사태

   미일동맹이라는 거울

가 발생한다 해도 미군에게 제약을 가해 일본이 원치 않는 전쟁에 말려들지 않을 수 있게 됐다.

이 제도는 일국평화주의, 즉 일본과 일본 밖의 지역 사이에 선을 그을 수 있다는 전제 위에 서 있다. 즉, 일본의 책임과 관여는 일본 내부에 한정해야 한다고 보는 안전보장관념에 기반을 두고 있다고 할 수 있다. 즉, '일본적 시점'과 깊은 관계를 맺고 있는 것이다.

하지만 사실 사전협의제도엔 중대한 구멍이 존재한다. 미일 양국 정부가 '밀약'을 맺어 극동유사사태 가운데 한반도 유사사태에 대해선 주일미군이 [일본 내 기지를 활용해] 직접전투작전행동을 한다 해도 이를 사전협의 대상으로 삼지 않도록 했다.

극동 사태나 한반도 유사사태와 관련해 밀약이 존재한다는 것은 얼핏 보기엔 이해하기 쉽지 않은 일이다. 그러나 '제3자적 시점', 즉 역사적 배경 혹은 지역 전체를 전략적·지정학적으로 큰 틀에서 바라보는 시점을 받아들이게 되면 미일동맹을 보는 관점도 바뀌게 된다.

사실 일본이 포함된 극동에는 역사적으로 형성되어 온 지역 질서가 존재한다. 동아시아 지역에서 전통적 패권국이었던 중국이 약체화되거나 자제적이 된다는 것을 전제로 일본과 일본에 지정학적으로 중요한 한반도(적어도 남부)와 대만이 힘의 뒷받침에 의해 같은 진영에 묶이게 되는(관계 유지) 질서를 말한다.

이 지역 질서를 이 책에선 '극동 1905년 체제'라고 부르기로 한다. 1905년에 미국, 영국 그리고 러일전쟁(1904~1905)의 강화조약인 포츠머스조약 체결을 통해 러시아까지도 승인한 국제 체제에서 유래하는 지역 질서의 모습이기 때문이다.*

'극동 1905년 체제'는 제2차 세계대전 이후에도 유지됐다. 단, 이 체제를 뒷받침하기 위해 힘을 제공하는 실체가 일본제국의 패권에서 미국의 극동 방위에 대한 관여로 바뀌었을 뿐이다. 극동지역 내 미군 병력 수는 현재 주일미군은 5만 5000명, 주한미군은 약 3만 명으로 총 8만 5000명에 이른다.

그리고 미국이 극동 방위에 관여하는 데 '토대'가 되는 것이 아시아-태평양에 촘촘히 구축된 미국의 여러 동맹망 가운데에서도 일본과 한국을 상대로 하는 '동맹 묶음'이다. 이 책에서는 이를 '한미·미일 양 동맹'이라고 부르겠다. [이 말에서 드러나듯] 미일동맹과 한미동맹은 밀접한 관계를 맺고 있다. 미일동맹은 [단순히] 미일 [두 나라 간의] '양자' 동맹으로 미국의 다른 동맹망과 떨어져 홀로 존재하지 않는다. 미일동맹의 실제 모습은 오히려 '한미·미일 양 동맹'이라고 하는 안전보장 시스템 안에 존재하는 '하나의 기능'이라고 할 수 있다. 이런 시점에서 본다면 일본이 극동유사사태와 관계가 없다고 말할 수 없게 된다.

우리가 극동유사사태와 관련해 익숙하게 받아들이는 것은 다음과 같은 '일본적 시점'이다. "미군이 일본 내 기지를 활용하는

---

* 미국과 영국이 승인했다는 것은 각각 가쓰라-태프트 협정과 2차 영일동맹을 뜻하는 것이다. 가쓰라 다로(桂太郎) 당시 일본 총리는 1905년 7월 29일 도쿄를 방문한 윌리엄 태프트(William Taft) 미국 육군장관과 "일본이 대한제국에 자신들의 동의 없이 대외 조약을 체결할 수 없다고 요구할 수 있는 정도의 권한을 갖는 게 현 전쟁(러일전쟁)의 논리적 결과"라는 의견 일치를 이끌어 낸다. 영국은 8월 12일 2차 영일동맹을 통해 대한제국에 대한 "정당하며 필요하다고 인정하는 지도·감리·보호 조처를 취할 권리"가 일본에 있음을 인정했다. 러시아는 러일전쟁 패전 이후 9월 5일 조인된 포츠머스 조약을 통해 "일본이 한국에 대해 정치·군사·경제상 탁월한 이익을 가진다는 것을 승인하고, 한국에 대해 필요하다고 생각되는 지도·보호·감리 조처를 취하는 것을 방해하거나 간섭하지 않는다"고 약속했다.

   미일동맹이라는 거울

것은 '불합리한' 특권이다. 이들이 이런 권리를 활용해 우리를 일본과 관계없는 미국의 전쟁에 끌어들일 수 있다. 이를 못하게 하기 위해 미군의 행동에 여러 제약을 가해야 한다." 이런 '일본적 시점'과 미일동맹은 '극동 1905년 체제'를 지탱하는 '한미·미일 양 동맹' 내의 하나의 기능이라는 제3자적 시점을 통해 들여다볼 수 있는 현실 사이에는 무시할 수 없는 괴리가 가로놓여 있다.

미일안보조약과 극동

미일안보조약: '사물과 사람의 협력'

먼저, '사물과 사람의 협력'에 대해 규정하고 있는 미일안전보장조약의 실제 조문을 확인해 보자. 조약 제5조는 '각 체약국', 즉 일본과 미국은 "일본국의 행정권 아래 있는 영역에 대한 어느 한쪽"에 대한 무력공격이 곧 "자국의 평화 및 안전을 위험하게 하는 것"이라고 인식하고, 각국의 헌법상 규정과 절차에 따라 "공통의 위험에 대처하기 위해 행동할 것을 선언한다"는 내용으로 구성돼 있다. 이 구절이 말하고 있는 것은 미국이 일본에 대해 방위 의무를 지고 있다는 사실이다. 또 일본국의 행정권 아래 있는 영역에 대한 "어느 한쪽"이라는 것은 일본과 [이곳에 주둔하고 있는] 주한미군을 의미한다고 볼 수 있다.

미국이 일본을 방위하는 의무를 진다는 내용을 담고 있는 제5조에 대응하는 것은 제6조이다. 이 조항에는 "일본국의 안전에 기여"하기 위해 "미합중국의 육군, 공군 및 해군이 일본국 내의 시설 및 구역을 사용하는 것이 허용된다"라고 적혀 있다. "시설 및 구역"이란 곧 기지를 말하는 것이기 때문에 이 조항의 규정을 통해 일본이 미국에 대해 기지 제공 의무를 지게 된다는 것은 말할 필요조차 없는 일이다.

미국의 냉전 전략에 있어 일본의 기지는 매우 중요한 [전략적] 의미를 담고 있었다. 예를 들어 전쟁[제2차 세계대전]이 끝난 뒤에도 한동안 미국이 가진 전략폭격 능력의 주요 수단으로 역할을 담당했던 것은 B-29 폭격기였다. 이 기체의 항속거리는 왕복 5200km가 한도였다. 그로 인해 소련 국내의 공격 목표에서 역산해 이 범위 안에서 대소련용 전략폭격기를 띄울 수 있는 기지를 확보해 둘 필요가 있었다. 영국 등의 힘을 빌리지 않고 미국이 단독으로 직접 컨트롤할 수 있는 해외 기지 가운데 이 조건을 만족하는 것은 전 세계에서 일본과 오키나와의 기지뿐이었다.[2]

실제 일본은 소련, 중국, 한반도에서 발신되는 초단파를 수신하는 데도 이상적인 지리적 위치에 있었다. 미 육군은 1948년 무렵부터 도쿄 주조다이十条台의 캠프오지キャンプ王子에서 소련의 무선통신을 방수·해독하는 활동을 해 온 것으로 전해진다.[3] 정보 취득이라는 관점에서 볼 때도 미국이 일본에 기지를 두는 것의 가치는 높았다고 할 수 있다.

극동 조항에 대한 거부반응

하지만 여기서 잊지 말아야 하는 것은 미일안전보장조약 제6조, 즉 일본이 미군에게 기지를 제공해야 한다고 의무를 부여한 조항에서 기지 사용의 목적으로 일본의 안전에 기여한다는 것과 함께, '극동'에서 국제평화와 안전 유지에 기여한다는 것을 꼽고 있다는 점이다.

즉, 미군은 일본에 대한 무력공격이 발생하지 않는 상황에서도 극동에 유사사태가 발생하면 일본 내 기지를 사용할 권리를 갖게 된다. 결국 제6조는 일본의 기지 제공 의무에 대해 규정하고 있는 동시에 극동유사사태가 발생할 때 미군이 일본 내 기지를 사용할 수 있다는 점도 함께 인정하고 있다. 이를 극동 조항이라고 부른다.

미일안전보장조약에 나오는 '극동'이 구체적으로 어느 범위를 이르는가에 대해선 1960년 2월 26일 일본 정부가 통일 견해로 다음과 같이 설명한 바 있다. "대체로 필리핀 이북 및 일본 및 그 주변 지역으로서 한국 및 중화민국의 지배 아래 있는 지역도 여기에 포함된다." 이 가운데 "중화민국의 지배 아래 있는 지역"은 현재 대만이라고 바꿔 부르고 있다.

한국은 정부의 통일 견해가 제시하는 극동의 범위 안에 있기 때문에 만약 북한이 공격한다면 미일안전보장조약에서 말하는 극동유사사태가 발생하는 게 된다. 그에 따라 미군은 이 조약의 극동 조항에 근거해 북한에 반격을 가하기 위해 일본 내 기지를 사용할 수 있다. 구체적으로는 [아오모리현] 미사와三沢와 [오키나와현] 가데나嘉手納 등의 주일미군기지가 북한에 대한 항공 공격을 실시하기 위한 출발점[발진기지]으로 사용될 가능성이 있다.4 이 경우 북한이 일본을 무력공격했는지 여부는 따로 묻지 않는다.*

---

* 북한이 일본에 공격을 가하지 않았는데도 미군이 일본 내 기지를 활용해 북한을 공격할 수 있다는 의미다.

    미일동맹이라는 거울

그렇다고 한다면, 미일안전보장조약은 "만약의 경우가 발생할 때 미국은 일본을 지켜 주고, 일본은 미군에게 기지를 빌려준다"는 단순한 "사물과 사람의 협력"이 아니게 된다. 미국이 일본을 지키고, 일본은 미국에 기지를 빌려준다는 것에 더해 "극동유사사태가 발생했을 때 미국이 일본의 기지를 사용할 수 있다"는 내용까지 포함돼 있기 때문이다.

분명, 조약의 전문에는 미일 양국이 "극동의 국제평화 및 안전유지에 공통의 관심을 갖는다"고 되어 있다. 그렇다고 하더라도 일본은 왜 자신이 공격당하지도 않았는데 극동유사사태가 발생하게 되면 미군이 기지를 사용할 수 있도록 허용한 것일까?

미일안전보장조약의 이 극동 조항에 대해 일본 내에서 많은 거부반응이 표출돼 왔다. 대표적이 예가 스나가와砂川 사건에 대한 1959년 3월 30일의 제1심 판결일 것이다.

스나가와 사건은 도쿄도 스나가와초(현 다치카와立川시)의 주일 미군기지 확장에 반대하는 데모대 일부가 체포돼 [기소된] 일로 재판 과정에서 주일미군의 합헌성을 둘러싼 [법적] 다툼이 벌어졌다. 제1심 판결(재판장 다데 아키오伊達秋雄의 이름을 따 '다데 판결'이리 불린다)은 미일안전보장조약의 극동 조항에 의해 일본이 "자국과 직접 관계가 없는 무력분쟁의 소용돌이에 말려들" 위험이 있다고 결론냈다. 이를 주요 이유로 꼽으며 주일미군 주둔을 헌법 위반이라고 판단했다(나중에 최고재판소에서 파기).

사전협의제도에 의한 제약

이런 반발로 인해 1960년 [조약] 개정 때 도입된 것이 사전협의제도이다. 이 제도는 1960년 1월 19일 기시 노부스케 총리와 크리스티안 허터Christian Herter 미 국무장관이 주고받은 '기시-허터 교환공문(정식 명칭 '조약 제6조 실시에 관한 교환공문'. 교환공문은 조약의 부속 문서임)'에 근거하고 있다. 기시-허터 교환공문은 미군이 일본의 기지를 사용할 때 몇 가지 경우*엔 일본 정부와 사전에 협의해야 한다고 정하고 있다.

이 가운데 하나가 극동 사태에 있어 "일본국에서부터 이뤄지는 전투작전행동(중략)을 위해 일본 국내의 시설 및 구역을 사용"하는 경우이다. 이 약속에 따라 극동유사사태가 발생해 미군이 일본 내 기지로부터 직접 어딘가를 공격하는 직접전투작전행동을 벌일 때는 일본 정부와 사전에 협의해야 하는 의무를 지게 됐다.

극동유사사태가 발생했을 때 이뤄지게 되는 주일미군의 직접전투작전행동을 사전협의의 대상으로 삼은 것은 조약 안에 극동조항이 들어 있다고 해서, 미군이 일본 내 기지를 멋대로 써도 된다는 것은 아니라는 점을 명확히 하기 위해서였다. 일본 정부가 설명하듯 "우리 나라의 영역 내에 있는 미군이 우리 나라의 의사에 반해 일방적으로 행동을 취하는 일이 없도록",5 즉 사전협의를 통해 일본이 일정 정도 발언권을 쥐고 원치 않는 미국의 전쟁에

---

* 교환공문을 보면, 미일 간에 사전협의가 필요한 경우로 미군 배치의 중요한 변경이 이뤄질 때, 미군 장비(예를 들면 핵무기)의 중요한 변경이 이뤄질 때, 일본을 발진기지로 삼아 직접전투작전행동이 이뤄질 때 등 세 가지 사례를 꼽고 있다.

말려드는 일이 없도록 극동유사사태 때 허용되는 주일미군의 행동에 제약을 가한다는 취지였다.

사전협의는 미일안전보장협의위원회SCC를 통해 이뤄지게 돼 있다.[6] SCC는 안전보장에 관한 미일 간 협의틀로, 일본에선 외무대신과 방위대신, 미국에선 주일대사와 태평양군(현 인도·태평양군) 사령관이 출석해 왔다. 1990년 12월 26일 미국 쪽 참석자도 각료급으로 격상돼 2+2[외교·국방장관 연석회의] 회의가 됐다[그에 따라 미국에선 현재 국무장관과 국방장관이 참여한다]. 미국이 사전협의를 통해 요청한 내용을 수용할지 여부는 각의[한국의 국무회의]에서 결정한 뒤 국회에 보고하게 되어 있다. 단, 지금껏 사전협의가 이뤄진 적은 한 번도 없다.

미국과 필리핀 간의 미필상호방위조약에도 1959년 10월 12일 사전협의제도가 만들어졌다. 단, 여기에는 다음 같은 배경이 있다. 그 전년도인 1958년 8월 23일 중국군이 대만의 진먼金門수비대를 포격한 제2차 대만해협위기(10월 5일까지)가 발생했다. 당시 미국의 동맹국으로 필리핀과도 관계를 맺고 있던 대만의 전투기가 필리핀 내 미군기지를 사용하는 일이 있었다.[7] 즉, 미필동맹의 사전협의제도는 필리핀이 중국과 대만 간 분쟁에 말려들 수 있다고 우려하게 된 것이 계기가 돼 만들어졌다. 그런 의미에서 미일안전보장조약과는 맥락이 다르다.

조선밀약이라는 구멍

사전협의제도는 극동유사사태가 발생했을 때 허용되는 주일

미군의 행동에 제약을 가하려는 취지로 만들어진 것이다. 그렇기 때문에 이 제도가 있다는 것이 "일본은 왜 자신이 공격당하지도 않았는데 극동유사사태가 발생하게 되면 미군이 기지를 사용하도록 허용한 것일까"라는 질문에 대한 직접적인 답이 되지는 못한다.

이해하기 힘든 것은 그뿐이 아니다. 미일안전보장조약의 극동 조항과 관련해선 미일 양국 정부가 맺은 비밀 약속까지 존재한다.

앞서 언급한 대로 일본은 극동 조항을 통해 극동유사사태 때 미군이 일본 기지를 통해 직접전투작전행동에 나서는 것을 허용했다. 그리고 미국이 이런 행동을 취하려면 기시-허터 교환공문에 따라 일본 정부와 사전협의를 해야 한다. 하지만 [1960년 1월] 조약을 개정할 때 미일 양국 정부는 극동유사사태 가운데 한반도 유사사태에 대해선 주일미군이 직접전투작전행동에 나선다고 해도 사전협의 대상으로 삼지 않기로 비밀리에 정해 놓게 된다.

이 밀약에 대해 기재해 둔 것이 1960년 1월 6일 '조선의사록'이다. 조선의사록은 당시 후지야마 아이이치로藤山愛一郎 외무대신과 더글러스 맥아더 2세 주일 미국대사(연합국최고사령관 맥아더 원수의 조카)가 주고받은 의사소통 내용을 기록한 문서이다. 그로부터 반세기가 지난 2009년 9월 16일 새롭게 등장한 민주당 정권의 오카다 가쓰야岡田克也 외무대신은 지금까지 미일 간에 있었던 '밀약'에 관한 조사를 지시했다. 이 문서는 이 조사 과정에서 외무성 내에서 발견됐다. 조선의사록은 '조선밀약'이라고 부른다.

지금까지 살펴본 내용을 정리해 보면 다음과 같다. 미일안전보장조약에는 헌법 위반이라는 판결이 내려진 극동 조항이 존재하며, [미군이 이를 남용하지 못하도록] 사전합의제도가 만들어져 있다. 하지만 그 사실 자체가 일본이 공격을 당하지 않았는데도 극동유사사태가 발생하면 미군이 기지를 쓸 수 있도록 허용하고 있는 현실에 대한 답이 되진 못한다. 심지어 한반도 유사사태에 대한 주일미군의 직접전투작전행동은 애초 사전협의 대상이 되지 않도록 밀약을 통해 빠져나갈 구멍까지 만들어 주고 있다. 우린 이런 사실들을 어떻게 이해해야 하는 것일까?

아시아·태평양의 '허브 앤드 스포크형 동맹망'

[이에 대한 해답을 찾기 위해] 미일안전보장조약에 등장하는 '극동'이라는 개념을 국제정치적 맥락 속에서 살펴보도록 하자.

1960년의 정부 통일 견해에 따르면 극동은 필리핀, 일본(과 오키나와), 한국, 대만 등을 이른다. 또 1960년 시점에서 오키나와는 미국의 행정권 아래 있고, 일본에 아직 반환되지 않는 상태였다.

이를 통해 보면, 일본을 제외한 극동은 모두 지리적으로 일본 가까이에 있는 지역임을 일 수 있다. 그러나 극동의 범위 내에 있는 국가나 지역*에는 지리적 요소 이상의 공통점이 있다. 모든 국가와 지역이 미국과 동맹관계(혹은 동맹에 준하는 관계)를 통해 맺어져 있는 것이다.

미국은 가장 먼저 필리핀과 1951년 8월 30일 미필상호방위조약에 따른 미필동맹을 맺었다. 그 직후인 같은 해 9월 8일 옛 미일

---

* 필자가 그냥 국가라고 하지 않고 '국가나 지역'이라는 표현을 쓰는 것은 중국과의 관계로 인해 독립된 주권국가라고 하기 곤란한 대만이 있기 때문이다.

안전보장조약이 서명되었다. 이어, 1953년 10월 1일 한미상호방위조약에 근거한 한미동맹, 1954년 12월 2일엔 미화(華)상호방위조약에 기초한 미화(미국-대만)동맹이 만들어졌다. 우연이겠지만, 이 동맹은 앞서 일본 정부의 통일 견해가 열거한 것과 같은 순서로 태어났다는 점을 지적해 둔다.

이 가운데 미화동맹은 미국과 중국의 국교 정상화(1979년 1월 1일) 이후인 1980년 1월 1일 종료됐다. 하지만 미국은 이후에도 대만관계법(1979년 4월 10일 제정)에 따라 "대만에 대한 무기 공급을 실시하고, 대만에 대한 위협에 대항한다"는 뜻을 밝혔다. 그러면서도 미국은 [중국이 무력을 동원해 통일을 시도할 경우] 대만을 방위할지 여부를 명확히 밝히지 않는 '전략적 모호성strategic ambiguity' 정책을 취하고 있다. 대만과 모호성을 유지하는 가운데 동맹에 가까운 관계를 유지하고 있다고 할 수 있다.

미국이 미일안전보장조약의 극동 조항에 따라 일본 내 기지를 사용해 가며 평화와 안전을 지키려 하는 대상은 모두 미국의 동맹 혹은 준동맹이라고 할 수 있다. 역으로 북한은 1960년 정부 통일 견해가 밝히는 미일안전보장조약상의 극동 범위에 포함돼 있지 않고, 실제로 미국의 동맹국이 아니다. 주일미군은 북한의 평화와 안전을 유지하는 데 기여하기 위해서는 일본의 기지를 사용하지 않는다.8

그리고 극동을 포함한 아시아·태평양 전체에서 미국(US)은 1951년 9월 1일 오스트레일리아(A), 뉴질랜드(NZ)와 앤저스

ANZUS조약*에 기초한 동맹을 맺고 있다.

이에 앞서 미국은 1949년 4월 4일 서유럽 국가들에 캐나다를 더한 국가들과 북대서양조약에 기초한 북대서양조약기구NATO(이하 나토)를 결성했다. 북대서양조약 제5조는 "하나 또는

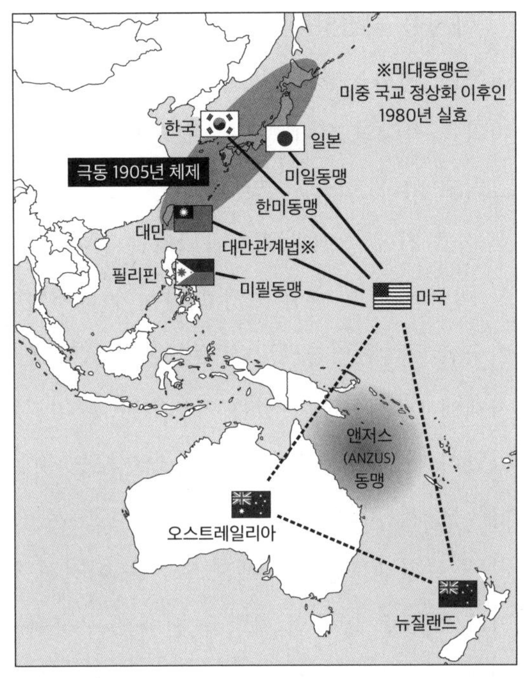

[그림 1-1] 미국을 중심으로 한 아시아·태평양 지역 '허브 앤 스포크'형(방사형) 동맹망

둘 이상의 체약국에 대한 무력공격을 전 체약국에 대한 공격으로 간주한다"는 내용을 담고 있다. 체약국 전체가 동맹관계에 있는 '다국간형동맹망'이다.

이에 견줘 아시아·태평양 지역 내 미국의 동맹 네트워크는 미국을 한쪽 상대로 하는 2국 간(앤저스ANZUS동맹에선 3국 간) 동맹의 묶음으로 구성돼 있다. 이런 동맹을 '허브 앤 스포크hub and spoke형 동맹망'이라고 한다. 자전거 바퀴와 같이 중심의 핵(허브)과 거기서 방사선으로 뻗어 가는 복수의 선(스포크)로 짜여진 모습이다.

---

* 정식 명칭은 'Security Treaty between Australia, New Zealand and the United States of America'이다.

아시아·태평양에선 미국이 허브가 되고 여기서 미일동맹, 한미동맹, 미화동맹(현재는 미대만 안전보장연대), 미필동맹, 앤저스동맹이라는 각각의 선이 방사선 모양으로 퍼져 나가고 있다.(그림 1-1). 그리고 미국, 한국, 대만, 필리핀, 오스트레일리아, 뉴질랜드는 서로 상호 간에 동맹관계가 아니라는 점에서 나토와 차이점이 있다.

미국은 애초 냉전 초기엔 아시아·태평양에서도 유럽의 나토와 비슷한 다국간형동맹망을 결성하려 했다. 한국은 다국간형동맹망 자체에 대해 반대한 것은 아니었다. 다만 강한 반일 감정을 갖고 있었기 때문에 일본이 이 틀에 들어오는 것을 허용하려 하지 않았다.[9] 또 제2차 세계대전 때 일본과 교전했던 필리핀, 오스트레일리아, 뉴질랜드는 전후에도 일본을 여전히 위협으로 인식하고 있었다. 이들은 일본의 가입을 전제로 구상되는 다국간형동맹망 자체에 반대하는 입장을 취했다. 미국이 구상하던, 일본을 포함한 다국간형동맹망에 찬성한 것은 대만 정도였다.[10] 무엇보다 결정적이었던 것은 일본 자신의 의지였다. 일본은 자신이 지역의 안전보장에 관여하게 되는 다국간형동맹망 가입에 소극적이었다.[11]

이렇게 [참가 대상국 사이에] 보조가 맞지 않았기 때문에 아시아·태평양 지역에선 [유럽과 같은 미국을 중심으로 한 다국간형동맹망이 만들어지지 못하고] 허브 앤드 스포크형 동맹망이 정착되기에 이른다.

2. '극동 1905년 체제'의 성립과 전후

일본과 일의대수(一衣帶水) 관계인 한반도와 대만

이런 사실을 둘러보고 나면, 미일안전보장조약에 나오는 극동이라는 개념은 아시아·태평양 지역에서 미국을 중심으로 하는 허브 앤 스포크형 동맹망의 한 축을 구성하는 국가나 지역을 이르는 것임을 알 수 있다. 이렇게 일본과 일본 이외의 극동은 미국을 매개로 안전보장적인 면에서 [서로] 연결돼 있다고 할 수 있다. 하지만 미국을 매개로 이어져 있다는 사실만으로 일본 영토 밖인 극동에서 유사사태가 발생할 때 미군이 일본 내 기시를 사용하도록 허용해도 되는 것일까.

사실 미일안전보장조약에서 극동에 해당하는 국가나 지역은 일본과 지리적으로 근접해 있고, 미국의 동맹·준동맹이라는 것 말고도 또 하나의 공통점이 있다. 옛 미국령이었던 필리핀을 제외한다면, [이들 국가나 지역이] 일본의 옛 식민지였다는 사실이다. 필리핀을 제외한 극동, 즉 한국(한반도 남부)과 대만은 전쟁 전*엔 일본제국의 세력권에 속해 있었다.

일본과 일의대수一衣帶水(매우 가까운)의 관계에 있는 조선(한반도)**과 대만은 일본에게 지정학적으로 중요한 의미를 갖는 존재이다. 이를 확인하기 위해 조금 멀리 돌아가는 얘기가 되겠지만, 근대 이후 동아시아 역사를 돌아보려 한다.

근대 이전의 동아시아는 중국의 패권 아래 있었다고 해도 과언이 아니다. 하지만 19세기부터 구미 열강이 아시아에 진출하고 청이 쇠퇴해 가면서 동아시아의 국제질서가 동요하기 시작한다. [이 혼란 속에서도] 일본은 메이지 유신을 통해 가까스로 근대 국가로 나아가는 길을 걸을 수 있었다. 하지만 동아시아 전체를 돌아볼 때 커다란 정세 변화가 일어날 가능성을 품고 있었다.

메이지 정부의 원로였던 야마가타 아리토모山縣有朋 총리는 아오키 슈조青木周蔵 외무대신에게 제출한 건의서 외교정책론(1890년 3월)에서 "국가 독립 자위"를 위해 국토인 "주권선"과 "주권선의 안위와 긴밀하게 상관관계를 갖는 구역"인 "이익선"을 방어해야 한다고 주장했다.[12] 그렇다면 이익선은 구체적으로 어디를 말하는가? 야마가타는 조선이라고 논했다. [이 기준을 놓고 볼 때] 한반도가 일본의 적대 세력의 지배 아래 들어가는 것을 막는 것이 근대 일본의 국가안전보장에 있어 가장 중요한 과제였다.

당시 조선에 대해선 청이 종주권을 가지고 있었다. 그렇기 때문에 일본은 먼저 청일전쟁(1894~1895)를 통해 한반도에서 청의 영향력을 몰아냈다. 그러자 다음엔 남하정책을 펴는 러시아 제국

---

* 일본에서 '전쟁 전(戰前)'이라는 표현은 제2차 세계대전 패전 전을 의미하는 것이다.

** 한국 독자들이 편하게 읽을 수 있도록 이후 문맥에 맞게 '한반도' 등으로 바꿔 쓴다.

미일동맹이라는 거울

[그림 1-2] 러일전쟁 직전의 동아시아

이 조선에 대한 영향력 확대를 시도했다. 러시아는 조선의 수도 한성(현 서울)의 러시아 공사관에 조선 국왕인 고종을 숨겨 두면서[아관파천] 한반도에서 광산 채굴 등 여러 이권을 수중에 넣게 된다.

나아가 러시아는 [시베리아횡단철도 본선에서 만주를 가로질러] 동해에 면한 블라디보스토크까지 이어지는 동청철도의 부설, 보하이만을 구성하는 랴오둥 반도 끝에 위치한 항구 도시 뤼순·다롄의 조차, 러시아 극동함대의 뤼순 배치 등을 추진하고 있었고, 한반도 남단의 마산포를 군항으로 조차하려는 계획도 세워 두고 있었다. 한반도를 둘러싼 바다는 동해[원문엔 '일본해']를 포함해 '러시아해'로 변했다고 해도 과언이 아닌 상황이었다.(그림 1-2)[13] [러시아의 한반도 진출은] 일본의 '안전'에 직접적 영향을 끼칠 수밖에 없었다. 한반도를 둘러싼 일본과 러시아의 이 같은 대립은 1904년 발생한 러일전쟁의 도화선이 된다.

조선의 전략적·지정학적 중요성에 주목한 것이 야마가타였다고 한다면, 대만이 갖는 비슷한 가치를 꿰뚫어 본 이는 이노우에 고와시井上毅였다. 청일전쟁 개전 직후인 1984년 10월 11일 그 직전까지 문부대신을 맡고 있던 이노우에는 원로 이토 히로부미伊藤博文 총리에게 보낸 서한에서 이렇게 주장했다. 대만을 점유하게 되면 "서해·조선해[남해를 이르는 것으로 보임]·동해의 항행권을 손에 넣게 돼 동양의 문호를 여닫을 수 있고, 나아가 오키나와와 야에야마八重山 군도*와 서로 연락하게 되고, 한 발 더 나아가 다른 이들의 출입을 통제할 수 있게 된다"고 썼다.[14] 실제 대만을 획득하자고 요구한 것은 주로 일본 해군 쪽이었다.

나아가 이노우에는 만약 대만이 다른 나라의 손에 떨어진다면 "오키나와 제도의 안녕이 방해를 받는다"는 취지의 언급을 했다. 1884년 발생한 청불전쟁** 때 프랑스가 대만을 근거지로 삼았다는 것은 당시 사람들에게 아직 생생하게 남아 있는 기억이었다.[15]

'극동 1905년 체제'의 성립

이런 지정학적 이유로 인해 근대 이후 일본은 조선과 대만을 자신의 안전보장에 중요한 지역으로 간주하고, 실력을 사용해 이 지역을 자신과 같은 진영 쪽에 묶어 두려 해 왔다. 이를 통해 일본

---

* 오키나와와 대만 사이의 섬들. 현재 일본령이다.
** 프랑스와 청이 베트남의 지배권을 놓고 벌인 전쟁.

   미일동맹이라는 거울

은 [자신의] 안전을 확보하고, 나아가 극동에서 '힘의 공백'이 발생하거나 역내 분쟁이 발생하는 소지를 없애는 효과를 얻을 수 있었다.

가장 먼저 일본은 1895년 청일전쟁에 승리했다. 그 결과 청과 시모노세키조약을 맺어 대만을 할양받았다.

일본이 극동에서 패권을 확립한 것은 그로부터 10년 뒤인 1905년이었다. 그해 7월 29일 일본은 미국과 가쓰라-태프트 협정을 맺었다. 이를 통해 미국에게서 조선(대한제국)에 대한 보호권을 인정받을 수 있었다. 다음 달인 8월 12일엔 영국과 제2차 영일동맹협약에 서명하며 같은 권리를 확보했다. 결정적으로 같은 해 9월 4일 서명한 포츠머스조약을 통해 러시아로부터 일본이 조선에서 우월한 권리를 갖고 있음을 인정받았다.

이런 과정을 거쳐 일본은 1905년이라는 결정적인 시기를 지나며 국제적인 승인 아래 그 이전부터 식민지로 삼고 있던 대만에 조선을 더한 지역, 즉 극동 전체에 대한 패권을 확립하게 된다. 1905년이라는 시점에선 조선을 식민지로 삼겠다는 게 반드시 확정된 노선이었던 것은 아니었지만,* [조선이] 일본의 세력권 내로 들어왔다는 것은 틀림없는 사실이었다.

이를 통해 '극동 1905년 체제'라고 부를 수 있는 안보 질서가 성립했다고 할 수 있다. '극동 1905년 체제'라는 것은 "동아시아에서 전통적 패권국인 중국이 약체화 혹은 자제적이 됐다는 것을 전

---

* 일본이 1905년 을사늑약을 통해 조선의 외교권을 빼앗으며 보호국으로 삼은 것은 사실이지만, 이때까지만 해도 국권 자체를 빼앗아 식민지로 삼겠다는 명확한 방침이 있었다는 것은 아니라는 의미다.

제로 일본과 일본에게 지정학적으로 중요한 한반도(적어도 그 남부)와 대만이 힘의 뒷받침에 의해 같은 진영에 묶이게 된 지역 질서"라고 정의할 수 있다.

이런 얘기를 통해 일본이 조선·대만에서 행한 식민 지배가 옳았다고 주장하려는 것은 아니다. 다만 당시 국제정치를 돌아볼 때 대국 간의 사정에 의해 소국의 국익이 희생되면서 새 국제질서가 만들어지는 것이 엄연한 현실이었던 것도 사실이다.

[한반도나 대만과 달리] 일본이 포츠머스조약을 통해 러시아령 사할린 남부(일본명 미나미가라후토南樺太)를 넘겨받은 것은 산업 개발이 주요 목적이었다.[16] 나아가 제1차 세계대전의 강화조약인 1919년 베르사유조약에 의해 형성된 국제연맹 체제 아래서 일본의 위임통치령이 된 옛 독일령인 남양군도 역시 애초에는 이민과 경제 개발이 주된 목표였다(전략적 중요성이 커진 것은 미국과의 관계가 악화된 뒤이다).[17] [이런 영토 획득과 일본에게] 늘 커다란 지정학적 중요성을 갖는 한반도·대만을 손에 넣은 것은 구별해 생각해야 한다.

'극동 1905년 체제' 아래서 일본과 주변 지역이 평화를 누릴 수 있었던 질서는 1920년대까지 큰 틀에서 안정적으로 유지됐다.

변화가 시작된 것은 1930년대 들어서였다. 일본은 제1차 세계대전 이후 전쟁을 위법화하고 있던 [당시 세계적] 조류에 맞서 1931년 만주사변을 일으켰고, 1937년에는 중일전쟁에 돌입했다. 국제적 승인을 얻지 못한 채 중국에서 세력권을 확장하려 한 것이다. 그 결과 [1941년 말부터] 태평양·동남아시아 지역에서 미국·영국과 전면적인 무력 충돌에 돌입했다. 결국 [1945년 8월] 소련의 침공까지 받게 되면서 일본제국은 붕괴하고 말았다. 1930년대부터 1940년대 중반까지 일본이 벌인 침략 행위는 메이지 시기 이래 유지되어 온 '1905년 체제'로부터 일탈하는 것이었다고 할 수 있다.

일본의 패전과 질서의 불안정화

일본이 제2차 세계대전에서 패하고 1950년대 전반까지 이르는 기간 동안 '극동 1905년 체제'는 급격히 불안정해지게 된다. 미국이 일본제국을 타도하고 식민지를 포기하도록 했기 때문이다.

제2차 세계대전 말기인 1945년 7월, 연합국은 일본에 대한 항복 권고인 포츠담 선언을 발표했고, 일본은 8월 14일 이를 수락했다. 포츠담 선언은 [전후 일본의] 영토 문제와 관련해 "카이로 선언의 조항이 이행되어야 하며, 일본국의 주권은 혼슈, 홋카이도, 규슈, 시코쿠 및 우리가 정하는 여러 작은 섬에 한정된다"고 규정했다.

여기서 갑자기 튀어나오는 카이로 선언은 포츠담 선언이 나오기 전인 1943년 11월 27일에 연합국이 발표한 문서이다. 이를 보면, 당시 일본령이던 조선에 대해 "적당한 시기에 자유 독립시킨다", 대만에 대해서도 일본에서 분리해 "중화민국에게 반환한다"는 내용이 담겨 있다. [전후 연합국의 영토처리] 방침이 이때 정해졌음을 확인할 수 있다. 결국, 카이로 선언을 이행한다고 한 포츠담 선언을 받아들이는 것을 통해 일본이 한반도와 대만을 포기하게 된 것이다. 이를 통해 '극동 1905년 체제' 역시 붕괴되는 것처럼 보였다.

그러나 머잖아 일본제국에게서 분리된 한반도는 북위 38도선을 경계로 남쪽은 미군, 북쪽은 소련군에게 각각 점령됐다. 애초 예정대로라면 한반도는 일단 남북으로 분할 점령된 뒤 최종적으로 국제연합UN(이하 유엔)의 감시 아래 자유선거를 실시해 통일되어야 했다.

그러나 제2차 세계대전의 승전국이었던 미국과 소련 사이에 대립이 깊어지며 냉전이 시작됐다.

한반도라는 지역적인 무대에서도 미국과 소련은 서로를 적대시하게 된다. 소련군 사령관은 선거 감시 등을 위해 설치된 유엔임시한국위원단UN Temporary Commission on Korea의 한반도 북부 입경을 허용하지 않았다. 그로 인해 유엔은 미국의 주도 아래 한반도 남부에서만 단독 총선거를 실시했다. 그 결과 1948년 8월 15일 대한민국이 수립됐다. 이에 맞서 38도선 이북에선 소련의 지원을 받아 같은 해 9월 8일 조선민주주의인민공화국이 만들어졌다. 하지만 그 뒤에도 통일 문제로 인한 감정 대립이 이어지며 정세는 안정되지 않았다.

대만 정세 역시 불안정해지긴 마찬가지였다. 중국에선 일본이 물러난 뒤 시작된 국공내전에서 공산당이 국민당에 승리했다. 그에 따라 중국 대륙에선 1949년 10월 1일 중화인민공화국이 만들어졌다. 한편 국민당이 이끄는 중화민국 정부는 그해 12월 7일 일본제국이 포기한 대만섬으로 도망쳤다. 중국 역시 대립을 안은 채 사실상 분열되고 만 것이다.

제2차 세계대전이 끝나면서 한반도와 대만은 옛 일본제국의

미일동맹이라는 거울

손아귀에서 벗어났다. 일본은 자기 힘으로 지역 질서를 형성할 수 있었던 예전 같은 강대국의 모습을 잃어버린 상황이었다. 미국에 점령된 [일본] 본토 외의 [한반도와 대만 등] 옛 일본제국령은 힘의 뒷받침을 받지 못하는 '힘의 공백' 지대로 전락했을 뿐 아니라, [언제든 폭발할 수 있는] 분쟁의 불씨를 떠안게 되고 말았다. 즉, 이 지역에서 미국, 소련, 중국이란 대국을 끌어들이는 파워 게임이 벌어질 수 있다는 우려가 생기게 된 것이다. 나아가 '극동 1905년 체제'의 영향력이 더 이상 효과를 발휘하지 않게 되면서 상황에 따라 일본, 한국, 대만이 서로를 가상 적국으로 바라보며 군사적으로 대치하게 될 가능성조차 생겨나게 된다.

이렇듯 '극동 1905년 체제'가 불안정해지면서 이 지역은 20세기 초 이후 다시 한번 지정학적 대변동을 겪을 수 있는 위험을 잉태하게 되었다.

'애치슨 라인'이란 실수

이제 전후 미국이 극동에서 추진했던 관여 징책에 대해 살펴보자. 제2차 세계대전에서 미국은 진주만 공격을 감행한 일본제국주의의 위험을 근절하기 위해 일본제국과 타협적 평화를 거부했다. 이들이 선택한 것은 '무조건 항복'을 얻어 내기 위한 대결이었다. 그리고 제1차 세계대전 때처럼 전쟁이 끝난 뒤 병력을 빼내어 미국 안에 틀어박히는 게 아니라, '세계의 경찰관'으로서 앞으로도 해외에 계속 군을 주둔시킬 수 있게 되기를 원하고 있었다.

루스벨트 대통령은 전쟁이 한창 진행 중이던 1944년 1월 7일

미국 군부의 최고 기관인 합동참모본부가 작성한 'JSC570/2'라는 제목이 붙은 전후 기지 계획을 승인했다.[18] 이 계획은 태평양의 넓은 지역에서 미국이 일본을 둘러싸는 모양으로 배타적인 사용권을 갖는 기지를 사슬처럼 만드는 내용을 담고 있었다. 미국은 전쟁이 끝나기 전부터 전후 극동 지역을 자신들의 패권 아래 두려는 구상을 갖고 있었던 셈이다.

이윽고 냉전이 시작되자 미국은 자신이 점령한 일본을 [포위·감시하는 게 아니라] 방위하는 쪽으로 방침을 전환하게 된다. 미국이 추진했던 냉전 전략의 기본은 소련 공산주의의 확장을 주변부에서부터 '봉쇄'하는 것이었다. 트루먼 대통령은 1947년 3월 12일 '트루먼 독트린'을 발표해 [공산주의에 대한] '봉쇄' 정책을 선언했다. 그리고 일본 방위를 서유럽 방위에 버금가는 동아시아 대소 '봉쇄' 정책의 핵심으로 자리매김하게 된다.

그렇지만 미국의 시선은 오로지 일본에 집중돼 있을 뿐이었다. 그래서 역사적으로 일본과 일의대수 관계에 있는 한반도와 대만의 전략적 가치를 이해하는 데까지는 이르지 못했다. 연합국 정상들이 전후 구상을 논의하기 위해 1945년 2월 얄타 회담을 연 시점에도 미국은 한반도 전체를, 대일 참전을 예정해 두고 있던 소련이 점령하는 지역에 포함시키겠다는 생각을 하고 있을 정도였다.[19]

미국은 실제로는 한반도 [전체를 소련에 넘겨주는 대신] 남부를 점령하게 된다. 그 뒤로도 일본을 점령 통치하면서 미국의 동아시아 관여 정책을 담당하는 역할을 떠맡게 되는 연합국군최고사령관총사령부GHQ는 한반도와 관계를 맺는 데 신중한 자세를 유지했다. GHQ는 만약 한반도에서 미소가 전쟁을 하게 된다면, 한반도에 주둔 중인 미군을 소련과 싸우게 하지 말고 일본으로 철수시켜야 한다고 생각하고 있었다. [공산주의의 침략을 막는] 방위선을 한반도의 북위 38도선이 아니라 일본 열도 자체로 삼겠다고 계획했던 것이다.[20] 그리고 실제 한반도 주둔 미군은 1949년 6월 30일까지 모두 철수하게 된다.

미국 정부 내부에선 대만에 대해서도 이 섬을 [자신의 세력권 안으로] 끌어들이게 되면 중국이 반발하며 소련 쪽으로 기울어질 수 있다고 우려하고 있었다. 그렇기 때문에 반대로 대만을 포기한다면 소련과 중국 사이가 벌어지게 할 수 있지 않을까라는 기대를 품었다.[21]

이렇게 한반도·대만을 경시하는 미국의 정책은 1950년 1월 11일 발표된 '애치슨 라인'과 궤를 같이한다고 할 수 있다. 딘 애치슨 Dean Acheson 국무장관은 이날 워싱턴의 내셔널 프레스 클럽에서 행한 연설에서 미국이 아시아에서 방위 책임을 지는 지역의 범위를 알류산 열도Aleutian Islands-일본-오키나와-필리핀을 잇는 선의 안

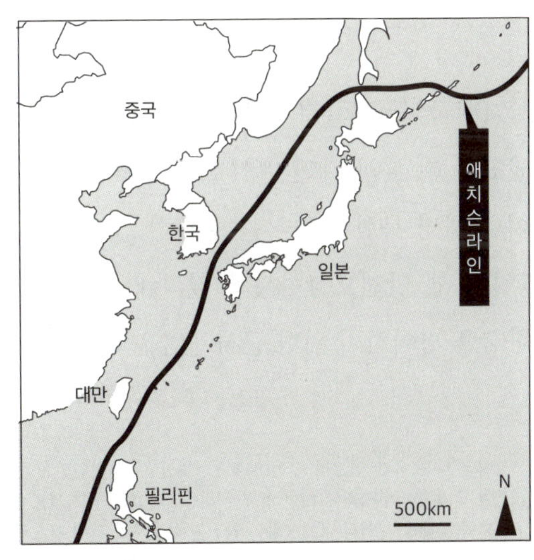

[그림 1-3] 애치슨 라인

쪽이라고 밝혔다. 한반도와 대만이 제외된 것이었다. '애치슨 라인'은 아시아에 있어 미국의 '후퇴하지 않을 방어선'이라고 선전되었고,(그림 1-3) 이 사실이 북한의 한국 침공을 유발하는 하나의 원인이 된 것으로 파악되고 있다.

애치슨 장관이 한국전쟁의 한 원인이 된 '후퇴하지 않을 방어선'을 그린 인물로 역사에 이름을 남기게 된 것은 딱한 일이라고 할 수 있다. 유럽에선 나토를 만든 아버지라고 할 만한 큰 공적을 남겼기 때문이다.[22] 영국을 숭배하는 애치슨 장관의 태도는 어머니로부터 물려받은 것이었다. 아시아에 대한 그의 관심은 분명 옅었다고 할 수 있지만,[23] 애치슨 라인의 이미지는 애치슨 장관만의 생각이었다고 할 수 없다. 그 이전부터 미국 내에서 어느 정도 공유되고 있던 인식이었다.[24]

한국전쟁과 전환점

[미국의 극동 정책에 큰] 전환점이 된 사건은 애치슨 라인이 발표된 지 불과 반년 뒤인 1950년 6월 25일 터진 한국전쟁이었다. 이날 새벽 북한은 한국을 일제히 침공했다. 미국은 다음 달인 7월 7일 유엔 안전보장이사회 결의에 따른 '한국유엔군'의 자격으로 한국을 방어하기 위한 군사개입을 하게 된다.*

---

* 이날 나온 유엔 안보리 결의 84호는 "조선민주주의인민공화국의 군대에 의한 대한민국에 대한 무력공격이 평화에 대한 침해에 해당된다고 결정"하고, "유엔 회원국들이 이 무력공격을 격퇴하고 해당 지역의 국제평화와 안전을 회복하기 위해 필요한 지원을 대한민국에 제공할 것을 권고"하는 내용으로 구성돼 있다. 이에 따라 만들어진 것이 '한국유엔군'이다. 이 부대는 "미국의 통일된 지휘(unified command under the United States of America)"를 받도록 정해졌다.

미국이 한국전쟁에 개입한 것은 아시아판 봉쇄 정책의 근간이 되는 일본을 방위하는 데 있어 한국이 지정학적으로 중요하며, 북한의 침공을 방치하면 일본의 안전이 직접적으로 위협받게 된다는 사실을 [뒤늦게] 깨달았기 때문이었다. 미 국무부 동북아시아과가 같은 해 7월 24일 작성한 각서를 보면, 일본은 미국에 결정적으로 중요하기 때문에 "미국의 이익에 적대하는 체제가 한반도를 지배하게 두는 것을 용납할 수 없다"는 방침이 정해졌음을 알 수 있다.[25] 야마가타가 '이익선'론을 제창한 지 정확히 60년이 지난 해에 미국 역시 [한반도가 일본의 안전보장에 결정적 의미를 갖는다는] 정확히 같은 결론을 도출해 낸 것이었다.

한편, 미국이 북한을 공중 폭격하기 위한 근거지로 사용한 것은 가데나 등 오키나와에 있는 일본 기지였다.[26] 미국은 한반도에서 전쟁을 수행하는 데 일본 내 기지가 결정적으로 중요하다는 사실을 실전을 통해 통감할 수 있었다. 봉쇄 정책의 입안자였던 국무부 정책기획실장 조지 케넌George Kennan은 미국이 한국전쟁을 위해 일본 내 기지를 활용하지 않을 수 없게 됐고 "미군의 일본 주둔이야말로 이 지역(극동 지역)의 미래 안전을 위해 절대석으로 필요한 일"임을 깨닫게 됐다고 말하고 있다.[27] 이런 인식은, 미군이 일본 내 기지를 사용할 수 있도록 하는 것을 핵심 내용으로 삼는 미일동맹으로 발전해 가게 된다.

이에 더해 미국은 한국전쟁 개전 직후인 6월 27일 대만해협에 제7함대를 파견하는 등 대만 방위에도 관여하게 된다.

애초 미국 정부 내엔 케넌 국장이 주장한 것처럼 일본과 동남아시아를 잇는 항로 위에 자리한 대만의 전략적 가치를 높게 평가하는 견해가 있었다.[28] 당시 일본은 공산화된 대륙 중국과는 국교를 맺지 않고 있었기 때문에 경제 부흥을 위해선 이를 대체할 수 있는 지역인 동남아시아와 활발한 교역을 할 필요가 있었다. 또 [미국이] 대만에서 손을 떼면 소련이 이곳에 군사 기지를 획득할 가능성을 우려하는 목소리도 있었다.[29] 한국전쟁은 미국이 [대만을 포기해] 소련과 중국의 사이를 벌린다는 이간책보다, 이런 사실에 더 많은 주의를 기울이게 하는 계기가 됐다.

이에 맞선 중국은 1950년 10월 19일 북한을 방위하기 위해 의용군*을 파병한다는 명목으로 한국전쟁 참전을 결정했다. 이들은 미국이 대만 방위로부터 손을 떼도록 압력을 가했다.[30] 미국은 끝내 응하지 않았다.

전후 미국이 이어받게 된 '극동 1905년 체제'

한국전쟁은 1953년 7월 27일 유엔·한국 쪽과 공산 진영이 북위 38도선 부근의 군사경계선을 사이에 두고 대치하는 형태로 휴전에 돌입했다. 그와 함께 대만해협에서도 현상 질서가 유지됐다.

앞서 언급한 대로 1951년 9월 미일안전보장조약이 서명된 데 이어 한국전쟁의 휴전이 이뤄진 뒤인 1953년 10월엔 한국이, 1954년 12월엔 대만이 각각 미국과 동맹관계를 맺었다. 그와 함께 세 나라 모두에선 요시다 시게루吉田茂 정권, 이승만 정권, 장제스 정권이라는 친미·반공 정권이 통치를 맡게 됐다. 미화상호방위

---

* 중국이 정식으로 사용한 명칭은 중국인민지원군(中國人民志願軍)이었다. 북한을 돕기 위해 자발적으로 나선 군대라는 의미다.

미일동맹이라는 거울

[그림 1-4] 극동 1905년 체제

조약이 체결된 직접적 계기가 된 것은 1954년 9월 3일부터 1955년 5월 1일까지 이어진, 제1차 대만해협 위기라고 불리는 중국과 대만 사이의 분쟁이 있었기 때문이었다.

일본은 한국전쟁이 진행 중이던 1952년 4월 28일에 대만과 일화평화조약에 서명했다. 한국과는 이보다 한참 뒤인 1965년 6월 2일 한일기본조약을 맺으면서 국교를 수립했다.

이렇게 미국이 극동 방위에 관여하게 되면서 이 지역의 '힘의 공백'이 메워지게 됐다. 결과적으로 미국이 옛 일본제국의 세력권 대부분을 이어받게 됐다고 할 수 있다.[31] 한국, 일본, 대만은 미국의 존재를 매개로, 구체적으로는 미국이 제공하는 힘의 뒷받침에 의해 다시 같은 진영에 속하게 된 것이다.(그림 1-4)

이 결과는 무엇보다 한국전쟁을 통해 각성된 미국의 동아시아 냉전 전략과 일치하는 것이었다. 또 일본의 지정학적 요망에 응답하는 것이기도 했다.

예를 들어 요시다 총리는 다음과 같은 견해를 밝히고 있다. "한반도가 일본의 국가적 안전에 중대한 관계를 맺고 있다는 것은 이제 와 새삼스럽게 말할 것도 없다. 유사 이래 일본에 대한 외부의 위협은 한반도를 거쳐 왔다 해도 과언이 아니다. 청일전쟁도 러일전쟁도 모두 그 발단은 한반도에서 시작된 것이다."[32] 이어 한반도 북부가 공산 세력 아래 놓여 있다는 현재 상황에도 불구하고 "우리 국민이 태평한 기분에 잠겨, 거리낌없이 한가함을 누릴 수 있는 것"은 "한국군과 유엔군이 함께 전선을 단단히 지키고 있기 때문"이라고 말했다.

기시 총리가 1960년 안보조약 개정 당시 생각한 것도 비슷했다. 맥아더 2세 대사가 1957년 5월 25일 본국에 보고한 내용에 따르면, 기시 총리는 "한반도, 대만, 동남아시아가 공산 세력의 수중에 떨어지지 않도록 해 두는 것이 일본에게 사활적으로 중요한 문제"라고 말했다.[33] 기시의 뒤를 이은 이케다 하야토池田勇人 총리도 1961년 6월 20일 워싱턴에서 열린 존 F. 케네디John F. Kennedy 대통령과의 회담에서 한반도에 더 포커스를 맞춰 "일본 역사가 보여주는 대로 1000년도 더 이전부터 일본에게 한반도는 자기 자신과

같은 것이며 만약 한반도가 공산화된다면 일본에게도 치명적이 된다"고 말했다.[34]

한국도 북한, 나아가 일본에 맞서 자국의 안전보장을 확보하기 위해서도 미일동맹을 전제로 하는 미국의 관여가 필요하다고 생각하고 있었다.[35] 이렇게 생각한 것은 대륙 중국과 군사적으로 대치할 수밖에 없는 대만도 마찬가지였다. 이들을 한데 묶는 힘은 일본제국의 식민지 지배라는 '강제'로부터 한국, 일본, 대만이 각각 미국의 방위 관여를 자발적으로 받아들이는 '동의'로 바뀌어갔다.

즉 '극동 1905년 체제'는 일본의 패전에 의해 일시적으로 불안정해지기도 했지만, [미국의 관여에 의해] 결국 소멸하지 않은 채 남은 것이다.

3. ‘한미·미일 양 동맹’ 속의 미일동맹

무조건 허용하겠다고 밝히다

‘극동 1905년 체제’를 유지하려면 힘에 의한 뒷받침이 필요하다. 이에 해당하는 것은 미국이 제공하는 극동 방위에 대한 관여이고, 그 토대가 되는 것이 미일동맹, 한미동맹, 미대동맹(혹은 미대안전보장연대)이라고 할 수 있다.

이 가운데 특히 밀접한 관계에 있다고 할 수 있는 것이 한미동맹과 미일동맹이다. 이 두 동맹은 이른바 ‘쌍둥이’처럼 태어났다. 미일동맹이 결성된 중요한 계기는 한국전쟁을 수행하던 미국이 한국 방위를 위해선 일본에 기지를 두는 게 결정적으로 중요하다는 점을 통감했기 때문이었다. 그렇다면 미국은 왜 한국전쟁에 개입했던 것일까? 한국을 방위하는 게 일본의 안전에 직결된다고 판단했기 때문이었다. 이렇게 시작된 미국의 한국에 대한 방위 공약은 한미동맹으로 이어지게 된다.

지금까지 살펴본 대로 미일동맹과 한미동맹은 서로를 지탱하고 있다. 그리고 이번 장에서 다루고 있는 미일안전보장조약의 극동 조항이야말로 이 관계성을 제도적으로 담보하는 것이라고 결론 낼 수 있다.

앞서 밝혔듯 '일본적 시점'에 서서 극동 조항을 바라보게 되면, 사전협의라는 제도를 통해 미국이 멋대로 기지 사용을 못하도록 제약하려는 쪽으로 [일본 내 정책이] 움직이게 된다. 하지만 [사전협의를 통해서도] 전략적·지정학적 현실에 뿌리를 둔 미일동맹과 한미동맹의 연계를 결국 끊어 낼 순 없었다. 앞서 언급한 조선밀약의 존재가 무엇보다 이를 잘 말해 주고 있다.

조선밀약, 즉 조선의사록을 보면 후지야마 외무대신과 맥아더 2세 대사 사이에 다음과 같은 공방이 있었다고 기록돼 있다.

맥아더 2세 대사는 후지야마 외무대신에게, 조선에서 정전협정을 위반하는 무력공격이 발생할 때 미군이 즉시 일본에서 전투작전행동에 착수하지 않으면 유엔군이 이를 격퇴하지 못하게 될 수도 있다고 말했다.

앞서 언급했듯 한국전쟁은 1953년 7월 휴전에 돌입했지만 전쟁이 아직 정식 종결된 것은 아니다. 조선의사록이 작성된 것은 휴전으로부터 불과 7년이 지난 때였다. 다시 전쟁이 재개될 위험이 남아 있었다. 더글러스 맥아더 2세Douglas MacArthur II 대사는 이어 후지야마 외무대신에게 "이런 예외적인 긴급사태가 발생할 경우, 작전 수행을 위해 일본 내 기지를 사용하는 것에 대한 일본 정부의 견해를 묻고 싶다"고 말했다.

후지야마 외무대신은 이 질문에 다음과 같이 답했다. 공산당이 정전협정을 위반하는 공격을 가할 경우 유엔군이 이에 대해 반격할 수 있도록 "유엔통일사령부 아래 있는 주일미군이 곧바로 취할 필요가 있는 전투작전행동"을 위해 "일본의 시설·구역을 사용할 수 있다."[36]

한반도 유사사태를 염두에 둔 상황에서 '주일유엔군'에 해당하는 주일미군이 곧바로 취할 필요가 있는 직접적인 전투작전행동을 위해 일본 내 기지를 사용할 수 있다는 말은 무슨 뜻일까? 이는 한반도 유사사태가 발생할 때 주일미군이 행하는 직접전투작전행동은 사전협의 대상에서 제외됨을 의미하는 것이다. 일본에 주둔하는 미군은 미일안전보장조약에 기초한 주일미군인 동시에 이들이 한국전쟁에 유엔군으로 개입했다는 경위를 따져 볼 때 일본과 유엔이 맺은 유엔군지위협정(1954년 2월 19일 서명)에 근거를 둔 주일유엔군이라는 지위도 함께 갖고 있다.

이후 조선밀약의 내용과 가까운 내용이 공표된 바 있다. 사토 에이사쿠佐藤栄作 총리와 리처드 닉슨Richard Nixon 미국 대통령은 1969년 11월 21일 정상회담을 통해 오키나와 반환에 합의했다. 이때 발표된 '닉슨-사토 공동성명' 제4항과, 같은 날 사토가 워싱턴 내셔널 프레스 클럽에서 행한 연설 내용을 통해 다음과 같은 내용을 확인할 수 있다.

먼저 닉슨-사토 공동성명 4항을 통해 두 나라는 "한국의 안전은 일본 자신의 안전에 있어 긴요緊要(꼭 필요)"하다고 공식 인정했다. 이른바 '한국 조항'이다. 이어 사토 총리는 내셔널 프레스 클럽 연설에서 한반도 유사사태 때 주일미군의 직접전투작전행동에 대한 사전협의와 관련해 일본은 "긍정적이고 신속하게" 태도를 결정할 것이라는 입장을 밝혔다.

한국의 안전은 일본의 안전에 있어 중요하기 때문에 한반도 유사사태가 발생할 경우 주일미군이 직접전투작전행동에 나서는 것에 대해 사전협의가 이뤄지면, 긍정적이고 신속하게 태도를 결정하겠다는 얘기였다. 이 얘기를 듣고 일본 정부가 미국의 사전협의 요청에 대해 "거절한다"고 답할 것이라 생각하는 사람은 없을 것이다. 바꿔 말하면 일본은 닉슨-사토 공동성명의 한국 조항과 사토의 내셔널 프레스 클럽 연설을 통해 한반도 유사사태와 관련해 주일미군의 직접전투작전행동에 관한 사전협의가 이뤄질 때엔 반드시 "허용하겠다"고 답하겠다는 뜻을 밝힌 것이나 다름없다.

하지만 조선밀약의 효력이 지금까지 이어지는지에 대해선 애매한 부분이 남아 있는 듯 보인다. 이후 시간이 흘러 [일본] 민주당 정부*는 그동안 미일이 맺었던 '밀약' 문제에 대한 조사에 나섰다. 이를 마무리한 뒤 오카다 가쓰야 외무대신은 2010년 6월 15일 기자회견에 나서 한반도 유사사태가 발생했을 때 '사전협의를 할 필요가 없다'는 밀약을 맺은 적이 없다는 점에 대해 미국 정부가 확인을 해 줬다고 말했다. 하지만 조선밀약의 효력이 상실됐다는 점에 대해 문서에 의한 정식 합의가 이뤄졌는지는 불명확한 상황이다.

나아가 아베 신조 총리는 2014년 7월 15일 국회에서 오키나와의 주일 미 해병대가 한국을 구원하기 위해 출동하는 경우엔 미일 간의 사전협의를 통한 일본의 양해가 필요하다고 답했다. 한국은

---

* 2009년 8월 30일 치러진 중의원 선거에서 대승해 9월 16일 집권했다. 하토야마 유키오(鳩山由紀夫), 간 나오토(菅直人), 노다 요시히코(野田佳彦) 등 세 명의 총리를 배출한 뒤 2012년 12월 26일 아베 신조 2차 내각에게 정권을 내줬다. 이후 민진당으로 당명을 바꿨다가 입헌민주당과 국민민주당으로 분열됐다. 입헌민주당은 2026년 1월 16일 공명당과 중도개혁연합을 결성했지만 2026년 2월 8일 치러진 중의원 선거에서 참패했다.

이에 대해 이의를 제기했다. 주미 한국 대사관 관계자는 한국 언론의 취재에 대해 "한반도 유사사태가 발생할 경우 주일미군이 주일유엔군으로서 수행하는 직접전투작전행동은 사전협의 대상이 아니며, 일본 정부는 개입하지 않는다. 이에 대해 미국 정부도 같은 생각"이라고 반론했다.[37]

윤석열 한국 대통령은 2023년 8월 15일 광복절 경축사에서 북한이 한국을 침공할 때엔 유엔군사령부가 "자동적이고 즉각적으로" 개입과 응징을 하게 되어 있으며 "일본의 유엔사 후방 기지는 그에 필요한 유엔군의 육해공 전력이 충분히 비축되어 있는 곳"이라고 말했다.[38] 간접적으로 말을 돌리면서도 한반도 유사사태가 발생하면 주일유엔군인 주일미군이 "자동적이고 즉각적으로" 개입한다는 한국 정부의 인식을 보여 준 것이라고 할 수 있다.

'한미·미일 양 동맹'의 실태

어찌됐든 미일동맹은 나 홀로 국제정치의 한복판에 덩그러니 떠올라 있는 것은 아니다. 미일동맹은 아시아·태평양에서 미국을 중심으로 한 허브 앤 스포크형 동맹망의 일부이다. 또 미군이 일본 내 기지를 사용할 수 있다는 것을 통해 한미동맹과 특히 더 밀접한 관계를 맺고 있다. 두 동맹이 긴밀한 관계를 맺는 것을 통해 '극동 1905년 체제'가 유지되고 있는 것이다.

물론, 한국과 일본은 동맹관계가 아니기 때문에 한미동맹과 미일동맹이 밀접한 관계를 맺고 있다고 해서 이를 [자동적으로] '한미일 3각 동맹'으로 묶어 버리는 것은 지나친 일이 될 수 있다. 오

미일동맹이라는 거울

히려 일본과 한국이 동맹관계가 아니라는 사실(혹은 되기 어렵다는 사실) 때문에 제3자인 미국이 극동 방위에 관여한다는 것이 두 나라 모두에게 큰 의미를 갖게 된다.

그런 이유로 이 책에선 조금 대담하긴 하지만 "미국이 중심이 된 아시아·태평양 내 허브 앤 스포크형 동맹망 가운데 일본과 한국을 각각 상대방으로 하는 동맹"을 '한미·미일 양 동맹'이란 말로 묶어 부르려 한다.

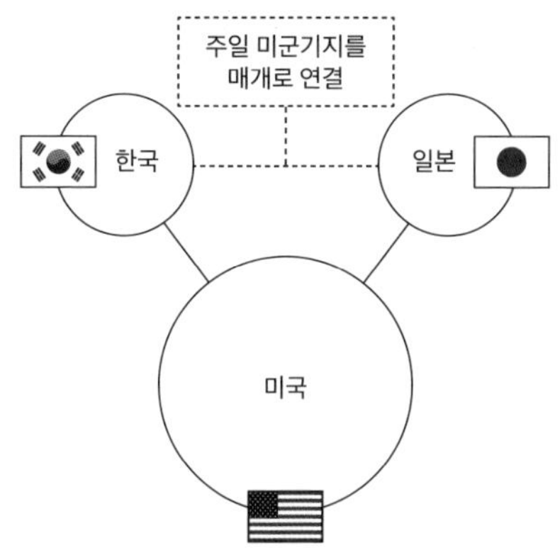

[그림 1-5] 한미·미일 양 동맹

미일동맹을 '일본적 시점'에서 파악한다면, 미일 두 나라 사이의 '양자' 동맹일 뿐이고 미국의 다른 동맹망과 독립된 존재라고 착각하기 쉽다. 그러나 '제3자적 시점'에 서면, 실제로 이 동맹은 '극동 1905년 체제'를 떠받치는 '한미·미일 양 동맹'이라고 부를 수 있는 안전보장 체제 안에 존재하는 하나의 기능임을 알 수 있다.(그림 1-5)

그렇다고 한다면, 극동 조항이나 조선밀약 등이 존재하는 의미도 명확해진다. 이는 미일동맹이 '한미·미일 양 동맹'이라는 안전보장 시스템의 일부로서 기능하는 데 필수불가결한 이른바 '경첩(핵심적 연결 고리)'에 해당하는 것이다.

한미동맹과 미일동맹은 미군이 일본 내 기지를 사용한다는 사실을 매개로 '한미·미일 양 동맹'이라고 부를 수 있는 하나의 안전보장 체제 안에 유기적으로 연결돼 있다. 그리고 이 안전보장 체제를 기능하게 하는 것이 일본, 그중에서도 오키나와에 존재하는 미군기지이다.

제2차 세계대전 말기 오키나와에선 약 3개월에 걸쳐 처참한 지상전이 벌어졌다. 그 결과 이 땅은 1945년 6월 23일 미군의 손에 떨어졌다. 이 전쟁으로 일본에선 군인과 민간인을 합쳐 약 20만 명이 숨졌고, 미국에서도 약 1만 2500명이 사망했다. 오키나와를 점령한 미군은 본섬에 B-29 기지, 본섬 부근인 이에지마伊江島에 장거리 호위 전투기용 비행장을 건설하는 등 '군사 요새화'에 나서게 된다.

오키나와 본섬은 규슈에서 약 800km, 한반도에서 약 1000km, 대만해협에선 약 900km 떨어져 있다. 극동 내의 모든 잠재적인 분쟁지역에 접근하기 쉽다. 섬의 이런 전략적·지정학적 중요성 때문에 미국은 샌프란시스코 강화조약을 통해 일본 본토의 독립을 받아들이면서도, 오키나와에 대한 행정권을 계속 행사하려 했다.

실제로 미국은 베트남전쟁 때 오키나와 내 미군기지를 베트남에 대한 출격기지로 활용했다. 미국은 1964년 8월 2일 통킹만 사건(공산 세력인 북베트남 인민군의 어뢰정이 미 구축함을 공격했다고 발표됐었다)*을 계기로 베트남전쟁에 깊숙이 관여하게 되면서 남베트남의 반공 정권을 도와 북베트남과 싸웠다.

이에 반해 일본은 오키나와를 돌려받는 것을 전후 외교의 가장 큰 목표로 내걸고 있었다. 닉슨 대통령과 사토 총리는 1967년 12월 15일 미일정상회담을 마친 뒤 발표한 공동성명에서 오키나와 반환의 시기에 대해 '2~3년 내'에 합의해야 한다는 일본 쪽의 희망 사항을 명기했다. 이후 반환 교섭이 본격화되며, 1969년 11월의 사토-닉슨 회담에서 최종 결론이 나오게 된다.

오키나와 반환 교섭에서 최대 쟁점은 '핵을 빼고, 본토와 같은 수준核抜き本土並み으로 한다'는 것이었다. 여기서 '핵을 빼고'라는 것은 당시 미국이 오키나와에 배치해 두고 있는 핵무기의 철수를 의미하는 것으로 제5장에서 상세히 다루기로 한다.

'본토와 같은 수준'이라는 것은 반환 후 오키나와에서도 본토처럼, 즉 본토와 같은 수준으로 미일안전보장조약상의 사전협의 제도를 적용해야 한다는 일본의 희망 사항을 가리킨다. 하지만 앞에서 언급했듯 반환 교섭이 이뤄질 무렵 미국은 오키나와를 출격 거점으로 삼아 베트남전쟁을 수행하고 있었다. 그로 인해 미국은 오키나와가 반환된 뒤에도 이곳의 기지를 계속 자유롭게, 즉 사전협의 없이 사용할 수 있게 되기를 바라고 있었다.

오키나와 반환 교섭 결과 기본적으로 일본이 원하는 대로 '핵을 빼고, 본토와 같은 수준'으로 하는 요구가 받아들여졌다. 1972년 5월

---

* 미국은 1964년 8월 2일 미군 구축함 매덕스(Maddox)가 통킹만 일대에서 북베트남군 어뢰정으로부터 공격받은 데 이어 이틀 뒤인 4일 공해상에서 2차 공격을 받았다며 북베트남에 대한 폭격과 지상군 투입을 결정했다. 국방부 소속 군사분석 전문가로 이런 내용을 담은 이른바 '펜타곤 페이퍼'라는 기밀문서 작성에 참여했던 대니얼 엘즈버그(Daniel Ellsberg)는 《뉴욕타임스》 등에 문서를 공개했고, 《뉴욕타임스》는 1971년 6월 13일 이를 근거로 2차 공격이 베트남전 본격 개입을 위해 조작된 것이라고 보도해 파문을 불러일으켰다.

15일 오키나와 반환을 계기로 섬에서 미국의 핵이 철거됐고, 오키나와 내 기지에 대해서도 본토처럼 사전협의제도가 적용됐다.

한국과 대만의 개입

이런 움직임을 경계하며 개입에 나선 나라가 있었다. 한국이었다. 미일 양국 간 외교 문제인 오키나와 반환 교섭에 대해 제3자임이 분명한 한국이 왜 개입한 것일까?

말할 필요도 없이, 오키나와에 배치된 미군 때문이었다. 이 섬엔 많은 미군기지가 존재하고, 그렇기 때문에 한반도 유사사태가 발생하면 오키나와 기지가 [전쟁 수행에] 중심적 역할을 수행하게 된다. 이런 상황에서 오키나와가 '본토와 같은 수준'으로 반환되면 사전협의제도의 적용 지역이 오키나와까지 확장된다. 미군이 오키나와 기지를 사용할 때마다 하나하나 사전협의를 하게 된다면, 한국 입장에서 볼 때 한반도 유사사태가 발생할 경우 주일미군의 즉응성即應性(즉시 대응할 수 있는 능력)이 저하될 위험이 있다고 느낄 수밖에 없었다. 오키나와 반환이 한국 방위에 불리하게 작용할 수 있다고 우려하게 된 것이다.

박정희 대통령은 특히 일본의 사회당 등 좌파의 움직임에 의해 주일미군기지의 사용이 제한될 가능성이 있다고 걱정했다.[39] 그래서 한반도 남서쪽에 위치한 제주도를 오키나와의 대체지로 미군에게 제공하는 문제에 대해 진지하게 검토했다.[40] 이 무렵은 북한이 한국을 상대로 공세를 강화하는 시기이기도 했다. 북한은 1968년 1월 21일 특수부대를 투입해 청와대를 기습 공격하려 했

미일동맹이라는 거울

다. 23일에는 미국의 정보 수집선인 푸에블로호를 나포했다. 이런 움직임으로 인해 한국의 시름은 한층 더 깊어 갔다.

미일이 오키나와 반환 교섭을 진행하고 있던 1969년 4월 8일과 9일 최규하 한국 외교부 장관은 윌리엄 포터William Porter 주한 미국대사와 가네야마 마사히데金山政英 주한 일본대사에게 서한을 보냈다. 한국 정부는 미일 양국을 향해 오키나와가 반환된 뒤에도 일본이 사전협의 권리를 포기해야 한다고 요구했다.[41]

미일의 오키나와 반환 협상 결과를 걱정하며 바라본 것은 한국만이 아니었다. 대만에서도 오키나와가 갖는 군사적인 중요성을 지적하며 미국이 이 섬을 포기해선 안 된다고 주장하는 목소리들이 정부를 중심으로 흘러나오고 있었다.

선젠훙沈劍虹 대만 외교부장은 1969년 10월 27일 리처드 스나이더Richard Snyder 주오키나와 담당공사와 회견했다. 선 부장은 이 자리에서 미화상위방위조약은 오키나와 내 미군기지 사용을 전제로 하고 있기 때문에 이 섬이 일본에 반환되면 [미군의] 기지 사용에 영향이 있을지도 모른다는 뜻을 밝혔다. 한국과 완전히 같은 우려를 드러낸 것이다.[42]

결국 미일 양국은 한국과 대만의 반대를 무릅쓰고 오키나와를 '본토와 같은 수준'으로 반환하기로 합의한다. 그러면서도 일정 수준의 배려를 보인다. 일본 정부는 11월 14일 오키나와 반환에 대한 한국과 대만의 우려에 답하기 위해 박정희 대통령과 장제스 총통에게 각각 사토 총리의 친서를 보냈다. 또 가네야마 대사와 이타가키 오사무板垣修 주화 일본대사가 각각 한국과 대만 양국 정상과 직접 만나 설명에 나섰다.[43]

나아가 미일 정부는 앞서 말한대로 닉슨-사토 공동성명 제4항을 통해 "한국의 안전은 일본 자신의 안전에 중요"하다고 인정했고, 대만에 대해서도 "대만 지역의 평화와 안전을 유지하는 게 일본의 안전에 극히 중요한 요소"(대만 조항)라고 명기했다.

일본 정부 스스로도, 사전협의제도가 확대되면 주일미군이 직접전투작전행동에 나서는 데 제약을 받을 수 있다고 북한 등이 오인할까 봐 걱정하고 있었다.[44] 이런 우려가 있었기 때문에 미일은 공동성명에 한국 조항을 집어넣고, 사토 총리 역시 내셔널 프레스 클럽 연설에서 한국에 대해 적극적인 발언을 하게 됐다고 볼 수 있다. 한반도 유사사태와 관련해 주일미군의 직접전투작전행동에 관한 사전협의가 이뤄질 경우 일본이 사실상 "허용하겠다"고 답한 공개 메시지는 미국뿐 아니라 한국, 나아가 북한을 향해 내놓은 것이기도 했다.

이런 사실을 놓고 본다면, 일본 특히 오키나와에 주둔해 있는 미군기지의 존재를 통해 '한미·미일 양 동맹'의 실상을 한층 더 잘 파악할 수 있다고 말할 수 있다.

한국과 대만의 차이

한편 닉슨-사토 공동성명 제4항은 한국에겐 '긴요'라는 강한 표현을 쓴 데 견줘, 대만에게는 '매우 중요한 요소'라고 언급하는 데 그쳤다. 닉슨 대통령은 그 뒤인 1972년 2월 21일 중국을 방문해 미중 화해를 이루고, 일본도 이 흐름을 따르게 된다. 그렇게 되니 '극동 1905년 체제'의 틀 속에서 한국과 대만이 차지하는 위치에 큰 차이가 생겨나게 된다. 말할 필요도 없이 대만을 자국의 일부라고 주장하는 중국을 배려할 필요가 있었기 때문이다.

미국은 [일본과] 오키나와 반환 교섭을 진행하는 시점에 이미 중국과 화해를 해야겠다는 뜻을 굳히고 있었다. 미국은 일본이 패전한 뒤 재개된 중국 국공내전에서 국민당을 지지했다. 또 미중은 한국전쟁에서 실제 맞붙어 싸운 숙적이기도 했다. 그럼에도 미국이 중국과 화해를 추진했던 것은 북베트남에 영향력을 가진 중국에 접근해 베트남전쟁이라는 늪에서 빠져나오려는 생각 때문이었다. 미국은 정식 수교국을 대만에서 중국으로 바꾸면서 1979년 1월 미중 국교 정상화를 단행했다. 그와 동시에 앞서 언급한 대로 미대 동맹도 끝을 맺게 된다.

한편 중국이 미국, 나아가 일본과의 화해에 응한 것은 1960년대 시작된 중소 대립 때문이었다. 중국과 소련은 1950년 2월 14일 중소우호동맹상호원조조약을 맺었다. 이를 통해 두 나라는 조약문에서 명확히 언급한 일본과 그 동맹국, 즉 미국을 가상 적국으로 하는 동맹관계가 됐다. 하지만 머잖아 대립이 깊어지며 두 나라는 1969년 3월 다만스키Damansky섬(중국명 전바오珍宝섬)*의 영유권을 놓고 군사 충돌까지 벌이는 상황에 이르게 된다. 중국은 결국 소련이 자신들에게 핵공격을 하지 않을까 공포에 떠는 지경에 이르게 된다.

이와 관련해 '극동 1905년 체제'와도 관련되는 얘기이기 때문에 당시 미중 사이에 일본에 대한 이른바 '병뚜껑'론이 논의된 적

* 　중-러의 국경을 이루는 아무르강(우수리강)에 자리한 섬.

이 있었다는 사실을 언급해 두려 한다.[45] '병뚜껑'론이란 미국이 동아시아에서 군사적 존재를 유지하고 있기 때문에 일본의 군국주의 부활이 억제되고 있다는 주장을 말한다.

중국은 미대동맹이 종료돼 미군이 대만에서 철수하면 일본이 군사적으로 이 지역에 재진출하지 않을까 우려하고 있었다. 가령 저우언라이周恩来 중국 총리는 1971년 7월 10일 헨리 키신저 Henry Kissinger 미 백악관 국가안전보장보좌관에게 이와 관련한 우려를 전했다.[46] 키신저 보좌관도 닉슨 대통령이 중국을 방문 중이던 1972년 2월 22일 이뤄진 저우 총리와의 회담에서 미국의 [극동 지역에 대한] 군사적 존재감이 낮아져 일본이 대만에 진출하는 일은 없도록 하겠다고 말했다.[47]

이런 우려는 당연히 기우에 지나지 않는 것이었다. 하지만 적어도 이 시기 미중은 미국이 [극동 지역에 대한] 방위 공약을 제공하고 있기 때문에 일본이 대만을 중시하고 있음에도 이 지역에 군사적으로 진출하지 않는다는 '병뚜껑'론적 관점을 갖고 있었다. 이런 맥락에서 '극동 1905년 체제'에 대한 미중의 평가가 일치하고 있었다고 볼 수 있다.

어쨌든 중국과 화해가 이뤄지면서 일본은 한국과 대만을 대할 때 명확한 차이를 두게 된다. 일본 정부는 [중일 국교 정상화* 이후인] 1972년 11월 8일 국회에서 닉슨-사토 공동성명에 나오는 대만 조항에 관한 통일 견해를 발표했다. 일본 정부는 이 자리에서 대만 조항에 대해 "1969년 당시 (미일) 양국 정상이 대만 지

---

* 일본은 1972년 9월 29일 중일 공동성명을 통해 국교 정상화에 합의했다.

　　　　　　　　　　　　　　　미일동맹이라는 거울

역의 정세에 대한 인식"을 밝힌 것이긴 하지만 "그 후 정세가 크게 변했고 (중략) 이 지역을 둘러싼 무력분쟁이 현실적으로 발생할 가능성이 사라졌다고 생각"되어 "위의 인식도 변화했다"고 말했다.[48]

이렇게 해서 미일동맹과 미대동맹 혹은 미대안전보장연대와 관계는 중국을 배려하는 과정에서 한미동맹에 견줘 느슨한 수준에 머무르게 된다. 굳이 말하자면 '한미·미일 양 동맹'은 '한미·미일·미대 세 동맹'으로 발전하진 않았다.

미국은 1972년 2월 27일 미중 공동성명('상하이 코뮤니케')을 통해 '대만은 중국의 일부'라는 중국 쪽의 주장에 대해 "인식한다acknowledge"는 입장을 취했다. 일본도 그해 9월 29일 나온 중일 공동성명에서 이에 대해 "이해하고 존중"한다고 밝혔다. 양쪽 모두 "승인"이라고 할 수는 없는 애매한 표현을 사용한 것이다. 게다가 미일 두 나라는 대만해협 문제를 "평화적으로 해결"한다는 것을 전제로 삼고 있어 '대만을 무력으로 합병하는 일이 있더라도 이는 내정 문제일 뿐'이라는 중국의 주장까지 받아들이고 있는 것은 아니다.[49] 그리고 미일과 중국이 화해를 한 뒤에도 미일안선보장조약상의 '극동'의 범위에서 대만이 제외된 것이 아니라는 점도 확인해 두려 한다.

기지 문제

앞서 언급한 대로 '극동 1905년 체제'를 유지하는 데 일본, 특히 오키나와에 자리한 미군기지의 존재가 매우 중요한 의미를 차지하고 있다. 그런 의미에서 일본 쪽의 적절한 '호스트 네이션 서포트(미군기지를 받아들이는 국가가 이를 지원하는 것)'가 꼭 필요하다고 할 수 있다.

하지만, 반대로 미군기지를 받아들이는 쪽에선 소음, 사고, 미군 병사의 범죄 등의 부담을 감수해 왔다. 이런 맥락에서 미군기지 문제의 상징적 존재가 되어 있는 후텐마普天間 비행장의 이설에 대해 마지막으로 언급해 두려 한다.

오키나와현 기노완宜野湾시의 후텐마 비행장은 미 해병대의 기지다. 미군이 일본 주변의 긴급사태에 즉시 대처하는 태세를 유지하기 위해 필요한 기능을 갖추고 있다. 이 비행장 이설 문제가 큰 사회적 이슈가 된 것은 1995년 9월 4일 오키나와에서 한 소녀가 미군 병사에게 [성]폭행을 당한 사건이 발생했기 때문이었다. 이를 계기로 미군기지를 수용하고 있는 오키나와의 '기지 부담'에 대한 관심이 커지게 된다. 하시모토 류타로橋本龍太郎 총리는 1996년 4월 12일 월터 먼데일Walter Mondale 주일 미국대사와 후텐마 비행장*을 일본 쪽에 반환하기로 합의하고, 공동 기자회견을 통해 이 사실을 알렸다. 그리고 이 비행장 기능을 이전하는 장소로 그해 12월 2일 2+2 회의가 승인한 '오키나와에 대한 미-일 특별행동위원회SACO' 최종 보고서가 제시한 것처럼 [바다 위에 해병대용 헬기가 뜨고 내릴 수 있는] 해상 시설을 만들어 사용하기로 했다.

그러나 이후 일은 쉽게 진전되지 않았다. SACO 최종 보고가 나온 이듬해인 1997년 12월 24일 히가 데쓰야比嘉鉄也 오키나와현

---

* 후텐마 비행장은 주민 9만 명이 사는 도시 한복판에 자리하고 있어 세계에서 가장 위험한 비행장이라는 평가를 받아 왔다.

나고시 시장은 대체 시설로 해상 헬리포트[바다 위에 설치된 헬기 이착륙 시설]를 받아들이겠다는 뜻을 밝혔다. 그러나 이후 반대 운동 등으로 인해 이설 작업은 암초에 올라서게 된다.

이런 가운데 고이즈미 준이치로小泉純一郎 정권와 조지 부시George Bush 정권은 2002년 12월 16일부터 후텐마 비행장 이설 문제를 포함하는 '방위정책재검토협의DPRI'를 개시했다. 이 DPRI를 거쳐 2006년 5월 1일 개최된 2+2 회의를 통해 '주일미군 재편 로드맵 합의'가 확정됐다. 이에 따라 후텐마 비행장 기능을 옮기는 곳으로 오키나와 본섬 북동부에 자리한 '나고名護시의 캠프 슈와브Camp Schwab의 헤노코辺野古곶 지구 및 이에 인접하는 수역'이 정해졌다.

하지만 2009년 9월 16일 집권한 민주당의 하토야마 유키오鳩山由紀夫 정권이 후텐마 비행장의 기능을 오키나와현 밖으로 이전하겠다는 공약을 내걸면서 다시 논란이 분출하게 된다. 그러나 2010년 5월 28일 열린 2+2 회의를 통해 로드맵 합의로 돌아가기로 재차 확인이 이뤄졌다. 이에 근거해 2018년 12월 14일 캠프 슈와브 남쪽 해역에서 매립 공사가 시작됐다. 대체 시설은 2030년대에 완성될 것이란 전망이 나온다.[50]

기동성·즉응성[즉시 대응 능력]을 가진 해병대 기지를 극동의 전략적·지정학적 요충지인 오키나와에 두는 것은 미일동맹의 억지력 유지를 위해 중요한 일이다. 미 해병대의 임무는 한반도·대만 유사사태를 염두에 둔 것이기 때문에 오키나와가 부담을 받아들일 필요가 없다고 선을 긋는 것은 이번 장에서 언급한 논의에 비춰 보더라도 현실적이지 않다.

한편, 오키나와의 부담 경감이 필요하다고 말하는 게 모두 '일본적 시점'이라고 떨쳐 버리는 것 역시 너무 단순하고 좁은 견해라고 할 수 있다. [미군기지를] 받아들이는 쪽의 부담과 그에 대한 불만이 커지면, 머잖아 기지 사용의 안정성 자체가 흔들릴 수 있다. 그래서 실제로 미 해병대[일부 병력]의 괌 이전과 가데나 비행장 이남의 [미군 사용] 토지를 반환하는 등 부담 경감 대책이 시행되고 있다.[51]

또 이와 관련돼 있는 문제인 '미일지위협정'에 대해서도 언급해 둔다. 미일지위협정은 미일안보조약[의 시행을 위해 필요한] 상세 내용을 정해 둔 것으로, 옛 조약 시절엔 '미일행정협정'이라고 불렸다(1960년 개정으로 현재 모습이 됐다). 이 협정에 주일미군이 갖고 있는 여러 특권인 기지관리권, 재판관할권·수사권 등이나 일본이 경비 부담을 하는 사항에 관한 내용이 규정돼 있다. 이와 관련해 [특히 협정 개정 문제 등에 대해] 여러 논의가 이뤄지는 중이다. 예를 들어 1995년 오키나와 소녀 폭행 사건이 발생했을 때 미군은 미일지위협정에 근거해 기소 전에 범인의 신병을 일본에 넘겨주는 것을 거부했다. 이에 대한 반발로 이 협정을 개정해야 한다는 목소리가 커졌다.

하지만 미국은 일본 외 다른 동맹국들과 맺고 있는 같은 종류의 협정과 균형을 맞추는 문제나 미군의 해외 주둔에 대한 자국민들의 지지를 확보해야 하는 사정 등으로 인해 개정에 소극적인 입장이다.[52] 그럼에도 소녀 폭행 사건이 발생한 것을 계기로 미일합동위원회(미일지위협정의 실시에 관한 미일 양 정부의 협의기구)는 1995년 10월 25일 살인·성폭행 등 [미군이 저지른] 흉악 사건에 대해선 기소 전이라도 용의자의 신병을 일본 쪽에 넘겨줄 수 있게 하는 형사재판 절차에 관한 '운용 개선'에 합의했다. 또 비공개를 원칙으로 하는 미일합동위원회 합의 내용을 공표하는 문제에 대해서도 [공개를 위해] 노력한다는 내용이 포함됐다.[53] 이후에도 오키나와 등 미군기지를 받아들이고 있는 쪽의 절실한 목소리에 귀 기울일 필요가 있다.

이를 전제로 부담 경감책이 안전보장의 현실과 어긋나는 점이 없도록 '제3자적 시점'에도 유의해야 한다. 특히 후텐마 비행장 이설 문제와 관련해선 '제3자적 시점'이 결여된 부담 경감책을 추진하면 [이전 작업이 지체돼] 오히려 이 기지의 위험성을 없애는 작업이 늦어지게 된다. 이런 점이 지난 30년 가까이 이어져 온 [후텐마 기지 이전] 논의를 통해 배울 수 있는 사실이 아닐까 한다.

※ ※ ※

미일안전보장조약에 담긴 극동 조항을 통해 미군은 일본 방위를 위해서뿐 아니라 극동유사사태 때에도 일본 내 기지를 사용할 권한을 얻게 됐다. 전후 일본의 일국평화주의적인 안전보장관에 뿌리를 두고 있는 '일본적 시점'에서 볼 때 이 사실은 큰 문제가 아닐 수 없다. 일본이 "자신과 관계없는 외국"인 미국의 전쟁에 휘말릴 수 있게 됐기 때문이었다.

이런 문제점에 대응하기 위해 취해진 조처가 사전협의제도였다. 이 제도를 통해 극동유사사태가 발생했을 때 주일미군이 취하는 직접전투작전행동을 제한하려 한 것이다. 그렇지만 이 [제도를 도입했다는] 사실 자체는, 극동유사사태가 발생했을 때 일본이 왜 미군이 자국 내 기지를 사용하도록 허락하고 있는지에 대한 직접 답변은 되지 못한다. 또 사전협의제도엔 조선밀약이라는, 빠져나갈 구멍도 존재한다. "사물과 사람의 협력"이라는 말이 보여 주듯 미군이 일본 내 기지를 사용한다는 것이 미일동맹의 핵심이다. 하지만 '일본적 시점'에서 보자면 기지 사용과 관련해선 이해할 수 없는 것투성이다.

여기서 '제3자적 시점'에 서게 되면 풍경이 다르게 보인다. 일본의 안전은 '극동 1905년 체제'라는 지역 질서를 통해 지켜지고 있다. 지난 100년 이상 이어진, 실제로 이미 오랜 전통을 갖고 있다고 할 수 있는 질서의 모습이다.

이 질서의 토대가 되는 것이 '한미·미일 양 동맹'이라는 안전보장 시스템이다. 미일동맹도 그 안에 속한 하나의 기능일 뿐이다. "일본은 왜 극동유사사태가 발생할 때 미군이 자국 내 기지를 사용할 수 있게 허용하고 있느냐"라고 물을 게 아니라, "일본이 극동유사사태 때 미군의 기지 사용을 허용하는 것을 통해 '한미·미일 양 동맹'이라는 안전보장 시스템이 유리하게 기능하며 결과적으로 '극동 1905년 체제'가 유지되고 있다"는 점을 봐야 한다.

여기서 조선밀약이라는 불건전한 제도가 만들어지게 된 것은 '일본적 시점'과 미일동맹이 놓여 있는 현실 사이의 간격을 [밀약이 아닌 정상적인 방법으로는] 메우지 못했기 때문이라고 할 수 있다.

어찌 됐든 기지 사용이라는 문제와 관련해 '일본적 시점'에 서서 일본이 극동유사사태에 말려들지 않기 위해 주일미군의 행동을 어떻게 제약할 것인가만을 따져선 안 된다. '극동 1905년 체제'를 유지한다는 전략적·지정학적 시점에서 일본의 단독 유사사태인지, 극동유사사태인지를 따지지 말고 미군이 일본의 기지를 실효적으로 사용할 수 있도록 평소부터 미일 양국이 조정·협력을 해 가는 것이 필요하다. [나아가] 일본은 [기지] 수용국으로서 적절한 협력을 해 나가면서도 미군기지를 받아들이는 이들의 부담을 줄일 수 있도록 해야 한다. 이 문제 역시 기지 사용의 안정성을 확보한다는 맥락에서 중요하다 할 수 있다.

기시다 후미오 정권은 '2022년 국가안전보장전략'에서 한동안 관계 악화가 이어져 왔던 한국에 대해 "지정학적으로 우리 나라의 안전보장에 있어 극히 중요한 이웃 나라"라고 명기했다. 대만에 대해선 민주주의를 포함한 기본적 가치를 공유하고 긴밀한 경제 관계와 인적 왕래를 맺고 있는 "극히 중요한 파트너이며 소중한 친구"라는 표현을 새롭게 사용했다. 이를 통해 전략적·지정학적 관점에서 한국과 대만을 일본과 같은 진영에 묶어 두는 것의 중요성을 재확인했다고 할 수 있다.

한편, 최근 들어 중국이 부상하며 패권주의적 행동을 보이는 것이 '극동 1905년 체제'를 흔드는 요인이 될 수 있다는 우려가 생겨나고 있다. 이 문제를 풀기 위한 첫 번째 과제는 '극동 1905년 체제'의 기둥이 되는 '한미·미일 양 동맹'을 강화하는 것이다.

먼저 한국과 일본의 관계는 역사 인식 문제 등으로 인해 늘 우호적으로 유지돼 왔던 것은 아니다. 안전보장 면에서도 2018년 12월 20일 한국 해군이 일본 해상자위대의 초계기에 사격 통제 레이더를 쏘거나*, 2019년 8월 23일에 한국 정부가 일본과 맺은 군사정보포괄보호협정GSOMIA를 파기하겠다는 뜻을 내비치는 등의 문제가 발생한 바 있다.** 한일 관계는 이렇게 어려운 것이기 때문에 미국이 양국 사이에서 중재에 나서는 것이 중요하다고 할 수 있다. 한일 관계가 극단적으로 악화되면 [이 지역의 안전보장 질서를 위태롭게 하는] '약한 고리weakest link'가 될 수 있다.

또 미국과 한국의 관계에도 유의해야 할 필요가 있다. 1기 트럼프 정권 시기에 주한미군 철수론이 불거졌었다. 또 한국의 대중 무역 의존도가 높다는 점을 생각해 볼 때,54 한국이 중국 쪽으로 접근해 가게 될 가능성도 없진 않다. 한미동맹이 약체화되면 그에 따라 '한미·미일 양 동맹'도 흔들리게 된다.

이런 점에서 윤석열 대통령이 2023년 8월 15일 일본에 존재하는 유엔군의 후방기지를 "북한의 침공을 차단하는 최대 억지 요인"이라고 언급하고,55 그 직후인 18일 윤 대통령, 조 바이든Joe Biden 미국 대통령, 기시다 총리가 미 대통령의 여름 별장인 캠프 데이비드 회담을 통해 3개국 간의 안전보장 면의 연대를 강화하기로 의견을 모은 것의 의의는 크다고 할 수 있다.

하지만 미국과 한국은 어떤 대외 정책을 취할지를 두고 상당한 국내적인 분열을 안고 있는 나라다. 그래서 정권 교체가 일어

---

* 한국에선 레이더는 사격통제용이 아닌 수색용이며, 일본 자위대의 초계기가 먼저 위협적인 저공비행을 했다고 맞섰다. 두 나라는 윤석열 정권 시절인 2024년 6월 1일 국방장관 회담을 통해 한국 해군과 일본 해상자위대 간에 해상에서 함정·항공기의 원활하고 안전한 운행을 보장하기 위한 합의문을 만들며 갈등을 해소했다.

** 이 역시 한국에선 일본이 2019년 7월 불화수소 등 3개 반도체 핵심 소재의 한국 수출을 막았고, 8월 한국을 수출심사 우대국을 의미하는 화이트리스트에서 배제하는 경제적 위압 조처를 취한 것이 근본 원인이 됐다고 맞서 왔다. 한국은 2023년 4월 24일, 일본은 같은 해 7월 21일 각각 서로를 화이트리스트에 재지정했다.

미일동맹이라는 거울

나면 어떤 일이 벌어지게 될지 예측하기 어려운 게 현실이다. 그렇기에 극동유사사태 때 미군이 실효적으로 일본 내 기지를 사용할 수 있도록 미일 양국이 평소부터 조정·협력을 해 나가는 것과 함께 한국과도 [안보 현실에 관한] 인식을 더 깊게 공유하며 캠프 데이비드의 정신을 중장기적으로 유지하기 위해 노력해야 한다. 이것이 가능할지가 [앞으로 이 지역 안보 정책의] 초점이 될 것이다.

두 번째 과제는 '극동 1905년 체제' 가운데 기존의 '한미·미일 양 동맹'에 비해 존재감이 옅었던 미대안전보장연대와의 관계 구축이다. 중국은 '대만 해방'을 위해 무력을 사용하는 선택지를 배제하지 않고 있기 때문에 대만 유사사태에 대한 우려가 높아지고 있다.

바이든 대통령과 스가 요시히데菅義偉 총리의 2021년 4월 16일 미일정상회담 공동성명에 "대만해협의 평화와 안정의 중요성을 강조하는 것과 함께 양안 문제의 평화적 해결을 촉구한다"는 내용이 명기됐다. 미일 정상의 공동성명에 대만 문제가 언급된 것은 닉슨-사토 공동성명 이후 52년 만이다.

한편, 중국의 시진핑習近平 국가주석은 2022년 10월 16일 열린 중국공산당 [제20차] 대회에서 대만 통일을 위해 "결코 무력행사를 포기하지 않고, 여러 가지 필요한 조처를 취할 선택지를 남겨 둔다"는 강경한 자세를 보였다. 이에 대해 미국의 윌리엄 번스 William Burns 중앙정보국CIA 국장은 2023년 2월 2일 강연에서 시진핑이 "인민해방군에게 2027년까지 대만 침공에 성공할 수 있도록 준비하라고 지시했다는 사실을 인텔리전스(정보)를 통해 파악했

다”고 말했다.[56]

미국의 싱크탱크 전략국제문제연구소CSIS가 2023년 1월 9일 발표한 대만 유사사태에 대한 시뮬레이션에 따르면, 대부분의 케이스에서 중국이 대만섬을 제압하는 데 실패한다는 결과가 나온다. 하지만 미일동맹도 다수의 함선이나 항공기를 잃는 등 적지 않은 손실을 입게 되는 것으로 나타난다.[57] 이 시뮬레이션은 일본이 미군에게 기지 사용을 허용한다는 것이 '기본 전제'로 깔려 있다.

그렇다면 대만 유사사태가 발생해 미군이 일본 내 기지로부터 직접전투작전행동에 나서야 할 때 어떻게 사전협의를 할 것인지가 논점이 될 수밖에 없다. 미국이 군사개입을 결단하게 될 경우 주일미군기지를 사용해야 한다. 미국은 일본에 이를 위한 사전협의를 요청할 것이다. 이를 위해 미일 간에 SCC가 개최되고, 일본 내각이 국가안전보장회의NSC에서 심의한 뒤 각의를 통해 가부를 결정하게 된다.

이 과정에서 미군의 공격 대상이 되는 상대가 일본에게 “주일미군이 직접전투작전행동을 허용하면, 일본도 공격 대상으로 간주하겠다”고 위협해 올 경우를 충분히 예상해 볼 수 있다. 하지만 이 결정적 국면에서 미군이 일본의 기지를 사용하면 일본이 분쟁에 “말려들게 된다”는 점을 우려해 겁을 먹게 된다면 어떻게 될까? 대만을 방위하는 게 불가능해지고, 결과적으로 일본 자신의 안전이 위협받게 될 우려가 커진다고 봐야 할 것이다.

대만 유사사태가 발생할 때 이뤄지는 사전협의에 대한 일본 정부의 공식 견해는 기시다 총리가 2023년 3월 6일 국회 답변을 통해 밝힌 바 있다. 이때 밝힌 대로 "우리 나라가 자주적으로 판단한 결과 '예'라고 답할 수도 있고 '아니오'라고 답할 수도 있다." 기시다 총리는 이와 함께 "극동의 안전 없이 우리 나라의 안전을 충분히 확보할 수 없다는 인식" 아래, "우리 나라의 안전에 직접 또는 매우 밀접한 관계가 있는가라는 기준을 갖고 대처하겠다"고 말했다.

그 밖의 논점으로서 방위성 방위심의관으로 근무했던 마나베 로真部朗는 대만 유사사태 때 대만 공군기가 주일미군기지에 피난할 수 있도록 요구해 올 경우 일본이 어떻게 대처해야 할 것인지하는 문제 제기를 하고 있다.[58] 나아가 지상 발사형 중거리 미사일의 주일미군기지 배치에 대한 논의도 이어지고 있다. [미소가] 1987년 12월 8일 서명한 중거리핵전력조약INF에 의해 미국은 지상 발사형 중거리 미사일을 모두 폐기했다. 하지만 조약의 규제를 받지 않는 중국은 이런 미사일을 2000발 이상 보유하고 있다. [미국의 탈퇴 결정으로] 2019년 8월 2일 이 조약이 효력을 잃은 뒤 이 '미사일 갭'을 메울 수단에 대한 검토가 이뤄지는 중이다.

한편, 한국은 대만 유사사대에 대한 관심이 일본 정도로 높지 않은 것으로 알려져 있다. 예를 들어 부시 정권이 주한미군을 [한반도에 얽매이지 않는] 넓은 범위의 표적을 공격하기 위한 목적으로 이용할 수 있게 하자고 제안했을 때 한국은 대만 유사사태에 말려들게 되는 것을 우려해 거부한 것으로 전해진다.[59] 한국이 한미정상회담에서 대만에 대해 처음 언급한 것은 겨우 2022년이 되어서였다.[60] [이를 통해 다시 확인할 수 있듯] 역시 [이 지역의 안전보장을 확보하는 데] 핵심이 되는 것은 일본의 미군기지라고 할 수 있다.

마지막으로 한국·미국·일본·대만 진영에선 한반도와 대만에서 동시에 유사사태가 발생할 가능성에 대해서도 경계해 둬야 한다. 예를 들어 미국의 싱크탱크인 애틀랜틱 카운슬The Atlantic Council 이 2023년 8월 16일 내놓은 보고서를 보면, 대만 유사사태가 발생할 경우 중국이 주한미군기지를 위협으로 간주해 공격하거나 북한이 중국의 요청 등을 받아 행동에 나설 수 있다는 위험을 소개하고 있다.[61] 이런 복합형 유사사태가 발생할 때 일본의 기지가 미군의 발진 거점으로 적절히 기능할 수 있을지 한국·미국·대만 쪽과 인식을 공유해 가는 게 중요하다고 할 수 있다.

미일동맹은 미군이 일본 내 기지를 사용할 수 있다는 것을 매개로 비로소 극동 지역의 안전보장과 밀접한 관계를 맺게 된다. [미일동맹을] '일본적 시점'에서만 파악하는 것은 한계가 있기 때문에 '제3자적 시점'을 섞어 이해하는 것이 유익하다. 이는 2장에서 살펴볼 '부대 운용' 문제에도 똑같이 들어맞는 견해라고 할 수 있다.

제2장

부대 운용: 누가 얼마나 지휘할 것인가

◆ ◆ ◆

미일동맹은 "사물과 사람의 협력"이라고 표현할 수 있을 정도로 미군이 일본 내 기지를 사용하는 것을 핵심 요소로 삼고 있다.

그와 동시에 미일안전보장조약 제5조를 통해 일본의 행정권에 속한 영역에 대한 미일 어느 한쪽을 대상으로 한 공격에 대해 양국이 "공통의 위험에 대처하기 위해 행동한다"고 선언하고 있다. 실력 조직에 의한 작전행동 즉, '부대 운용' 분야에서도 미일 두 나라가 협력한다는 의미이다. 이렇게 미일동맹은 기지 사용에 기반한 "사물과 사람의 협력"을 주요 내용으로 하면서도, 부대 운용과 관련해선 "사람과 사람의 협력"이라는 요소도 포함하고 있다.

일본 정부가 2022년 안보 3문서를 개정할 때 처음 언급해 이목을 끌었던 '반격 능력'의 보유가 이와 관련돼 있다. 반격 능력은 일본이 탄도미사일 공격 등을 받았을 때 상대의 영역[상대방의 영토]을 향해 유효한 반격을 가할 수 있는 스탠드 오프stand off(적의 사정거리 밖) 방위 능력 등을 활용하는 자위대의 역량을 이른다. 구체적으로 일본은 이 능력을 확보하기 위해 육상자위대의 12식

지대함 유도탄의 사정거리(현재는 약 1백수십km)를 약 1000km로 연장 혹은 개량*하거나 미국제 순항미사일 토마호크(사정거리 약 2000km) 등의 미사일을 구매**하는 계획을 추진하고 있다.

일본이 반격 능력을 보유하면, 상대국을 자극하게 된다는 비판의 목소리도 있다. 하지만 일본이 반격 능력을 보유하든 하지 않든, 북한과 중국이 군비 확장을 중단할 것이라고 기대하긴 힘들다. 또 일본을 표적으로 하는 미사일 공격에 대응하기 위해 탄도미사일 방어시스템[MD]을 통해 요격을 시도한다고 하지만, 완벽하진 않은 게 현실이다. 반격 능력을 보유하게 되면 최선의 경우엔 상대방이 공격에 착수하는 시점에 반격을 가해 제1격을 막을 수 있고, 이 공격을 당한 뒤라도 상대의 추가 공격을 저지할 수 있다. 일본에 대한 미사일 공격을 억지하는 효과가 있는 것이다. 나아가 이런 능력을 통해 1장에서 살펴본 중국과의 '미사일 격차'를 메울 수 있고, 대만 유사사태를 억지할 수 있는 힘도 커지게 된다.

그동안엔 유사사태가 발생해 미일이 역할 분담을 해야 할 땐 자위대는 '방패[방어]', 미군이 '창[공격]'이라는 역할을 [분담해] 맡아 왔다. 이런 상황 속에서 일본이 지금까지 보유하지 않았던 반격 능력을 갖게 되면 자위대도 부분적으로 '창'의 역할을 수행하게 됐다.

'자위대는 방패, 미군은 창'이라는 역할 분담과 같이 자위대와

---

* 일본 방위성의 2025년 12월 17일 보도자료를 보면, 개량형 12식 지대함 유도탄의 발사 시험은 지금까지 7차례 성공적으로 이뤄지는 등 개발 작업이 사실상 마무리됐다. 방위성은 이 자료에서 "올해 중에 개발을 완료할 계획"이라고 밝혔다.

** 일본 방위성은 2024년 1월 18일 미국 정부와 2005~2007년 토마호크 미사일 400발을 구입한다는 계약을 체결했다.

미일동맹이라는 거울

미군 간에 부대 운용에 대한 지침을 정해 둔 것이 이른바 가이드라인[방위협력지침]이라고 불리는 문서*이다.

가이드라인은 미일안전보장조약이라는 제도적 틀 아래서 양국 정부가 합의해 만든 문서이다. 일본 유사사태와 그 이외의 사태가 발생했을 경우 자위대와 미군이 공동대처를 하기 위해 필요한 구체적인 협력과 역할 분담 [방식]에 대해 정해 두고 있다. 이 지침에 근거해 미일 간에 공동작전계획을 연구하거나 공동연습·공동훈련 등의 협력도 이뤄진다.

그런데 일본이 반격 능력을 보유하게 되면서 자위대와 미군의 역할 분담 역시 그동안 해 온 대로 '일본은 방패, 미국은 창'이란 식으로 단순히 파악하는 게 어려워지고 말았다. 이와 함께 중요 이슈로 떠오른 것이 가이드라인을 통해 규정된 미일 간의 지휘권 조정 문제이다.

부대 운용에서 가장 중요한 것은 한 부대가 누구의 명령을 받고 움직이는가이다. 여기서 등장하는, 부대를 지휘하는 권한을 '지휘권'**이라고 한다. 두 개 이상의 국가가 참가하는 '연합combined' 작전의 경우 이들 간의 지휘권 문제를 어떻게 해결해야 할지 조정해야 한다. 참고로 연합이라는 말은 두 국가 이상을 묶은 것, 합동joint은 한 나라 내에서 육해공군 등 서로 다른 군종을 묶은 것을 의미한다.

지휘권 조정의 방식에는 뒤에서 설명하는 것처럼 몇 개 유형

---

* 영문 정식명칭은 'The Guidelines for Japan-U.S. Defense Cooperation'이다.

** 한국에선 작전통제권이라는 용어를 쓴다.

이 있다. 미일동맹의 경우 가이드라인을 통해 평시·유사시[전시]를 따지지 않고 '자위대의 지휘권은 일본이, 미군의 지휘권은 미국'이 갖도록 정해 놓았다. 이런 지휘권 조정 체제를 '병립형'이라 부른다. 이에 반해 서구의 다른 주요 동맹인 한미동맹이나 나토의 경우엔 지휘권을 통일하는 '통합형' 체제를 취하고 있다.

미일동맹은 지휘권 병립형 체제를 택하고 있지만 "자위대는 방패, 미군은 창"이라는 단순한 역할 분담이 가능했을 때엔 이 사실이 그렇게 큰 문제가 되진 않았다. 예를 들어 1990년대 중반 항공막료장이었던 무라키 고지村木鴻二는 항공 작전의 지휘권에 대해 언급하는 가운데 자위대가 방공을 담당하고 미군이 적기지 공격을 실행하는 것처럼 임무가 명확히 구분되면, [미일이] 각각 지휘권을 갖고 있어도 문제될 게 없다는 취지의 발언을 한 적이 있다.[1]

그러나 무라키는 이어 다음과 같이 말하고 있다. "항공자위대의 작전 목적 역시 적의 후방기지(원문엔 책원지策源地)를 공격하는 것으로 정해진 가운데 [미군과] 공동작전을 하게 된다면, [원활한 작전 수행이] 어려워진다. 역시 (지휘권은) 하나로 통합되지 않으면 안 된다." 무라카미 항공막료장의 지적처럼 "자위대는 방패, 미군은 창"이라는 역할 분담에서 벗어나 자위대도 반격 능력을 보유하게 된다면, 미군과 함께 창 역할의 일부를 떠맡게 된다. 미일 간의 지휘권 조정 문제가 향후 동맹의 핵심 이슈로 떠오르게 되는 것이다.

연합작전을 할 때 부대 운용의 핵심이 되는 지휘권 조정 문제를 오로지 미일 양국 간의 문제로 바라보고, '일국평화주의'나 헌법 해석의 '필요최소한론' 같은 일본의 희망이나 사정에 따라 처

     미일동맹이라는 거울

리하려는 견해, 즉 '일본적 시점'에 사로잡혀 이해하게 되면 한계를 노출할 수밖에 없다. 제1장에선 기지 사용 분야에서 미일동맹이 '한미·미일 양 동맹'의 하나의 기능이기도 하다는 '제3자적 시점'을 소개했다. 그뿐이 아니다. 미일동맹은 실제 부대 운용에서도 한미동맹의 영향을 받는다.

1.   미일동맹의 지휘권

1978년 가이드라인

가이드라인은 1978년 처음 만들어진 이래 1999년, 2015년 두 차례 개정돼 지금에 이르고 있다.

당연히 1978년 이전에도 유사사태가 발생할 때 어떻게 할지를 정한 미일공동계획은 있었다. 다만, 이 계획은 정부가 공식 인정한 것이 아니라 어디까지나 두 나라 군 당국(자위대원과 미군) 차원의 협의를 거쳐 만들어진 것에 불과했다. 내용을 봐도 자위대와 미군의 역할 분담이 불명확하게 정해지는 등 애매한 점이 있었다.

사정이 이렇게 된 것은 일본 내부에서 유사사태에 대해 연구하는 것을 금기시하는 현실이 있었기 때문이다. 1965년에 큰 소동으로 발전했던 '미쓰야三矢 연구' 사건을 예로 들 수 있다. 미쓰야 연구는 자위대가 쇼와 38년(1963년)에 수행한 유사사태에 대한 극비 연구였다. 육해공으로 구성된 '세' 자위대가 합동작전을 펴는 것을 전국 시대 다이묘였던 모리 모토나리毛利元就의 '화살 세 개'

의 고사에 빗대 이런 이름이 붙었다.* 사회당의 오카다 하루오岡田春夫 의원이 1965년 2월 10일 국회에서 이 연구의 존재를 폭로하고, 유사사태를 연구하는 것 자체를 '제복[군인]들의 폭주'인 것처럼 몰아가면서 큰 소동으로 번졌다. 이런 일들로 인해 미일이 애초 갖고 있었어야 할 유사사태를 상정한 공식적이고 구체적인 부대 운용 지침이 만들어지지 않은 채 방치돼 왔다고 할 수 있다.

이런 가운데 우에다 데쓰上田哲 사회당 의원이 1975년 3월 8일 국회에서 던진 질문 하나가 사회 분위기를 급격히 바꾸고, 가이드라인이 만들어지는 움직임으로 이어지게 된다. 우에다 의원은 이날 정부를 공격하기 위해 해상자위대와 미군이 '해역군사비밀협정'을 맺고 있다는 의혹을 제기했다.

그는 이런 방위 현안을 활용해 정부를 추궁하고 위축시키려 했다. 하지만 결과적으로 역효과를 불러오게 된다. 사카타 미치타坂田道太 방위청 장관이 움츠러들기는커녕 '우에다 질문'을 역이용해 반격을 가했기 때문이다. 그는 4월 1일 국회에서 해역군사비밀협정과 같은 것은 존재하지 않지만, 미일의 방위협력을 위해 이런 '구체적 조처'를 취해야 할 필요가 있다면서 제임스 슐레진저James Schlesinger 미 국무장관과 논의해 보겠다고 답했다. 이 반응을 접한 우에다는 당혹해질 수밖에 없었다.

그렇지만 우에다 질문이 나오기 전부터 미국은 일본에 공동계획의 공식화·구체화를 요구해 오고 있었다.[2] 그래서 최근 나온 연

---

* 미쓰야는 세 개의 화살이라는 뜻이다. 16세기 일본의 유명 다이묘였던 모리가 세 아들에게 화살을 주며 부러뜨려 보라고 했다는 고사가 전한다. 세 아들은 하나의 화살은 쉽게 꺾었지만, 세 개 화살은 부러뜨리지 못했다. 조직의 협동과 인화를 강조하는 의미에서 자주 쓰인다.

구들은 우에다 질문이 가이드라인 책정에 트리거(방아쇠) 역할을 했다는 점에 대해 그렇게 큰 무게를 두진 않는다. 이 주제에 대한 가장 최신 연구를 보면, 1969년 여름 이후 미국 의회 내에서 동맹국과 비밀리에 맺은 공동계획의 존재에 대해 문제 삼는 흐름이 생겨나게 된다. 결국 이런 움직임들이 가이드라인의 책정, 즉 미국이 일본과 공동계획을 공식화·구체화하게 되는 움직임과 연결된 게 아니냐는 식의 결론을 내고 있다.[3]

어찌 됐든, 사카타 장관은 국회에서 발언한 대로 1975년 8월 29일 슐레진저 장관과 만나 미일의 작전협력에 대해 협의·연구할 수 있는 협의 틀을 만들자는 합의를 이끌어 낸다. 그에 따라 이듬해인 1976년 7월 8일 국장급 협의체인 미일방위협력소위원회SDC가 설치됐다. SDC의 교섭을 거쳐 후쿠다 다케오福田赳夫 정권과 지미 카터James Carter 정권은 1978년 11월 27일 SDC의 상급 기구인 미일안전보장협의위원회SCC라는 틀을 통해 첫 번째 가이드라인을 작성하게 된다. 이것이 바로 '1978년 가이드라인'이다. 이를 통해 미일동맹의 부대 운용 지침이 공식화·구체화됐다고 할 수 있다.

1978년 가이드라인은 미일안전보장조약이 대비하고 있던 일본 유사사태(5조 사태)와 극동유사사태(6조 사태) 가운데 전자만을 대상으로 하고 있다. 일본 유사사태가 발생할 경우 미일이 힘을 모아 대처할 수 있도록 자위대와 미군이 공동작전계획에 대해 연구하고, 공동연습·공동훈련을 실시해야 한다고 정했다. 또 이 경우 역할 분담과 관련해 자위대는 항만·해협의 방비와 방공 등의 수비 작전, 즉 '방패'의 역할을 떠안고, 미군은 타격력을 사용하는

    미일동맹이라는 거울

것 등을 통해 '창'으로서 자위대를 지원·보완하는 작전을 수행하기로 했다. 나아가 지휘권에 관해선 병렬형 체제를 취한다는 사실이 명기됐다.

이후 이 가이드라인에 따라 자위대와 미군의 공동연습·공동훈련이 활발히 이뤄지게 된다. 예를 들어 1980년 2월 해상자위대는 미 해군이 주최하는 다국적 연습인 환태평양공동연습RIMPAC에 처음 참가했다.

1997년 가이드라인에서 2015년 가이드라인으로

다만 앞서 언급했듯 1978년 가이드라인은 일본 유사사태만을 대상으로 하고 있을 뿐, 극동유사사태가 발생하면 미일이 어떻게 공동으로 대처할 것인가에 대해선 침묵하고 있었다. 일본 야당이나 여론이 반대할 것이라고 우려했기 때문이다. 여기서도 일본 유사사태와 극동유사사태를 따로 떼 내어 생각하려는 '일본적 시점'을 엿볼 수 있다.

그러나 이런 '일본적 시점'에 한계가 있다는 사실은 냉전제제가 끝나게 되면서 분명해진다. [냉전 해체의 여파로 북한이 생존을 위해 핵 개발에 나서는 북핵 문제가 시작된 것이다.] 북한은 1993~1994년 핵확산금지조약NPT에서 탈퇴하겠다고 선언하고, 국제원자력기구IAEA의 사찰을 거부했다. 미국의 빌 클린턴Bill Clinton 정권이 이를 막기 위해 북한에 대한 군사행동을 검토하게 되면서 제1차 북한 핵위기가 시작됐다. 만약 이때 미국이 북한을 진짜로 공격하는 등 극동유사사태가 발생했다면, 자위대가 미군을 후방지원하는 등 공동대처에 나서긴 힘들었을 것이다. 이를 위한 지침이 없었기 때문이다. 어찌 됐든 그랬다면 미일 간의 신뢰 관계는 훼손되었을 가능성이 크다.

결과적으로 위기 자체는 피할 수 있었다.* 하지만 부대 운용과 관련한 이런 '준비 부족' 상태를 방치할 순 없는 일이었다. 이에 더해 냉전 이후 새로 도래한 시대에 맞춰 미일동맹의 존재 의의를 재확인해 둬야 할 필요가 있었다. 이를 위해 하시모토 류타로 총리와 클린턴 대통령은 1996년 4월 17일 '미일 안전보장공동성명'을 발표했다. 이 공동성명을 통해 두 나라는 미일동맹을 기존의 '냉전형 대소동맹'에서 '냉전 이후 아시아·태평양 지역을 안정화하는 장치'로 재정의하게 된다. 이를 '미일안보 재정의'라고 부른다.

미일안보 재정의에 기초해 1997년 9월 23일 가이드라인이 개정됐다. 새 지침은 일본 유사사태뿐 아니라 '주변사태'도 포함하는 쪽으로 바뀌었다. 이때부터 가이드라인은 SCC를 개조한 2+2 회의(미일 외교·국방장관 연석회의)에서 다뤄지게 된다.

[새롭게 등장한] 주변사태는 "일본 주변 지역 사태"로서 "일본의 평화와 안정에 중요한 영향을 끼치는 경우"를 이르는 개념이다. '주변'과 '극동'의 차이점에 대해선 3장에서 설명하겠다. 이 '1997년 가이드라인'을 실행하기 위한 국내법이 1999년 5월 28일

---

* 북미 간의 충돌이 임박한 위기 상황을 단숨에 풀어낸 것은 지미 카터(Jimmy Carter) 전 미국 대통령의 1994년 6월 방북이었다. 카터 전 대통령은 6월 16일 김일성 주석과 만나 '핵 개발 동결'은 물론 남북, 북미 정상회담 약속까지 받아 냈다. 이후 북미는 양자 협상에 나서서 1994년 10월 21일 '제네바 합의'를 내놓았다. 북한은 2기의 경수로를 제공받는 대가로 모든 핵 활동을 중지하고 핵시설을 폐쇄하기로 했다.

제정된 주변사태법이다. 주변사태법은 2015년 9월 평화안전법제 제·개정 때 중요영향사태법으로 이름을 바꿔 개정됐다(이에 대해서 도 3장에서 자세히 다룬다).

이렇게 1978년 가이드라인은 일본 유사사태, 1997년 가이드라 인은 여기서 범위를 넓혀 주변사태까지도 대상으로 삼게 됐다. 그러나 최근 들어 중국의 패권주의적 행동이나 그밖에 예상해 볼 수 있는 여러 유사사태 시나리오 등으로 인해 평시·주변사태·일본 유사사태를 명확히 구별하는 게 점점 더 어려워지게 됐다는 인식 이 생겨나게 된다. 예를 들어 일본의 센카쿠 열도에 어민을 가장 한 중국의 무장 집단이 상륙하는 경우와 같이 평시와 유사사태 사 이의 '회색지대' 사태 등이 발생할 것으로 예상되면서 결국 이에 대해서도 빈틈없이 대처할 필요가 생겨나게 됐다.

이런 변화를 반영해 아베 신조 정권과 버락 오바마Barack Obama 정권은 2015년 4월 27일 새 가이드라인을 만들었다. '2015년 가 이드라인'은 회색지대 사태를 포함한 다양한 사태와 글로벌 과제, 우주·사이버·전자파 등 이른바 '신영역' 등까지를 대상으로 삼고

가이드라인	개요	지휘권 조정
1978년 가이드라인	• 일본 유사사태	• 각각의 지휘계통에 따라 행동한다.
1997년 가이드라인	• 주변사태 • 미일공동조정소 설치·활용	• 각각의 지휘계통에 따라 행동한다.
2015년 가이드라인	• 회색지대 사태를 포함한 다양한 사태 • 글로벌한 과제 • 이른바 '신영역(우주·사이버·전자파)' • '동맹조정메커니즘(ACM)'의 설치	• 긴밀히 협력 및 조정하면서 각각의 지휘계통에 따라 행동한다.

[표 2-1] 가이드라인의 변천과 지휘권 조정

있다.(표 2-1)

동맹의 지휘권

미일 간 부대 운용 지침인 가이드라인은 두 나라가 공동대처를 할 때 [양국 사이의] 지휘권을 어떻게 할지에 대해서도 규정하고 있다.

우리가 지휘권이라는 용어를 쓸 때 군의 행정이나 내부 편성 등 전반적 사항에 관한 책임과 권한을 이르는 경우와 군사작전에 한정된 것만을 이르는 경우가 있다. 이 책에선 이를 엄밀히 구분하진 않겠다.

또 여기서 다루는 지휘권은 정치 수준이 아니라 부대 운용 수준을 이르는 것임을 밝혀 둔다. 일본도 미국도 '문민통제civilian control'의 원칙에 기초해 총리대신·대통령이라는 문민정치 지도자가 실력 조직[군]에 대한 최고지휘명령권자가 된다. '문민'이란 자위대원이나 군인이 아닌 이를 이르고, '문민통제'란 군사적 사안은 민주주의적 정치의 통제에 따른다는 원칙을 뜻한다. 이 책에서 다루는 지휘권은 이런 정치적 통제의 하위에 있는 부대 운용 수준에 관한 사안만을 대상으로 한다. 이제 여러 동맹이 이 문제를 어떻게 다루고 있는지 살펴보도록 하자.

동맹국 간 지휘권을 조정하는 첫 번째 방식은 지휘권 통합체제이다. 제1차 세계대전 때 프랑스와 영국 등으로 구성된 연합군이 프랑스인 페르디낭 포슈Ferdinand Foch 장군을 총사령관으로 삼았던 예를 떠올리면 된다. 제2차 세계대전에서도 유럽 서부전선

미일동맹이라는 거울

의 연합군 전체를 지휘한 것은 미국인 드와이트 아이젠하워Dwight Eisenhower 장군이었다. 아이젠하워는 훗날 미국의 대통령이 된다.

동맹국이 연합작전에 나설 때 단일한 '연합군 사령부'를 만들어 각국 군대가 그 명령을 받도록 한 것은, 이렇게 하는 게 효율적인 작전 수행에 도움이 되기 때문이다. 야구나 축구 감독이 두 명인 팀은 없을 것이다. 또 이렇게 하는 편이 작전할 때 동맹국 군인들이 정보공유나 정책·운용 면의 조정을 하기 쉽다. 그러는 가운데 군인들 사이에 일체감이 조성될 수도 있다. 연합군 사령부는 유사사태가 발생할 때 서둘러 만드는 경우도 있고, 평소부터 상설 조직으로 유지할 수도 있다.

한미동맹과 나토의 지휘권 조정

한미동맹은 평소부터 [상설조직인] 한미연합사령부를 설치해 두고 있다. 한미연합군사령관은 미국인이다. 미국인인 한미연합군사령관이 유사사태가 발생하면 주한미군과 한국군으로 구성되는 한미연합군의 지휘권 [작전통제권·자위대와 관련한 언급에선 지휘권, 한국군과 관련한 언급에선 작전권이라는 용어를 사용하겠다] 을 갖는다. 부사령관은 한국인이 맡게 되어 있다. 한미연합군사령관은 예전에는 전시와 평시 모두 한국군의 작전권을 갖고 있었다. 냉전이 해체된 뒤인 1994년 12월 1일 평시 작전권은 한국군에 반환돼, 지금은 전시 작전권만 행사한다.

조금 더 얘기를 이어 간다면, 미국인 사령관이 한국군의 작전권을 갖게 된 것은 [한국전쟁이 터진 직후인] 1950년 7월 14일 이승만 대통령이 이를 미국인인 유엔군 사령관, 즉 더글러스 맥아더 원수에게 이양했기 때문이다. 그 후 1978년 11월 7일 한미연합군사령부가 창설될 때 한국군의 작전권은 유엔군사령관에게서 한미연합군사령관에게 이양됐다.

그러나 유엔군사령관과 한미연합군사령관은 사실 같은 인물이 겸임하고 있다. 사령관 개인 입장에서 보면, 자신이 자신에게 지휘권을 이양한 셈이 된다. 또 한미연합군이라는 '상자'에 미국이 실제 투입하는 병력은 주한미군이다. 한미연합군사령관은 주한미군사령관도 겸임하고 있기 때문에 자신이 자신에게 병력을 제공하는 꼴이 된다. 즉, 한미연합사령관, 유엔군사령관, 주한미군사령관은 동일 인물이며 주한미군, 한국군, 유엔군은 그 지휘 아래서 사실상 한 몸으로 운용되고 있다.(그림 2-1)

이렇게 한 사람이 국가와 국제기관[유엔]의 부대에 양다리를 걸친 채 모든 곳의 사령관을 겸임하며 이를 한 몸처럼 운용하고 있다. 이런 미군 지휘계통의 특징을 잘 기억해 두기 바란다.

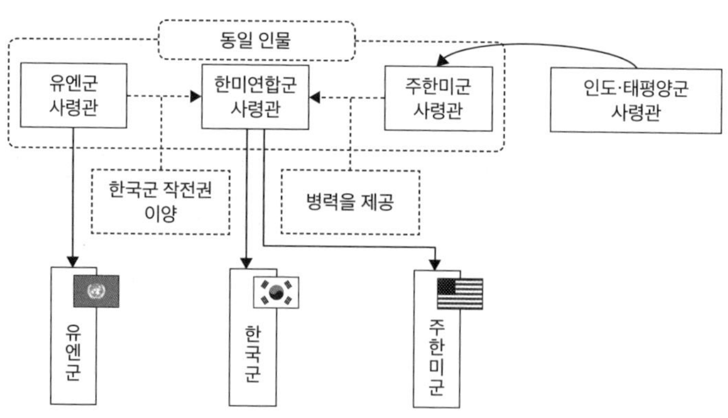

[그림 2-1] 한미동맹의 지휘 체계

나토의 경우에도 최고 사령부인 유럽연합군최고사령부Supreme Headquarters Allied Powers Europe를 갖는 연합군사령부 체제를 취하고 있다. 한미연합군사령부와 달리 이곳에 나토 가맹국의 모든 군대가 편성되는 것은 아니다. 어찌 됐든 이 사령부의 최고사령관은 미국인이고 부사령관은 영국군, 넘버3인 참모장은 독일군에서 배출한다는 게 관례로 굳어져 있다.

앞서 말한 미군 지휘체계의 특징에 어긋나지 않게 나토의 유럽연합군최고사령관 역시 미군 내에선 유럽군사령관commander of theUnited States European Command이란 직책을 겸임하고 있다.

미 유럽군은 미국의 지역 통합군 가운데 하나이다. 미군은 관할 지역을 나눠 7개의 통합군(통합군은 서로 다른 군종을 하나로 묶었다는 의미)을 편성하고 있다. 지역 통합군으로는 유럽군 외에 인도·태평양군 북미를 담당하는 북부군, 남아메리카를 담당하는 남부군, 중동을 담당하는 중앙군, [아프리카를 맡는] 아프리카군, 우주를

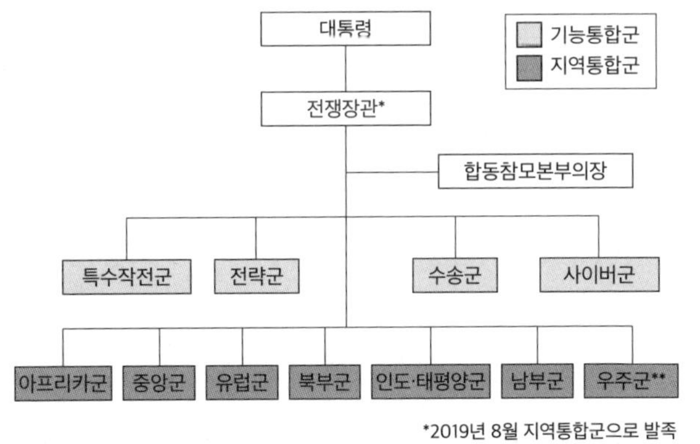

[그림 2-2] 미국의 지역통합군과 기능통합군

담당하는 우주사령부가 있다. 이와 별도로 기능 통합군으로는 핵 작전의 지휘권을 갖는 전략군을 비롯해 특수작전군, 수송군, 사이 버군 등 4개가 있다.(그림 2-2)

나아가 한미동맹과 나토엔 이렇게 부대 운용 수준에서 지휘권 을 통일하는 문제와 정치 수준의 문민통제의 원칙이 관철되는 것 사이의 관계가 제도화되어 있다. 주한미군의 경우 미국·한국 두 대통령이 이끄는 국가통수·군사지휘기구와 양국 국방장관이 참 석하는 한미안전보장협의회SCM 등이 주한미군사령관을 통제하게 되어 있다.[4] 나토에서도 최고의사결정기관은 가맹국 정상·각료 및 문민 대사 등으로 구성되는 나토 이사회North Atlantic Council이다. 군은 이 이사회의 정치적 권위에 복종한다.

가이드라인과 지휘권 조정

동맹 간의 지휘권 조정을 어떻게 할지에 대해 미국 합동참모 본부는 다음 같은 세 가지 유형을 제시하고 있다.[5] 첫 번째는 한미 동맹이나 나토가 취하고 있는 지휘권 통합형이다. 두 번째로 '일 국주도'형을 꼽을 수 있다. 2003년 3월 10일 시작된 이라크전쟁 을 치르기 위해 미국은 동맹보다는 결속이 느슨한 '동지국 연합 Coalition of the Gulf War'을 결성했다. 지휘권 일국주도형은 이런 경우 의 지휘권을 이르는 말이다. 세 번째는 지휘권 병립형이다. 이 유 형에 딱 들어맞는 것이 앞서 말한 대로 미일동맹이다.

지휘권 병립체제를 취하는 미일동맹은 자위대와 미군이 평시 는 물론이고 유사시에도 지휘권을 통일하지 않는다. 단일 연합(군)

사령관도 세우지 않고, 연합(군) 사령부도 만들지 않는다.

미일동맹은 1978년 가이드라인을 통해 지휘권 조정 문제를 명확히 했다. 자위대와 미군이 긴밀한 협력을 하는 가운데 "각각의 지휘계통에 따라 행동한다"고 정한 것이다. 뒤이은 1997년 가이드라인도 "각각의 지휘계통에 따라 행동한다"는 구절을 그대로 이어받았다. 2015년 가이드라인도 "자위대와 미군은 긴밀히 협력하고 조정하면서 각각의 지휘계통을 통해 행동한다"는 내용을 다시 확인했다.

여기서 미일 쌍방의 "각각의 지휘계통"의 구조가 어떻게 되는지 확인해 보자. 일본에서는 문민통제의 원칙에 근거한 자위대법의 규정에 따라 총리대신이 자위대의 "최고의 지휘감독권"을 갖고 있고, 방위대신이 자위대의 "업무를 총괄"하게 되어 있다. 이런 정치 레벨의 통제 아래 자위대의 최선임인 통합막료장이 자위대 운용과 관련해 육해공이 각각 따로따로 흩어진 형태가 아닌 이를 한데 묶은 일원적 방식으로 방위대신을 보좌한다. 자위대에 대한 방위대신의 지휘는 통합막료장을 통해 이뤄지게 된다.

방위대신 아래에 있는 육해공 자위대 각각엔 육상총대사령관, 자위함대사령관, 항공총대사령관이 있다. 일본 정부는 '2022년 국가방위전략'에서 육해공 자위대에게 일원적인 지휘를 하기 위해 상설 조직인 '통합사령부'를 창설하기로 방침을 정했다(그 뒤 '통합작전사령부'라는 가칭으로 불리기 시작했다. 이후 이렇게 표기한다).* 분명히 하기 위해 덧붙이자면 이는 미국과 사이의 '연합' 사령부가 아니다.

---

*　통합작전사령부는 일본에서 이 책이 출판된 이후인 2025년 3월 24일 정식으로 발족했다. 첫 통합작전사령관으로 임명된 이는 나구모 겐이치(南雲憲一郎) 공장(空将, 한국군의 중장에 해당)이다.

그동안 통합막료장에겐 '자위대를 일원적으로 운용하는 사람'이라는 것과 '문민 정치지도자에게 군사에 관한 전문적 조언을 하는 사람'이라는 두 가지 역할이 부여돼 있었다. 새롭게 통합작전사령부를 만든다는 것은 통합막료장이 갖는 두 역할을 분리시키겠다는 의미로 해석할 수 있다. 즉, 전자에 특화된 '통합작전사령관'이라는 자리를 따로 만들어 그 밑에 육상총대사령부, 자위함대사령부, 항공총대사령부를 한데 묶는 상설사령부를 설치한다는 것이다. 그렇게 되면 통합막료장은 문민 정치지도자에게 군사에 관한 전문적 조언을 하는 역할만을 전담하게 된다.

미국의 지휘권 통제 구조에 대해 살펴보자. 먼저 헌법에 대통령이 '최고지도자'라는 사실이 명기돼 있다. 대통령의 지휘권은 국방장관을 통해 군에 전달된다. 이때 군의 최선임자인 합동참모본부의장이 대통령과 국방장관을 보좌하지만 그는 지휘권을 갖진 않는다.

그 아래에 앞서 설명한 7개의 지역 통합군이 있다. 그중 일본이나 극동과 직접 관계를 맺고 있는 것이 하와이에 사령부를 둔 인도·태평양군이다. 예전에는 태평양군이라고 불렸지만 2018년 5월 30일 이름이 바뀌었다. 자주 오해를 하지만 주일미군의 지휘권을 갖고 있는 것은 주일미군사령관이 아닌 인도·태평양군사령관이다. 주일미군사령부는 인도·태평양군사령부의 현지 출장소 같은 역할에 그친다.[6]

즉, 정치 레벨을 포함하면 일본은 총리대신→방위대신→통합작전사령관, 미국은 대통령→국방장관→(인도·태평양 지역에선) 인도·태평양군사령관으로 이어지는 지휘계통을 갖고 있다. 그래서 유사사

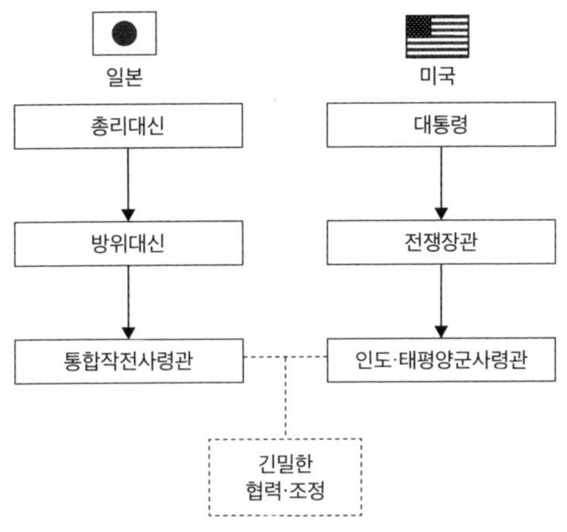

[그림 2-3] 미일동맹의 지휘권 조정

태가 발생해 미일이 공동대처를 할 때는 일본의 통합작전사령부와 미국의 인도·태평양군 등이 각각의 지휘계통을 통해 작전행동을 하면서 긴밀히 협력과 조정을 하게 된다.(그림 2-3) 이것이 가이드라인이 규정하고 있는 미일동맹의 지휘권 조정의 모습이다.

1997년 가이드라인 때는 미일 간의 조정 메커니즘coordination mechanism 역할을 맡는 기구로 '미일공동조정소a bilateral coordination center'를 만들어 활용하게 했다. 미일공동조정소는 자위대와 미군의 효과적인 작전 수행을 위해 작전·정보활동·후방지원에 관한 사항을 서로 긴밀하게 조정하는 기관이다. 하지만 이 조정소는 [상설 조직이 아닌] 유사사태가 발생한 뒤에야 설치하는 것으로 되어 있었다.

미일이 조정 메커니즘의 중요성을 재확인하게 된 계기는 2011년 3월 11일 발생한 동일본 대지진이었다. 그러자 미군은 재해 구난 활동인 '친구 작전'을 실시하기 위해 태평양사령관의 예하에 있는 태평양 함대 사령관 패트릭 월시Patrick Walsh 제독의 지휘를 받는 합동임무부대를 편성했다. 그러나 자위대 쪽에선 월쉬의 카운터 파트너 역할을 할 수 있는 통합지휘관이 존재하지 않았다.[7]

[그에 대한 반성으로] 2015년 가이드라인에는 미일이 평소부터 정보공유나 정책 면·운용 면의 조정을 할 수 있도록 '동맹조정 메커니즘ACM'을 신설한다는 내용이 포함됐다.(그림 2-4)

집단적 자위권 행사 위헌론: '무력행사와 일체화'론과 관련해

사실 미군은 효율성을 중시한다는 차원에서 동맹국과 지휘권 병립형 체제를 취하는 것을 꺼려 온 것으로 알려져 있다.[8] 그런데도 미일동맹이 지휘권 병립형 체제를 취하게 된 것은 [통합형에 대한] 일본의 거부반응이 강했기 때문이다.

일본에는 자위대가 미군의 지휘를 받게 되면 미국의 전쟁에 말려들 수 있다고 우려하는 일국평화주의적인 안전보장관이 뿌리 깊게 자리잡고 있다(지휘권 병립형 체제를 어떻게 평가할지에 대해선 뒤에서 논한다).

나아가 [이런 입장은] 집단적 자위권을 행사하는 것은 위헌이라는 '위헌론'과도 겹치는 지점이 있다. 일본의 헌법 해석에 따르면 자위대는 '자위를 위한 필요최소한의 실력'으로, 헌법 9조가 보유를 금지한 '전력'에는 해당하지 않는다. 집단적 자위권 행사 위헌론이라는 것은 이러한 필요최소한론적 헌법 해석에 따라 개별적 자위권의 행사는 자위를 위한 필요최소한의 범위 안에 있지만, 집단적 자위권의 행사는 이를 넘어선다고 보는 견해이다. 이 문제

　　　　　　　　　　　　　　　미일동맹이라는 거울

에 대해 정부 역시 자위대가 미군의 지휘 아래 들어가 미군의 명령을 받고 행동하는 것은 "집단적 자위권에 저촉되는 것으로 우리나라 입장에선 헌법을 일탈하는 것"이라는 견해를 제시해 왔다(나카타니 겐中谷元 방위청 장관의 2001년 11월 29일 답변).

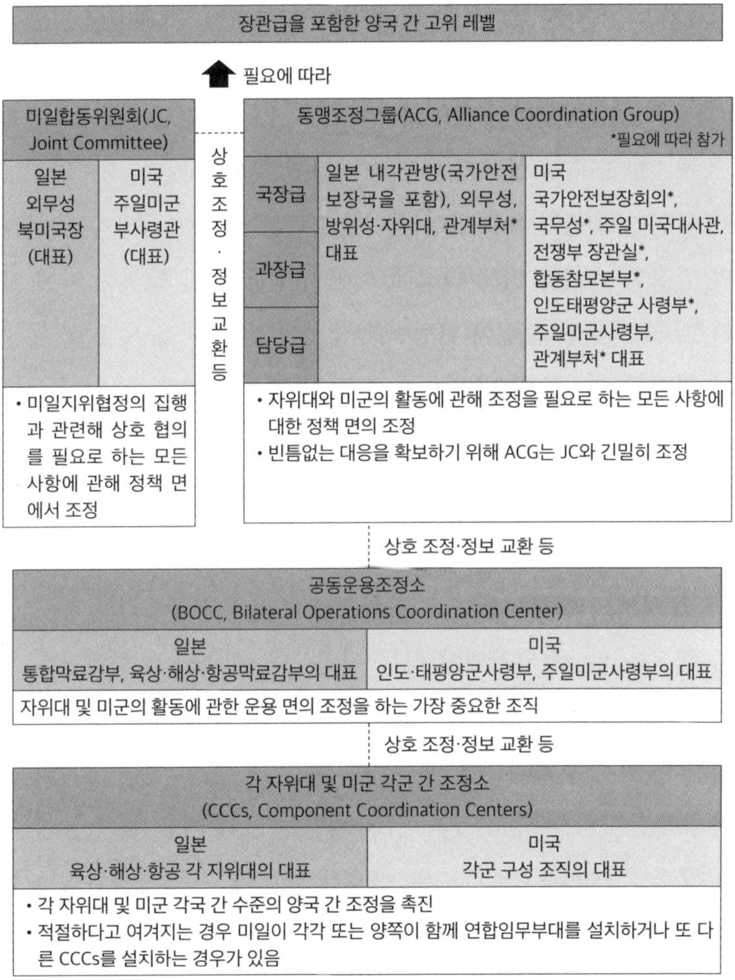

장관급을 포함한 양국 간 고위 레벨

↑ 필요에 따라

상호 조정·정보 교환 등

미일합동위원회(JC, Joint Committee)		동맹조정그룹(ACG, Alliance Coordination Group) *필요에 따라 참가		
일본 외무성 북미국장 (대표)	미국 주일미군 부사령관 (대표)	국장급	일본 내각관방(국가안전보장국을 포함), 외무성, 방위성·자위대, 관계부처* 대표	미국 국가안전보장회의*, 국무성*, 주일 미국대사관, 전쟁부 장관실*, 합동참모본부*, 인도태평양군 사령부*, 주일미군사령부, 관계부처* 대표
		과장급		
		담당급		
• 미일지위협정의 집행과 관련해 상호 협의를 필요로 하는 모든 사항에 관해 정책 면에서 조정		• 자위대와 미군의 활동에 관해 조정을 필요로 하는 모든 사항에 대한 정책 면의 조정 • 빈틈없는 대응을 확보하기 위해 ACG는 JC와 긴밀히 조정		

상호 조정·정보 교환 등

공동운용조정소 (BOCC, Bilateral Operations Coordination Center)	
일본	미국
통합막료감부, 육상·해상·항공막료감부의 대표	인도·태평양군사령부, 주일미군사령부의 대표
자위대 및 미군의 활동에 관한 운용 면의 조정을 하는 가장 중요한 조직	

상호 조정·정보 교환 등

각 자위대 및 미군 각군 간 조정소 (CCCs, Component Coordination Centers)	
일본	미국
육상·해상·항공 각 지위대의 대표	각군 구성 조직의 대표
• 각 자위대 및 미군 각국 간 수준의 양국 간 조정을 촉진 • 적절하다고 여겨지는 경우 미일이 각각 또는 양쪽이 함께 연합임무부대를 설치하거나 또 다른 CCCs를 설치하는 경우가 있음	

[그림 2-4] 동맹조정메커니즘(ACM)의 구성

하지만 2015년 9월 제정된 평화안전법제를 통해 집단적 자위권 행사가 한정적으로 허용됐다. 그러자 그보다 조금 앞선 시기부터 정부 답변 역시 집단적 자위권은 "국제법상의 문제"이지만 지휘권 조정은 "정치상, 운용상의 문제"이기 때문에 "이 둘은 차원이 다른 문제"라는 쪽으로 변하게 된다. 이어 집단적 자위권이 행사 가능한 경우라도 지휘권 조정에 대해선 "우리 나라가 주체적으로 판단해 행동해야 한다"는 답변(2014년 6월 6일 오노데라 이쓰노리小野寺五典 방위상 답변)이 이뤄지고 있다.

하지만 헌법상 문제가 완전히 사라진 것은 아니다. 평화안전법제가 인정한 집단적 자위권 행사는 존립위기사태, 즉 "우리 나라와 밀접한 관계에 있는 타국에 대한 무력공격"이 발생해 이에 따라 "우리 나라의 존립이 위협받고 국민의 생명, 자유 및 행복 추구의 권리가 뿌리부터 뒤집어질 수 있는 명백한 위험이 있는" 사태에 한정돼 있다. 그 때문에 존립위기사태로 인정하기 전인 평시부터 미일 간에 연합사령부를 설립하는 것은 주체성의 문제에 그치지 않고 '무력행사와 일체화'론에 저촉될 수 있다.

'무력행사와 일체화'론은 자위대가 해외에서 국제평화 협력 등의 활동을 할 때 고려해야 하는 원칙이다. 이라크의 쿠웨이트 침공이 발단이 돼 1990년 8월 22일 제1차 걸프전쟁이 시작됐다. 그러자 이 전쟁에 자위대를 파견해야 하는지를 놓고 일본 국론이 격하게 양분됐다. 이런 가운데 일본 정부는 그해 가을 임시 국회 때(10월 26일 나카야마 다로中山太郎 외무대신 답변) 때 '무력행사와 일체화론'이라는 논리를 처음 제시하게 된다.

자위대가 해외에서 국제평화 협력 활동에 나설 때 함께 참여

　　　　　　　　　　　　　　　미일동맹이라는 거울

중인 타국군에게 보급이나 운송 등의 지원을 하게 되는 경우가 있을 수 있다. 이것 자체는 무력행사라고 할 수 없다. 하지만 "다른 이가 행하는 무력행사에 관여하는 밀접성을 통해 볼 때 우리 나라도 무력행사를 했다는 법적 평가를 받게 되는 경우가 있을 수 있다." 그럴 때, 즉 자위대의 활동이 무력행사를 하는 타국 군대와 밀접한 관계를 맺어 이 둘의 행동이 사실상 '일체화'될 때는 자위를 위한 필요최소한의 수준을 넘은 것이므로 "헌법 제9조에 의해 허용되지 않는다"라고 지적이 가능하다. 이것이 '무력행사와 일체화'론이다. 이런 헌법 해석에 따른다면, 타국과 평소부터 연합사령부를 설치하는 것은 불가능해진다.

이런 점을 생각해 볼 때 일본이 미일 양국 간 동맹의 틀 안에서 지휘권을 따로 분리해 '병립'시킨 것은 그 자체로 [위헌 소지를 피한다는] 의미가 있었음을 알 수 있다.

그러나 현실을 돌아보면 미일동맹의 지휘권을 어떻게 조정할 것인지는 지금부터 설명하는 것처럼 극동 지역 전체의 미군 지휘체계, 특히 한미동맹의 작전권과 사령부 기능을 어떻게 조정해 갈 것인지와 밀접히 관련된 문제라고 할 수 있다. 일국평화주의나 필요최소한론과 같은 일본 쪽의 희망이나 사정만 봐서는 안전보장의 현실과 직결되는 지휘권 조정 문제의 전체 모습을 꿰뚫어 보지 못하게 된다.

극동의 미군 지휘권 체계와
미일 지휘권 조정

지휘권 밀약

미일동맹이 지휘권 병립형 체제를 취한다는 사실은 앞서 언급한 대로 1978년 가이드라인을 통해 명확히 정해졌다. 하지만 일본 정부는 그 이전에도 공식적으로는 같은 설명을 해 왔다. 가령 오카자키 가쓰오岡崎勝男 외무대신은 1954년 3월 15일 국회에서 "[미일이 함께] 공동작전을 하게 될 경우에도 일본의 부대에 대한 지휘권은 일본에게 있고, 미국 쪽의 지휘권은 미국에게 있다"고 답했다. 하지만 실제 모습은 달랐다.

이 답변이 이뤄지기 2년 전인 1952년 7월 23일 오카자키는 요시다 시게루 총리와 함께 로버트 머피Robert Murphy 주일 미국대사의 관저를 찾아갔다. 이 자리엔 마크 클라크Mark Clark 극동군사령관도 동석해 있었다.

극동군사령관은 지금은 존재하지 않는 자리이다. 현재 주일미군의 지휘권을 갖고 있는 것은 앞서 언급했듯 [하와이에 있는] 인도·태평양군사령관이다. 극동군사령부가 1957년 7월 1일 폐지되기 전까지 일본엔 하와이의 태평양군으로부터 독립된 '극동군Far East Command'이 주둔하고 있었다. 이 극동군에 대한 지휘권을 가진 이가 극동군사령관이었다.

극동군사령부는 도쿄에 자리하고 있었다. 좀 더 정확히 말하자면, 연합국의 일본 점령기엔 GHQ와 같은 조직이었다. 그래서 극동군사령관과 연합국군최고사령관은 같은 인물이었다. 클라크 사령관이 부임한 것은 1952년 4월 28일 샌프란시스코 강화조약이 발효된 뒤인 5월 12일이었다. 그래서 7월에 요시다 등과 만났을 때는 당연히 연합국군최고사령관이라는 직함은 갖고 있지 않았다.

대사관저에서 이뤄진 회담에서 클라크 사령관이 일본에 요구한 것은 유사사태가 발생했을 때 미일 간의 지휘권 문제를 명확히 해 두자는 것이었다. 요시다는 클라크 사령관에게 구두로 이렇게 약속했다고 한다. "유사사태가 발생할 경우 단일 사령부는 불가결하며 현재 상태에서 그 사령관은 미국이 임명해야 한다."[9] 말한 것은 요시다였지만 이를 유도한 것은 미국이었다. 이것이 '클라크-요시다 비밀 구두양해' 혹은 '지휘권 밀약'이라 불리는 것이다.

왜 이런 얘기가 오고 가게 된 것일까? 1951년 2월부터 미일행정협정 체결을 위한 교섭을 진행하던 과정에서 이와 관련된 논점이 불거졌기 때문이다. 미일행정협정은 옛 미일안보조약의 세부 사항을 정하기 위해 1952년 2월 28일 서명된 것이다. 제1장에서 언급했듯 1960년 안보조약 개정 때 미일지위협정으로 바뀌게 된다.

미일행정협정 체결 교섭 중에 미국은 유사사태가 발생할 경우 미국인이 사령관을 맡는 '연합사령부'를 만들어 일본의 실력 조직

(당시는 경찰예비대)을 그 지휘 아래 둔다는 조항을 협정문 안에 넣으려 했다.[10]

일본은 그런 규정을 만들면 [연합국 점령기가 끝나고] 모처럼 독립을 앞두게 된 상황에서 미일 간의 대등성이 훼손되고, 헌법적으로도 큰 문제가 발생한다는 점을 들어 반대 뜻을 굽히지 않았다.[11] 결국 행정협정에선 유사사태가 발생할 때 미일 양국이 '협의'한다는 표현을 넣는 데 그치게 된다. 하지만 미국은 일본의 경찰예비대는 능력과 규모 면에서 너무 약해 미군의 지휘권과 독립된 작전행동을 하기가 불가능하다고 판단했다.[12] 그래서 미일행정협정이 만들어진 뒤에도 유사사태가 발생할 경우엔 지휘권을 단일화해야 한다는 생각을 포기하지 않았다. 그래서 일본 쪽의 의견을 수용해 행정협정에서 이를 명문화하지 않는 대신, 밀약을 통해 약속을 받아 낸 것이다.

지휘권 밀약에 등장하는 유사사태가 발생했을 때 미국이 임명하는 단일 사령관은 당연히 일본인이 아닌 미국인, 구체적으로 극동군사령관을 이르는 것이었다.[13] 이들이 구상한 것은 유사사태가 발생하면 미국인인 극동군사령관이 이른바 '미일연합사령관'이 되어 단일 지휘권 아래 통일된 미군과 자위대로 구성되는 '미일동맹군'을 지휘하는 모습이었다.

'한미·미일 연합사령관'을 통한 연결

[이처럼] 미일동맹의 지휘권 조정의 모습은 겉보기엔 병립형인 것 같지만 실제로는 그렇지 않았다. 지휘권 밀약을 통해 유사

  미일동맹이라는 거울

사태가 발생하면 자위대가 미 극동군사령관의 지휘 아래 들어가는 [사실상의 통합형]이었다.

여기서 주목할 핵심은 지휘권 밀약에 따라 유사사태가 발생할 경우 자위대의 지휘권을 갖게 되는 극동군사령관이 유엔군사령관을 겸임하고 있다는 사실이다.

지휘권 체계가 이렇게 틀이 잡히게 된 것은 1950년 6월 한국전쟁이 터지면서 7월에 도쿄의 GHQ·극동군사령부가 새로 설치된 한국유엔군사령부 역할까지 겸해야(한국유엔군이라는 상자에 미군 병력을 제공한 것은 극동군이었다) 했기 때문이다. 그리고 앞서 언급한 대로 유엔군사령관은 한국군에 대한 지휘권을 쥐고 있었다.

이는 동일한 미국인 사령관이 어떤 때는 극동군사령관의 모자를 쓰고 지휘권 밀약에 기초해 자위대와 주일미군으로 구성되는 극동군을 지휘하고, 어떤 때엔 유엔군사령관의 모자를 쓰고 유엔군과 한국군을 지휘할 수 있게 됐다는 것을 뜻한다. 하지만 결국에는 같은 사람이기 때문에 자위대, 극동군, 유엔군, 나아가 한국군이 이 미국인 사령관의 일원적 지휘 아래 사실상 한 몸으로 뭉치게 된다.(그림 2-5)

여기서 1장에서 논의한 내용을 떠올려 주기 바란다. 앞서 살펴본 대로 미일동맹은 단순한 미일 간의 '양자' 동맹이 아니라 '극동 1905년 체제'라는 근대 이래 지역 질서를 지탱해 온 '한미·미일 양 동맹' 내 하나의 기능이었다. 이는 기지 사용 분야를 분석하는 과정에서 도출된 결론이었지만, 실은 부대 운용 분야에도 똑같이 적용될 수 있다. 미일동맹과 한미동맹(정식으로는 1953년 10월 결성)은 사실상 '한미·미일 양 연합사령관'의 지휘권을 통해 [하나로]

연결되는 관계였다.

미대동맹과의 관계

더구나 미국과 대만 사이에서도 1980년 1월 미화상호방위조약이 실효되기 전인 미대동맹 시대에 유사사태가 발생할 경우 지휘권을 통일하는 문제에 대한 논의가 이뤄진 적이 있다.

미일 지휘권 밀약이 이뤄진 다음 해인 1953년 6월 4일 태평양함대 사령관인 아서 래드퍼드Arthur Radford 제독은 타이베이에서 대만의 장제스 총통과 만났다. 외교사가인 마쓰모토 하루카松本はる香의 연구에 따르면, 래드퍼드는 이 자리에서 장 총통에게 "국부(대만)군의 지휘권을 미군 쪽에 양도해 줄 수 있느냐"고 물었다.[14]

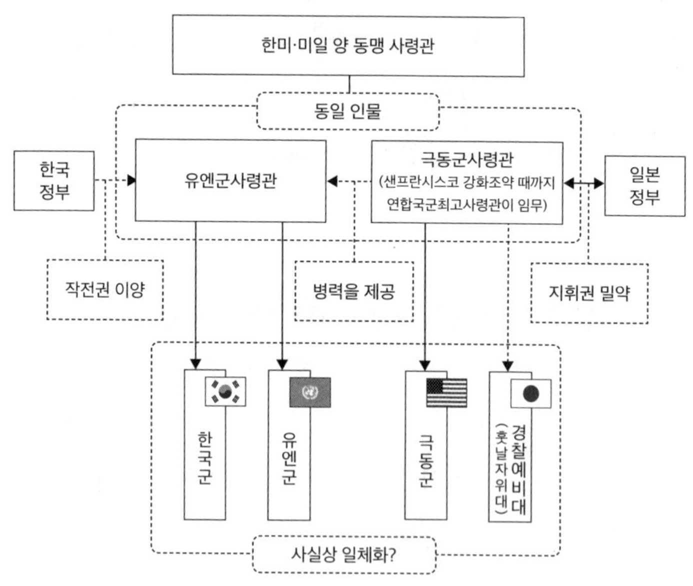

[그림 2-5] 한미·미일 양 동맹 사령관

당시 중국 본토에서 쫓겨나 있던 대만의 국민당 정권은 대륙의 공산당 정권에 대한 반격 작전, 즉 '대륙반공大陸反攻'을 포기하지 않고 있었다. 여기서 대비해 두려 했던 것은 대만군이 중국 대륙에 상륙작전을 펼칠 때 미 해·공군이 이를 효율적으로 지원하는 것이었다. 그러려면 대만군을 태운 함선이 출항한 뒤 상륙을 끝내고 지휘 태세를 갖출 때까지 미 해군에게 [대만군의] 지휘권을 이양해 둘 필요가 있었다. 이에 더해 래드퍼드 제독은 상륙의 초기 단계 작전에 미군이 참가할 경우, 철수가 이뤄질 때까지 자신들이 전체 지상군의 지휘를 맡는 것에도 동의할 수 있겠느냐고 물었다. 장제스는 그 자리에서 즉시 이 제안에 수긍한다는 뜻을 밝혔다.

하지만 유사사태 때 미국과 대만이 지휘권을 통일하는 문제는 구상을 논의하는 수준에서 머무른 듯하다. 애초 상정하고 있던 유사사태 자체가 대만이 대륙을 침공한다는 비현실적인 내용이었기 때문이다.

나아가 반약 대만이 대륙반공 작전에 나서 미대 간의 지휘권 통일이 이뤄진다 해도, 이것과 미국·한국·일본의 지휘계통이 직접 연결되는 일은 없었을 것이다. 미국이 대만을 방위하기 위해 타이베이에 설치했던 미대만방위사령부는 도쿄의 극동군사령부가 아닌 하와이의 태평양군사령부 예하에 있었다. 또 미대만방위사령부 사령관은 태평양 함대의 일부인 제7함대 사령관이 겸임하고 있었다. 더구나 이 사령부는 미대동맹 종료와 함께 1979년 4월 26일 폐지됐다.

기지 사용 분야에서처럼 부대 운용 분야에서도 미일동맹과 미대동맹의 결속 정도는 미일동맹과 한미동맹엔 미치지 못했다고 할 수 있다.

'북동아시아군 사령부' 구상과 좌절

'한미·미일 양 연합사령관'의 지휘권을 통해 한미동맹과 미일 동맹을 한데 묶는 구조는 1957년 7월 해소됐다. 한국전쟁이 1953년 7월 휴전에 돌입하자 아시아·태평양 지역에서 미군 사령부의 재편이 이뤄졌기 때문이다. 이에 따라 두 동맹을 잇는 핵심적 매개 고리였던 극동군사령부가 해체됐다.

그 이후 주일미군은 태평양군사령부의 지휘 아래 놓이게 되고, 도쿄에 있던 한국유엔군사령부는 서울로 이전했다. 지휘권 밀약도 애초 구두로 한 밀약이라는 불확실한 성질이었던 데다, 일본 내에선 집단적 자위권 행사 위헌론까지 등장하면서 효력이 유지되는 것인지 정확히 알 수 없는 불명확한 상태가 되고 말았다.

다만, 미국의 사정으로 극동 지역 내 미군의 지휘체계를 다시 재편하자는 논의가 시작될 경우 그 결과에 따라 극동군사령부의 기능이 되살아날 가능성도 남아 있었다. 또 미국이 지휘권 밀약의 논리 위에 서서 일본에 이를 요구해 올 수도 있었다. 실제로 1970년대에 들어서면서, 이런 움직임이 이뤄질 수도 있는 상황이 발생하게 된다.

미국이 베트남전쟁에 관여하기 시작한 것은 1960년대부터였다. 이 전쟁은 태평양사령부의 지휘 아래 수행됐다. 미국은 1973년 1월 21일 파리 평화협정에 서명하며 베트남전쟁에서 손을 떼게

미일동맹이라는 거울

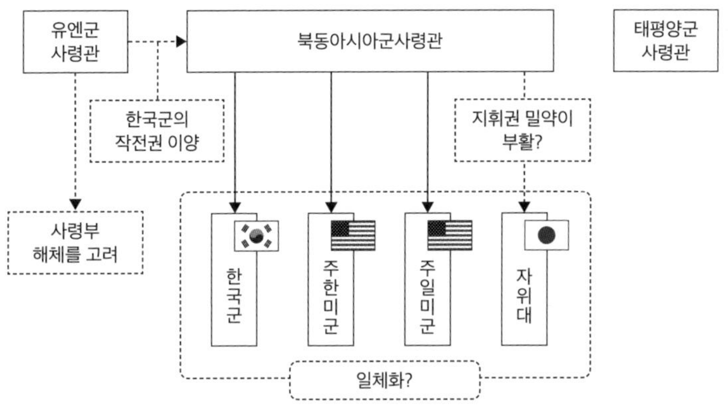

[그림 2-6] '북동아시아군사령부' 구상

된다. 그러자 미국 국내에선 태평양군의 축소를 요구하는 목소리가 높아지게 된다. 이런 상황에서 태평양군사령부가 1973년 12월부터 검토를 시작한 것이 주한미군과 주일미군을 각각 현재 사령부의 지휘계통에서 떼어 낸 뒤 하나로 합쳐 새로운 지역 통합군인 '북동아시아군'을 창설하는 구상이었다.[15](그림 2-6)

베트남전쟁 종결과 함께 극동에서 미군사령부 재편을 촉진하는 또 다른 역할을 한 것이 제1장에서 살펴본 미중 화해였다. 닉슨 대통령의 1972년 2월 방중을 통해 미중 관계가 개선되자, 한국유엔군도 이제 그만 해산해야 한다는 국제사회 내 여론이 커지기 시작했다.

하지만 한국유엔군이 해체되면, 한국군의 지휘권이 공중에 뜨게 되는 문제가 발생할 수밖에 없었다. 실제 중국과 [이 문제를 둘러싼] 조정이 이뤄지지 않았기 때문에 한국유엔군이 해체의 길을 걷지 않고 지금까지 존속할 수 있었다. 실제 이 무렵 '북동아시아군사령부'는 한국유엔군이 해체된 뒤 한국군의 지휘권을 넘겨받게 될 미국 쪽 인수 기관이 될 것이라는 기대를 받기도 했다.

'북동아시아군사령부'라고 하면, 무언가 매우 새로운 군사조직인 것처럼 들린다. 하지만 내용을 들여다보면 알 수 있지만, 미국이 염두에 두고 있던 것은 옛 극동군사령부를 사실상 부활시키는 안이라고 할 수 있었다. 그렇다는 것은 만약 이때 '북동아시아군사령부' 구상이 실현되고, 1952년 미일 지휘권 밀약이 유효하다는 판단이 내려졌다면, '북동아시아군사령관'은 예전의 극동군사령관처럼 사실상 '한미·미일 양 연합사령관'이 됐을 가능성이 있다.

태평양사령부는 결국 1975년 2월 12일 '북동아시아군사령부' 구상을 단념하고 만다.[16] 국가 안보와 관련한 한국과 일본의 국내 사정이 너무 다르고, "한일 간의 적대감"으로 인해 "양국이 미국 없이 동맹관계가 되는 일은 불가능하다"는 사정 때문이었다. 그로 인해 "기존 태평양군사령부 지휘체계가 적절"하다는 결론을 내놓을 수밖에 없었다. 결국 북동아시아군사령부 구상은 실현되지 않았다. 이 사실과 별개로 '극동 1905년 체제'는 미국이란 매개자 없이 유지되긴 힘들다는 사실이 다시 한번 확인된다.

한미연합사령부와 1978년 가이드라인

'북동아시아군사령부' 구상은 좌절됐지만, 한국유엔군이 해체될 가능성은 여전히 남아 있었다. 그로 인해 한국군의 지휘권을 넘겨받을 기관을 만들어 둘 필요가 있었다. 닉슨 정권은 1974년 3월 29일 한미연합군사령부를 만들자는 제안을 내놓게 된다.[17]

한미연합군사령부가 창설된 것은 [4년 반 뒤인] 1978년 11월이었다. 그에 따라 한국군의 지휘권은 유엔군사령부로부터 한미연합군사령부로 이양됐다. 또 이 두 사령부의 사령관과 주한미군사령관 자리를 같은 인물이 겸임하게 됐다. 앞에서 설명한 대로 된 것이다. 그에 따라 한국유엔군 해체론과 함께 불거졌던 한미 간의 지휘권 조정 문제는 해결되었다.

한미 간에 '북동아시아군사령부'나 한미연합군사령부 창설 구상 등이 추진된 것과 같은 시기에 미일 사이에서도 동맹의 지휘권 조정 문제를 다루는 1978년 가이드라인을 만들려는 움직임이 시작된다.

미일 가이드라인 제정 교섭은 미일방위협력소위원회SDC에서 1976년 8월 30일 시작됐다. 미일 간에 가장 큰 쟁점이 된 것은 유사사태가 발생할 때 지휘권을 일체화할지 여부였다.

SDC에 참석했던 일본 통합막료회의 사무국 관계자의 증언에 따르면, 미국은 이 자리에서 "공동작전을 수행할 때 최고 선임자는 미군이 되어야 한다"고 주장했다.[18] 미군이 이 무렵까지도 지휘권 밀약 때와 같은 인식을 갖고 있었음을 알 수 있다. 앞서 말했듯이 시기엔 이미 극동군사령부가 폐지됐고, '북동아시아군사령부'를 만들자는 구상도 좌절된 상태였다. 미국이 미일 지휘권 문제에 대해 갖고 있던 그림은 아마도 미국인인 태평양사령관이 자국군과 자위대를 함께 지휘하는 것이었다고 생각된다. 일본은 "미군이 [자위대에 대한] 지휘권을 갖게 할 순 없다"며 격렬히 반대했다.

이런 공방을 거쳐 1977년 8월 16일 열린 제5차 SDC에서 일본은 다음과 같은 안을 제출했다. 즉, 유사사태 때 조정된 공동행동을 취할 땐 자위대와 미군이 긴밀히 협력하는 가운데 "각각의 지

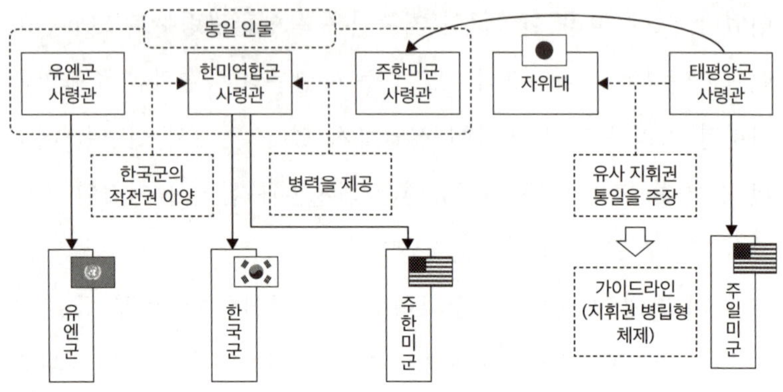

[**그림 2-7**] 한미연합군사령부와 가이드라인

휘계통 아래 활동한다"는 것이었다. 일본의 이 안에 대해 미국도 동의했다.[19]

최종적으로는 1978년 11월 열린 미일안보협의위원회SCC에서 지휘권 병립형 체제를 명기한 가이드라인이 정식 승인됐다.

따져 보면, 지미 카터 정권과 박정희 정권이 한미연합군사령부를 창설하는 데 합의하면서 양국 간 지휘권 조정 문제에 대해 사실상 의견 일치를 이룬 것이 1977년 6월 26일 열린 한미안보협의회의SCM를 통해서였다.[20] 미일이 제5차 SDC(같은 해 8월 16일)에서 지휘권 조정 문제를 사실상 타결하기 불과 3주 전이었다. 한미는 연합군사령부 창설(1978년 11월 7일)이라는 방식으로, 미일은 가이드라인 책정(같은 달 27일)을 통해 각각 지휘권 조정 방식을 확정했다. 이 날짜 역시 3주밖에 차이가 나지 않는다.

즉, 미일동맹의 지휘권 조정의 모습은 극동 지역 전체에서 미군의 지휘체계 모습이 확정되는 것과 함께 명확히 정리됐다고 할 수 있다.(그림 2-7)

　　　　미일동맹이라는 거울

DPRI와 미군사령부 재편 구상

그 후 2000년대에 들어 2001년 9월 11일 9·11 테러가 발생하자, 미국은 '테러와의 전쟁'에 나서게 된다. 이를 위해 추진한 것이 테러와의 전쟁을 치르기 위한 글로벌 차원의 미군 재편이었다. 미국은 이를 위해 일본과도 주일미군 재편을 위한 협의에 나섰다. 이 논의의 틀로 활용된 것이 2002년 12월 시작된 '방위정책재검토협의DPRI'였다. DPRI의 성과는 2006년 5월 2+2에서 '주일미군 재편로드맵합의'로 구체화된다.

로드맵 합의에는 오키나와 후텐마 비행장 이설 문제와 자위대와 미군 사령부 조직의 연대 강화와 관련된 내용이 포함됐다. 예를 들어, 로드맵 합의에 근거해 워싱턴주 포트 루이스Fort Lewis에 적을 두고 있는 미 육군 제1군단 전방사령부가 2007년 12월 19일 가나가와현 자마시의 캠프 자마キャンプ座間로 옮겨 왔다. 육상자위대 중앙즉응집단中央即応集団*사령부도 2013년 3월 16일 같은 곳으로 이동했다. 중앙즉응집단은 2018년 3월 26일 폐지되고, 새로 편성된 육상총대陸上総隊**사령부는 사이타마현 아사카朝霞로 이선했다. 하지만 육상총대사령부 가운데 미군과 [부대] 운용상 조정 업무를 담당하는 미일공동부는 캠프 자마에 남아 있다.

논의된 내용은 그것만이 아니었다. 사실 DPRI에서 다시 한번

---

* 일본 방위대신 직할의 기동운용부대이다. 영문 명칭은 'Central Readiness Force'이다. 2007년 3월 28일 창설돼 2018년 3월 26일 폐지됐다.

** 일본 방위대신 직할 부대. 평시부터 부대 운용 사항과 관련해 자위대 각 방면부대를 총괄한다. 육상총대사령부는 통합작전사령부의 지휘를 받아 자위대함대사령부, 항공총대사령부, 미군 사이에서 부대 운용과 관련한 조정을 담당한다.

'북동아시아군사령부' 구상이 되살아났다. 미 합동참모본부는 미 육군 제1군단 사령부를 단순히 캠프 자마에 이전시킨 것이 아니었다. 이 사령부를 모체로 삼아 태평양군사령부로부터 독립된 새 지역통합군사령부를 만들고 여기에 주일미군사령부와 주한미군사령부를 흡수하는 그림을 그리고 있었다.[21] 하지만 이 새로운 '북동아시아군사령부' 구상이 폐기된 이유 역시 예전 구상 때와 완전히 같았다. 즉, 한일 관계의 어려움에 대한 우려가 제기된 것이다.[22]

한편, DPRI 협의 과정에서 도널드 럼스펠드Donald Rumsfeld 국방장관 등 미 국방부 내 민간인 관료들은 또 다른 별개 안을 검토했다.[23] 미국이 1970년대 '북동아시아군사령부' 구상을 대체하기 위해 한미연합사령부를 만드는 구상을 추진했다는 사실은 앞서 언급한 바 있다. 이 안은 [군이 설명하자면] 일본이 아닌 한국의 사령부 기능을 강화하는 안이었다. DRPI에선 이와 반대로 한국보다 일본의 사령부 기능을 강화하려는 모습을 보인다.

현재 주일미군사령부는 도쿄도 요코타에 있고, 사령관은 주일공군사령관과 미 제5공군사령관을 겸하는 공군 중장이 맡고 있다. 주일미육군사령부는 캠프 자마에 있고, 사령관은 육군 소장이 임명된다. 그리고 가나카와현 요코스카에 있는 주일미해군사령부 사령관은 해군 소장이다. 미 국방부의 민간 관료들은 주일미군사령부에 공군 중장과 육군 중장(소장이 아니다)을 배치하고, 이를 해군 대장인 태평양군사령관이 통괄하는 체제를 구상했다. 그리고 일본에 육군 대장을 배치하면서 현재 육군 대장이 사령관을 맡고 있는 주한미군사령부를 폐지해 '스크랩 앤드 빌드scrap and build(자리를 신설하는 대신에 동급의 자리를 폐지해 행정의 비대화를 막는 것)'라는 논리에 맞추려 했다.

이 구상을 추진하는 데 전제가 되는 것은 미 육군 제1군 전방사령부의 캠프 자마 이전이었다. 하지만 일본이 저항하고, 또 다른 전제가 됐던 한국군의 전시 작전통제권 반환이 미뤄지면서 이 구상 역시 좌절되고 만다.

새 '북동아시아군사령부' 구상이든 '주일미군사령부 강화' 구상이든 이것이 실현됐다면, 미일동맹의 지휘권 조정에도 영향이 있었을 것이라고 예상해 볼 수 있다.

이렇듯 1970년대에도 2000년대에도 미일동맹의 지휘권 조정은 한미동맹과 따로 떨어져 결정된 것이 아니었다. 이런 점을 생각해 볼 때 한국군의 전시 작전권 반환 문제는 일본에도 영향을 끼치게 될 수밖에 없다.

앞서 말했듯 이승만 대통령은 1950년 7월 한국군의 작전권을 맥아더 유엔군사령관에게 이양했고, 한미연합군사령관이 1978년 11월 이를 넘겨받았다. 이 가운데 한국군이 1994년 12월 평시 작전권을 되찾아와 현재 전시 작전권 반환에 대한 검토가 이뤄지고 있다.

트럼프 정권과 문재인 정권은 2018년 10월 31일 열린 SCM에서 한국군의 전시 작전통제권 반환의 전제로 연합군사령부 체제를 유지·발전시킨 '미래 연합사령부'를 창설하는 데 합의했다.[24] 현재 한미연합사령부의 사령관은 미국인, 부사령관은 한국인이 맡고 있지만 '미래 연합사령부'에선 이 배치가 뒤바뀌게 된다. 즉, '미래 연합사령부' 창설이 실현되면, 한국군의 전시 작전권 반환이 이뤄지는 것과 동시에 한미연합군은 한국인 사령관의 지휘 아래 놓이게 된다. 단, 이후 이 문제가 어떻게 진행될지 현재로선 불명확한 부분이 남아 있다.

※ ※ ※

동맹의 상위 파트너와 하위 파트너가 지휘권 조정을 하게 될 때 순수하게 군사적인 것만 생각한다면, 통합형 체제를 만드는 게 합리적이라고 생각할 수 있다. 하지만 상위 파트너는 동맹의 부대 운용에 대한 모든 책임을 지는 게 과중하다고 느낄 수 있고, 하위 파트너도 나름대로 자주국방이라는 기개를 보이고 싶어 할 수 있다. 한국군에 대한 작전통제권을 평시엔 한국, 전시엔 미국이 갖는 한미동맹 체제는 이런 양국의 속내가 균형을 맞춘 것이라고 볼 수 있다. 이에 견줘 미일동맹은 지휘권을 따로 분리해 내려는 일본 쪽의 요구가 출발점이 됐다.

그렇다면 유사사태가 발생해 자위대와 미군이 공동대처를 하게 될 경우 미일은 어떤 제도적 틀 안에서 연합작전을 수행할까? 이 문제의 핵심이 되는 지휘권 조정에 대해 기시다 후미오 총리는 2023년 1월 25일 국회 답변에서 "일미 간의 지휘권의 공유나 이양은 생각하고 있지 않다"며 그동안 일본 정부가 취해 온 입장을 재확인했다. 동맹관계에서 지휘권 조정을 어떻게 할 것인지는 예전 미일 지휘권 밀약 때처럼 '속국으로 전락하는' 느낌을 남기는 '일체형'이나 지휘권의 독립 자체를 목적으로 하는 '병립형'이라는 두 가지 선택지만 있는 것이 아니다. 그 밖에도 여러 다양한 변형이 있을 수 있다. 지휘권 병립 체제를 기본으로 해 놓고 미일이 효과적으로 공동대처를 해 나갈 수 있게 정보공유나 정책·운용 면에선 원활히 조정해 간다는 현재 방향성도 그런 다양한 변형 가운데 하나일 것이다.

앞서 언급한 것처럼 2022년 국가방위전략엔 '통합사령부'를 창설하겠다는 내용이 포함됐고, 2024년 현재 이 조직을 출범시키기 위한 검토가 이뤄지고 있다. 통합작전사령부 창설 역시 지휘권 조정의 맥락에서 주목해 볼 가치가 있다.

통합작전사령부를 만든다는 구상 자체는 '통합 운용의 실효성을 강화'하기 위해, 즉 '육해공 자위대의 통합적 지휘'를 목적으로 한 것이다. 그런데 [일본의 싱크탱크인] 평화·안전보장연구소*가 2022년 7월 26일 내놓은 보고서를 보면, 미일 양국이 '통합사령부(여기선 미일연합사령부라는 의미)'를 만들어야 한다는 제안이 포함돼 있다. 나아가 일본의 통합작전사령부 창설을 이런 제도적 틀을 구축해 가기 위한 전제로 자리매김하고 있다.[25] 그렇게까지 나아기진 않는다 해도 일본에 '통합작전사령부'가 만들어지면, 미국의 인도·태평양군사령부 등의 카운터파트가 되어 미일이 지휘권과 관련한 조정을 할 때 중요한 역할을 담당할 수 있다. 미국 정부도 2023년 1월 11일 2+2 공동발표문에서 일본의 통합작전사령부 창설을 "양국 간 조정을 한층 더 강화한다"는 문맥에서 환영한다고 밝혔다.

이제 자위대는 미군과 마찬가지로 창의 역할 가운데 일부를

---

* 일본의 안보 문제에 대해 연구하고 정책 제안을 내놓은 민간 연구소. 1978년에 만들어졌다. 누리집 주소는 www.rips.or.jp.

맡게 됐다. 이런 상황 속에서 이번 장의 도입 부분에서 언급한 대로 일본이 반격 능력을 사용하게 되면, 일본의 '통합작전사령부'와 미군의 인도·태평양군사령부 등이 긴밀하게 연대해 갈 수 있을 것이다. 실제 통합작전사령부 창설에 맞춰 미국이 인도·태평양군사령부의 조정 조직을 설치하는 안을 일본 쪽에 제안하고 있다는 보도도 나오고 있다.[26]

또 이번 장에서 본 것처럼 미일동맹의 지휘권 조정 문제는 미일 양자의 틀 안에서, 일국평화주의나 필요최소한론에 기초한 '일본적 시점'만을 고려해 정할 수 있는 성질의 문제가 아니다.

분명 미일동맹의 핵심은 주일미군기지를 매개로 하는 '사물과 사람의 협력'이다. 이와 비교한다면 '사람과 사람의 협력'의 중요성은 한정적이라고 할 수 있다. 지휘권을 매개로 [미군과 자위대를] 하나로 묶지 못한다 해도 '극동 1905년 체제'를 지탱하는 '한미·미일 양 동맹'은 여전히 기능할 수 있다. '제3자적 시점'을 통해 보면, 미일동맹의 지휘권 조정 방식을 어떻게 정할지는 극동 지역 전체에서 미군의 지휘체계, 특히 한미동맹의 작전권이나 사령부 지휘 방식이 어떻게 되는지와 밀접히 관련돼 있음을 알 수 있다. 일본·미국·한국의 지휘권을 '극동군사령부'처럼 무리하게 한데 묶는 것을 극단적이라고 한다면, 이들이 완전히 따로따로 놀아도 된다는 것 역시 극단적 얘기일 것이다.

이와 관련해 생각해 볼 문제가 있다. 일본이 2022년 안보 3문서를 개정할 때 한국 외교부는 [일본이] 한반도의 안전보장이나 한국의 국익에 중대한 영향을 끼치는 형태로 반격 능력을 행사할 경우 한국과 사전협의와 동의가 필요하다는 입장을 밝혔다.[27]

그런데 일본이 북한에 반격 능력을 행사해야 하는 긴급사태가 발생했다고 해 보자. 일본이 어느 날 갑자기 한국에 사전협의를 요청하고 동의까지 얻어 낼 시간적 여유가 없을 가능성이 크다. 결국 이런 상황이 발생할 때를 대비해 한국·미국·일본 간에 연대를 구축해 놓는 게 중요하다. 이런 맥락에서 새로 만들어지는 통합작전사령부가 평시부터 [미국 인도·태평양군사령부가 있는] 하와이뿐 아니라 한미동맹과 관계를 구축해 나가는 데 큰 역할을 담당할 수 있게 되길 기대한다.

또 해묵은 문제이지만, 일본의 통합작전사령부와 한미연합사령부가 어떤 관계를 구축해 나갈지도 중요 과제로 떠오르게 될 것이다. 가령 전직 외교관으로 내각관방부장관보를 지낸 가네하라 노부카쓰兼原信克가 논하듯 한반도 유사사태가 발생해 일본이 북한으로부터 미사일 공격을 당한다고 가정해 보자. 미일이 공동으로 수행하는 반격 작전과 한미연합군의 대북한 작전은 현실에서 각각 별도의 지휘계통에 따라 이뤄지게 된다.[28] 이렇게 [한미와 미일이] 각각 따로 대응하는 게 기본 전제라고 한다면, 양자[즉, 미일동맹과 한미동맹] 사이의 의견 조정이 중요해질 수밖에 없다. 앞서 인용한 2023년 1월 2+2 공동발표 때도 한국을 직접 거론하진 않았지만 "파트너국과 효과적인 조정을 향상시킬 필요성"을 공유했고 밝혔다.

그리고 미일동맹과 한미동맹의 사령부 조직 간의 관계 구축이라는 점에서도 한국군의 전시 작전권 환수 문제가 어떻게 진행될지 주시해 볼 필요가 있다.

한미연군합사령부에 한층 더 큰 개혁이 필요하다는 목소리도 있다. 빈센트 브룩스Vincent Brooks 전 한미연합사령관은 2023년 9월 25일 강연에서 주한미군사령부와 주일미군사령부를 통합해야 한다고 주장하면서, 이를 '극동사령부'라고 불렀다.[29] 극동군사령부가 부활하게 될지, 아니면 지금까지 되풀이해 온 대로 좌절로 끝날지 예측할 수 없다. 다만 이런 사령부 기능 재편이 이뤄지게 된다면 일본도 영향을 받을 가능성이 있다.[30]

극동군사령부를 창설하는 게 아니라 한미연합군사령부 체제가 축소되는 변화가 일어날 수도 있다. 이 경우에도 미일동맹에 파급 효과가 미치게 된다. 일부 안보 전문가들은 주한미군이 축소되면 극동 지역에서 미군 사령부가 맡게 되는 역할의 무게중심이 주한미군에서 주일미군으로 기울어지고, [그에 따라] 주일미군사령관의 계급이 중장에서 대장으로 승격될 수 있다고 보고 있다. 이들은 나아가 주일미군사령관의 작전 책임 영역이 한반도를 포함한 지역으로 넓어지고, 역내 [작전행동에 대한] 지휘 권한을 확대하는 문제 등이 검토될 수 있다고 지적한다. 혹은 인도·태평양군사령부가 그 기능을 흡수하게 될지도 모른다. 이 경우 미국이 극동의 동맹국과 지휘권 조정을 하는 데 있어 일본의 비중이 커질 것으로 보인다.

한국의 보수를 대표하는 윤석열 정부는 2022년 5월 10일 혁신계인 문재인 정부를 대신해 출범했다. 이들은 전시 작전통제권 환수보다 한미연합군의 능력 강화에 더 무게를 두는 듯한 모습을 보이고 있다.* 이런 이유 등으로 극동에서 미군 사령부 재편이 어떻

---

* 이에 견줘 2025년 6월 취임한 이재명 정부는 임기 내에 전시 작전통제권 환수 작업을 마무리하겠다는 구상을 밝히고 있다.

　　　　　　　　　　　　　　　　　　　　　　　미일동맹이라는 거울

게 이뤄질지 불투명한 부분이 남아 있으며, 그 귀추에 따라 미일동맹의 지휘권 조정 문제도 영향을 받게 될 것이다.

더 어려운 것은 대만 관계이다. 대만 유사사태가 발생하면 미군이 대만을 지원하기 위해 군사개입을 할 수 있다. 이때 해상자위대가 미군 해군항모타격군에 참가하거나 [일본의] 잠수함이 중국 해군 함선을 공격하고, 항공자위대는 항공우위획득작전에 참가하는 경우 등을 상정해 볼 수 있다.[31] 이럴 때 전시 지휘권 통일이 이뤄지지 않은 미국·일본·대만 간의 연합작전이 과연 원활하게 조율될 수 있을지가 문제로 떠오르게 될 것이다.

2장에서 다룬 한미동맹이나 나토로 발전한 미영동맹 등은 한 사람의 연합군사령관이 이끄는 단일한 연합군사령부를 만들고, 그 지휘를 받으며 실전을 치른 경험이 있다. 하지만 미일동맹엔 그런 경험이 없다. 한미동맹이나 미대만안전보장연대와 관계까지를 포함해 유사사태가 발생할 경우 어떻게 실효적으로 지휘권 조정을 해 가야 할지 평소부터 여러 방안을 검토해 둘 필요가 커졌다고 할 수 있다.

3장에서는 지금까지 언급한 기지 사용이나 부대 운용 등의 논의에 더해 미일동맹이 어떤 방식으로 '사태 대처'를 해 나가는지에 대해 역시 '제3자적 시점'을 곁들여 살펴보도록 하겠다.

제3장

사태 대처: 단계별 유사사태와 대응 방안

◆◆◆

1~2장에서 살펴본 미일안전보장조약의 규정이나 하부 지침은 미일동맹의 이른바 '정적靜的'인 면이라고 할 수 있다. 이번 장에선 '동적動的'인 면, 즉 실제 유사사태가 발생했을 때 이에 대응하는 방침인 '사태 대처'에 대해 살펴보겠다.

미일이 동맹의 틀에서 유사사태에 대응할 때 일본은 동맹국에게 편의를 제공하거나 자위대가 무력행사를 포함하는 행동에 나서는 등의 역할을 담당하게 된다. 당연히 이런 활동은 조약과 법률에 근거해 이뤄진다.

일본이 지금까지 갖춰 온 동맹 조약을 포함하는 안전보장체제에선 유사사태를 각각의 성격에 따라 여러 가지 '사태'로 구분해 법적인 개념화를 하고, 각각의 경우 어떻게 대응할지 세밀히 나눠 구분하고 있다.[1] 일본의 안전에 심각한 영향을 끼치는 순서에 따라 열거해 보면 '국제평화공동대처사태' '극동유사사태(6조 사태)' '중요영향사태' '존립위기사태' '무력공격사태(5조 사태)' 등의 순서가 된다.(표3-1)

사태	개요	대응
국제평화공동대체사태	국제사회의 평화와 안전이 위협받는 사태로서 국제사회가 그 위협을 제거하기 위해 유엔 헌장의 목적에 따라 공동으로 대처하는 활동에 나서고 또 일본이 국제사회의 일원으로 주체적·적극적으로 기여할 필요가 있는 사태	외국군에 대한 협력 지원
극동유사사태 (미일안보조약 제6조 사태)	극동에서 국제 평화와 안전 유지에 기여하기 위해 미군이 일본의 시설·구역을 사용하는 것을 허용하는 사태	미군이 일본의 기지로부터 직접전투작전행동을 나설 때 사전협의를 실시함
중요영향사태 (옛 주변사태)	이대로 방치하면 일본에 대한 직접적 무력공격에 이르게 될 위험이 있는 등 일본의 평화와 안전에 중요한 영향을 끼치는 사태	미군 등에 대해 후방 지원
존립위기사태	일본과 밀접한 관계에 있는 타국에 대한 무력공격이 이뤄져 이로 인해 일본의 존립이 위협받고 국민의 생명, 자유 및 행복 추구의 권리가 뿌리째 뒤집힐 명백한 위험이 있는 사태	집단적 자위권의 발동에 따른 무력행사
무력공격사태 (미일안보조약 제5조 사태)	일본에 대한 무력공격이 발생한 사태	개별적 자위권의 발동에 따른 무력행사

[표 3-1] 각종 사태

이번 장에선 일본과 직접 연관되는 사태를 다루기 때문에 국제평화공동대처사태에 대해선 상세히 다루지 않겠다. 짧게 개요만 설명하자면, 이 개념은 2001년 9·11 사건 이후 [미국이 주도하는] '테러와의 전쟁' 수행을 돕기 위해, 즉 '미일동맹을 글로벌화' 해야 할 필요가 있어 만들어진 것이다. 즉, 국제평화공동대처사태란 "국제사회의 평화 및 안전을 위협하는 사태"가 발생해 국제사회가 그 위협을 제거하기 위해 유엔 헌장의 목적에 따라 공동 대처하거나 일본이 국제사회의 일원으로 주체적·적극적으로 기여할 필요가 있는 경우를 이른다.

일본은 2001년 10월 7일 시작된 아프가니스탄전쟁과 2003년 3월 이라크전쟁 때 대테러특별조치법(2001년 10월 29일 제정)과 이라크특별조치법(2003년 7월 26일 제정)이라는 한시 특별법을 각각 제정해 협력 지원 활동을 했다. 전자는 아프간전쟁에 참여하는 미군 등 동지국 연합군[Coalition of the willing]에게 보급지원을 하기 위한 법률이었고, 후자는 전쟁이 끝난 뒤 자위대가 이라크에서 인도부흥 지원, 안전확보[치안유지] 지원 등을 하기 위한 법률이었다. 앞으로 국제평화 지원을 해야 할 때엔 이런 특별법에 의존하는 대신, 언제든 적용할 수 있는 일반법을 활용할 수 있도록 2015년 9월 평화안전법제를 정비할 때 이 개념을 새로 만들었다.

일본과 직접 관련된 사태로는 먼저 극동유사사태를 꼽을 수 있다. 제1장에서 본 것처럼 극동유사사태가 발생하면, 미군은 미일안전보장조약의 극동 조항에 근거해 일본의 기지를 사용할 수 있다.

이것이 단순한 극동유사사태라면 미군이 기지를 사용하도록 허락하는 것으로 모든 문제가 마무리된다. 그러나 사태를 그대로 방치할 경우 일본에 대한 직접적 무력공격이 이뤄질 우려가 생겨나는 등 "우리 나라의 평화 및 안정에 중요한 영향을 끼칠 사태"로 발전할 수 있다. 또 [지리적으로] 극동에서 발생한 사태가 아니더라도 일본에 중요한 영향을 끼치는 사태가 있을 수도 있다. 일본 정부는 이 경우 해당 사태를 '중요영향사태'라고 인정할 수 있다. 자위대는 [이에 근거해] 미군 등에 대한 후방지원을 할 수 있게 된다. 중요영향사태는 평화안전법제정비를 할 때 이런 상황에 좀 더 실효적으로 대처할 수 있도록 기존에 있던 '주변사태'라는 개

넘을 새롭게 발전시킨 것이다.

이어 '존립위기사태'가 인정되는 경우를 생각할 수 있다. 존립위기사태는 "우리 나라와 밀접한 관계에 있는 타국에 대한 무력공격"이 발생해 그로 인해 "우리 나라의 존립이 위협받고 국민의 생명, 자유 및 행복 추구의 권리가 뿌리부터 뒤집히는 명백한 위험이 있는 사태"를 이른다.

그리고 존립위기사태가 인정될 경우에 한해 개별적 자위권뿐 아니라 집단적 자위권을 행사하는 게 허용된다. 미국을 상대로 이뤄진 무력공격이 존립위기로 인정되는 사태가 발생하면, 일본이 아직 무력공격을 당하지 않았다고 해도 자위대는 미국을 지키기 위해 자위대법과 사태대처법에 근거해 방위 출동*에 나설 수 있다. 이는 2015년 평화안전법제 제·개정을 통해 새롭게 행사할 수 있게 된 것이다.

마지막으로 외국이 일본을 향해 탄도미사일을 발사하는 경우 등을 이르는 '무력공격사태'가 있다. 이때엔 존립위기사태와 마찬가지로 자위대에게 방위 출동 명령이 내려져 무력행사를 할 수 있다. 앞서 언급한 내용이지만, 미일안전보장조약 제5조는 일본의 행정권 영역 중 미일 어느 한쪽을 대상으로 공격이 이뤄질 경우 양국이 "공통의 위험에 대처하기 위해 행동한다"고 선언하고 있다. 그에 따라 무력공격사태는 미일 안전보장조약상의 '5조 사태'

---

* 일본을 상대로 외부의 무력공격이 발생하거나 그럴 명확한 위험이 있는 것으로 인정될 때, 혹은 일본과 밀접한 관계에 있는 타국에 대한 무력공격이 발생해 국가의 존립이 위협받고 국민의 생명, 자유 및 행복추구권이 뿌리부터 뒤집힐 명백한 위험이 있는 사태에 대해 내각총리대신은 자위대법 제76조에 근거해 자위대에 '방위 출동' 명령을 내릴 수 있다. 이 경우 자위대는 무력을 사용해 해당 위협을 제거하게 된다.

　　　　　　　　　　　　　　　　　　　　미일동맹이라는 거울

가 된다.

이런 각종 사태에 어떻게 대처할지를 정한 제도적 틀이나 사고방식은 '제3자적 시점', 즉 적대적 상대국이나 동맹국이 어떻게 생각할 것인가라는 관점보다 일국평화주의나 필요최소한론에 기초한 '일본적 시점'의 영향을 받기 쉽다. 하지만 일본적 시점에 기반해 사태 대처에 나설 때 발생하는 문제는 없을까?

이런 맥락에서 2022년 개정된 안보 3문서가 '상대'의 존재를 강하게 의식하며 작성됐다는 점은 인상적이다. 이때 만들어진 국가방위전략 문서를 보면, 일본의 방위력을 근본적으로 강화하는 목적으로 "우리 나라의 의사와 능력을 상대가 분명히 인식하게 해 우리를 과소평가하지 않고 상대가 자신의 능력을 과대평가하지 않도록 한다. 이를 통해 우리 나라에 대한 침략을 억지한다"는 점을 꼽고 있다. 우리의 생각과 행동이 상대방의 의사와 인식에 영향을 끼치도록 하는 게 중요하다는 점을 재삼 강조하고 있는 것이다.

이후에선 극동유사사태, 중요영향사태. 존립위기사태, 무력공격사태에 대처하기 위한 제도적 틀을 쭉 훑어보도록 한다. 이 과정에서 '제3자적 시점'을 적용할 때 문제로 지적할 수 있는 것늘을 드러내 보겠다.

극동유사사태에 대한 대처

극동유사사태와 사전협의

제1장에서 본 것처럼 미일안전보장조약은 제6조를 통해 미군이 일본 방위를 위해서만이 아니라 "극동의 국제평화 및 안전 유지에 기여"하기 위해 일본 내 기지를 사용할 수 있게 하고 있다(극동 조항). 1960년 2월 일본 정부의 통일 견해에 따르면, 여기서 말하는 극동이란 "대체로 필리핀 이북 및 일본 및 그 주변 지역"으로 "한국 및 중화민국의 지배 아래 있는 지역(대만)도 이에 포함"된다.

여기서 말하는 '극동'에 포함되는 한국이 북한의 공격을 받아 한반도에서 미군까지 개입하는 대규모 군사 충돌이 발생한다고 해 보자. 주일미군이 미사와나 가데나 같은 일본 내 기지에서 북한에 항공 공격을 가하는 상황 등을 예상할 수 있다.

극동 조항은 미일안전보장조약을 선뜻 받아들이고 싶지 않아 하는 일본인들의 마음에 남은 응어리*わだかまり*와 같은 존재라고 할 수 있다. 가령, 제1장에서 언급한 스나가와 사건에 대한 1959년 3월 '다테 판결'은 주일미군의 주둔을 헌법 위반이라고 판단했다. 그

런 결정을 내린 이유의 하나로 꼽은 것이 미일안전보장조약의 극동 조항에 따라 일본이 "자국과 직접 관계가 없는 무력분쟁의 소용돌이 속으로 말려들" 위험이 있다는 것이었다. 주일미군이 일본 유사사태 때 활용되는 것은 어쩔 수 없는 일이겠지만, 극동유사사태 때 활용되는 것은 곤란하다는 사고방식이다.

이런 사정으로 인해 1960년 안전보장조약을 개정할 때 미일이 만든 규칙이 사전협의제도였다. 이때 이미 상정해 뒀던 상황 중 하나가 극동유사사태 때 미군이 일본의 기지를 통해 직접전투작전행동에 나설 경우 일본 정부와 사전협의해야 한다는 것이었다. 이를 사전협의 대상으로 정해 둔 것은 극동 조항을 통해 허용되는 주일미군의 행동에 제약을 가하기 위해서였다. '극동 조항이 있다고 미군이 일본 내 기지를 원하는 대로 마음껏 쓰도록 허용한다는 것은 있을 수 없는 일이다. 그렇기 때문에 사전협의를 통해 [일본이] 일정한 발언권을 가지고 원치 않는 미국의 전쟁에 말려들지 않게 해 두겠다'는 취지였다.

분명 일본과 일본 밖 사이에 선을 긋고, 일본 밖의 분쟁에 말려들지 않게 하는 것을 중시하는 일국평화주의 관점에 서면, 극동유사사태 때 주일미군의 직접전투작전행동에 제약을 가하려는 절차를 만드는 것에 큰 의미를 둘 수 있다. 또 사전협의 결과 주일미군이 어떤 특정한 극동유사사태에 대응하기 위한 직접전투작전행동에 나서는 것을 허락한다 해도 일본은 미국의 행동을 묵인한 것일 뿐 자기가 직접 참전하는 것은 아니라고 주장할 수 있다. '그 덕에 일본은 이 분쟁에 말려들지 않고 사태를 피할 수 있다. 이것으로 일단 안심할 수 있다.'[고 생각할 수 있게 되는 것이다.]

극동 조항과 '무력행사와 일체화'론

그러나 실제 주일미군이 [일본 내 기지를 활용해] 직접전투작전행동에 나섰다고 해 보자. 일본은 미군의 행동을 묵인한 것일 뿐 직접 참전한 것이 아니기 때문에 전쟁에 말려들지 않은 채 한 발짝 떨어져 있을 수 있을까? 정말 그게 가능할까?

이 점에 대해 '안전보장의 법적 기반의 재구축에 관한 간담회(이하 안보법제 간담회)'가 매우 중요한 지적을 하고 있다. 안보법제 간담회는 아베 신조 총리의 사적 자문기관으로 집단적 자위권 행사와 [평화]헌법의 관계를 어떻게 정리할지 연구하기 위해 2014년 4월 17일 설치됐다. 야나이 슌지柳井俊二 전 주미대사가 좌장을 맡고 이와마 요코岩間陽子, 기타오카 신이치北岡伸一, 사카모토 가즈야坂元一哉, 사세 마사모리佐瀬昌盛, 다나카 아키히코田中明彦, 다카니시 히로시中西寬, 니시 오사무西修, 호소야 유이치細谷雄一, 무라세 신야村瀬信也 등의 연구자, 가사이 요시유키葛西敬之 등 재계 인사, 오카자키 히사히코岡崎久彦, 사토 겐佐藤謙, 니시모토 데쓰야西元徹也 등 전직 관료들이 참여했다.*

제2차 아베 정권이 발족한 뒤 재개된 이 간담회는 2014년 5월

---

* 간담회 참가자들의 직함은 다음과 같다. 야나이 슌지(좌장) 국제해양법재판소소장(전 대사), 이와마 요코 정책연구대학원대학 교수(국제정치학), 기타오카 신이치(좌장대리) 도쿄대학 명예교수(정치학), 사카모토 가즈야 오사카대학 교수(국제정치학), 사세 마사모리 방위대학교 명예교수(국제정치학), 다나카 아키히코 도쿄대학 동양문화연구소 위촉교수, 다카니시 히로시 교토대학 교수(국제정치학), 니시 오사무 국가기본문제연구소 이사(헌법학), 호소야 유이치 게이오대 교수(국제정치학), 무라세 신야 조치대학 교수(국제법), 가사이 요시유키 도카이여객철도 회장, 오카자키 히사히코 군사평론가·정치평론가(전 대사), 사토 겐 세계평화연구소 부대표(전 재무관료), 니시모토 데쓰야 군사평론가(전 자위관).

미일동맹이라는 거울

15일에 보고서를 완성했다. 이 보고서의 핵심은 [이제까지 일본 정부의 견해와 달리] 헌법 제9조가 집단적 자위권 행사를 금지하는 게 아니라고 해석해야 한다고 제언한 것이었다. 집단적 자위권을 행사하는 것은 헌법 위반이라는 위헌론을 비판한 것이다.

안보법제 간담회가 이와 함께 비판의 날을 세운 것은 '무력행사와 일체화'론이었다. 제2장에서 다뤘지만, '무력행사와 일체화'론은 자위대가 해외에서 국제평화 협력 등의 임무를 수행할 때 이 움직임이 같이 활동 중인 타국 군대와 밀접히 연관돼 그 부대의 무력행사와 사실상 '일체화'되는 것은 헌법 제9조에 따라 허용되지 않는다는 [헌법] 해석을 말한다.

헌법 제9조 제2항은 "육해공군 및 그 밖의 전력을 보유하지 않는다"라는 내용을 담고 있다. 이런 규정이 있는데도 일본이 육해공 자위대라는 실력 조직을 보유할 수 있는 것은 "자위를 위한 필요최소한의 실력"은 이 조항에 의해 보유가 금지된 '전력'에는 해당되지 않는다고 헌법을 해석해 왔기 때문이다.

하토야마 이치로鳩山一郎 정권은 1954년 12월 22일 국회에서 다음과 같은 정부 통일 견해를 밝혔다. "헌법은 자위권을 부정하지 않는다. 자위권은 국가가 독립국인 이상 그 국가가 당연히 보유하는 권리이다. [일본은] 헌법을 통해 전쟁을 포기했지만, 자위를 위한 항쟁까지 포기한 것은 아니다. 헌법 9조는 독립국인 우리나라가 자위권을 갖는 것을 인정하고 있다." 그에 따라 "자위대와 같이 자위를 위한 임무를 갖고 있으며 또 이 목적 달성을 위해 필요한 상당한 범위의 실력 부대를 만드는 것은 절대 헌법을 위반하는 것이 아니다." 이러한 헌법 해석을 필요최소한론이라고 한다.

이후 일본 정부는 헌법과 자위대의 관계에 대해 이런 사고방식을 일관되게 유지해 왔다.

[이를 다시 설명하면 다음과 같다.] 자위대는 '전력'이 아닌 '자위를 위한 최소한의 실력'이기 때문에 합헌이다. 그런데 이런 설명이 성립하려면 "이보다 안쪽은 필요최소한"이라고 할 수 있는 선을 늘 긋고 있어야 한다. 그렇지 않으면, 자위대와 헌법 9조가 보유를 금지하는 '전력'을 구별할 수 없게 된다.

'무력행사와 일체화'론도 이 필요최소한론에 근거해 설명할 수 있다. 국제평화 협력 등에서 무력을 행사하는 것은 "자위를 위한 필요최소한"을 넘는 것이고, 그렇기 때문에 허용되지 않는다고 말할 수 있다. [자위대의 활동을 정당화하려면] 무력을 행사하고 있는 외국군의 활동과 분명한 선을 그어야 하는 것이다.

안보법제 간담회의 보고서가 주장한 것은 이런 헌법 해석은 옳지 않다는 것이었다. 이런 주장을 뒷받침하기 위해 간담회는 '무력행사와 일체화'론과 미일안전보장조약 간의 관계를 근거로 제시했다.

안보법제 간담회 보고서의 주장은 이렇다.[2] '무력행사와 일체화'론을 미일안보조약과의 관계에서 논리적으로 극한까지 밀어붙여 생각해 보면, 이상한 결론에 이르고 만다. 즉, 극동유사사태가 발생해 주일미군이 직접전투작전행동에 나설 경우 일본은 기지를 제공하고, 나아가 실제 기지의 사용을 허가한다. 이 행위는 미국의 무력행사와 '일체화'된다고 말할 수 있는 것이다. 결국 [무력행사와 일체화론을 받아들이면] 미일안전보장조약 그 자체가 헌법 위반이 된다는 불합리한 결론에 이르게 될 수 있다.

여기서 안보법제 간담회의 비판은 [미일안전보장조약의 모순을 본격적으로 지적하는 데까지 나아가지 않고] '무력행사와 일체화'론만을 겨냥하고 있다. 하지만, "극동유사사태 때 주일미군이 직접전투작전행동을 취하는 것"과 "일본이 이를 위해 기지를 제공하고 또 기지의 사용을 허가하는 것"은 '일체'화되는 게 아니냐는 지적은 상식적으로 생각해 볼 때 납득이 가는 주장이라고 할 수 있다.

일본이 미군에게 편의 제공을 한다는 것의 의미

안보법제 간담회의 지적이 타당하다는 것은 '제3자적 시점'을 통해 보면, 한층 더 명확해진다.

일본이 미국의 기지 사용을 허용하고 있지만 [무력행사에 동참한 게 아니라] 이를 묵인하고 있을 뿐이라는 것은 자기 편의적인 생각에 불과하다. 일본은 현재 벌어진 극동유사사태와 관련해 실제로는 미군이 직접전투작전행동에 나설 수 있도록 편의 제공을 하고 있는 것이다. 일본이 무슨 변명을 하더라도 미군의 공격을 받는 상대, 앞선 예에서 보자면 북한은 이 유사사태와 관련해 일본을 미국 쪽에 가담한 어엿한 참전국이라고 간주할 가능성이 높다.

좀 더 정확히 말하면 이렇다. 일본은 사전협의제도를 통해 주일미군의 직접전투작전행동에 거부의 뜻을 밝힐 수 있다고 밝혀 왔다. 그러나 이에 대해 규정한 1960년 1월 '기시-허터 교환공문'을 보면, 극동유사사태가 발생할 때 주일미군이 취하는 직접전투작전행동 등을 '사전협의의 대상으로 한다'는 내용이 담겨 있을 뿐이다. 일본의 거부권이 제도의 틀 안에서 명확히 보장되고 있는 것은 아니다. 아이젠하워 대통령은 1960년 1월 19일 '기시-아이젠하워 공동성명'에서 기시 총리에게 "미국 정부는 일본국 정부의 뜻에 반해 행동할 의도가 없다는 것을 보장한다"는 뜻을 밝히는 데 그쳤다.

애초 극동유사사태 가운데 한반도 유사사태에 한정해 말하면, 주일미군에 의한 직접전투작전행동을 사전협의 대상에서 뺀다는 밀약(1960년 1월 '한국의사록')이 존재한다. 또 일본은 1969년 11월 '사토-닉슨 공동성명'과 사토 에이사쿠 총리의 내셔널 프레스 클럽 연설을 통해 한반도 유사사태가 발생하면 [미국이 요청하는] 사전협의에 대해 제한 없이 승낙하겠다는 입장을 이미 공식화한 바 있다. 1장에서 이미 살펴본 대로다.

한 발 더 나아가 말하면, 미국과 적대하는 국가는 극동유사사태가 발생할 경우 미일이 사전협의에서 어떤 결과를 내놓든, 즉 일본이 '사용 불허'를 결정한다 해도 주일미군이 [일본 내 기지를 활용한] 직접전투작전행동에 나설 수 있다고 판단할 것이다. 수십 년 전에 아이젠하워 대통령이 기시 총리에게 말한 "일본의 의사에 반해 행동할 의도가 없다"는 약속은 당연히 미국의 적대국의 인식을 바꿀 만한 요인이 되지 못한다.

또 미국의 적대국은 "일본이 주일미군의 적접전투작전행동을 승인한다면, 참전과 다름없는 행동이기 때문에 공격 대상으로 삼겠지만 이는 사전협의 결과가 공표될 때까지 알 수 없다. 그때까지 일본에 대한 공격을 삼가겠다"고 생각해 줄 정도로 좋은 태도를 갖고 있지 않을 가능성이 높다.

극동유사사태 때 이뤄지는 미국의 군사행동에 대해 일본이 사전협의제도를 통해 선을 긋는 게 가능하다는 '일본적 시점'과, 미국의 군사행동과 그에 대한 일본의 편의 제공은 일체화되는 것이라고 보는 '제3자적 시점'. 이 사이에 극동유사사태에 대한 대처 문제를 바라보는 인식의 간격이 존재한다.

중요영향사태에 대한 대처

가이드라인을 위한 국내법

일본은 극동유사사태 때 미군의 기지 사용을 허용하고 있다. 여기서 한 발 더 나아가 '중요영향사태'가 발생하면 자위대가 미국 등에 대해 후방지원에 나설 수 있다. 중요영향사태가 무엇인지 다시 설명하면 "이대로 방치하면 우리 나라에 대한 직접 무력공격에 이를 우려가 있는 사태 등 우리 나라의 평화 및 안전에 중요한 영향을 끼칠 수 있는 사태"를 이른다.

예를 들어 대만 침공을 결의한 중국이 해군 함선을 서태평양 쪽에 집결시켜 대만섬을 해상봉쇄했다고 하자. 미국은 경계 감시 등 시위 행동을 통해 중국군을 철퇴시키겠다는 목적 아래 대만 주변에 항공모함 함대를 파견할 수 있다.[3] 이 사태는 일본 유사사태라고 할 수는 없지만, 방치하게 되면 그렇게 발전할 수 있다. 이것이 중요영향사태를 생각할 때 떠올릴 수 있는 가장 대표적 사례다. 어떤 사태가 중요영향사태로 인정되면, 일본은 미국의 요청에 따라 해상자위대의 보급선을 서태평양의 공해상에 파견해 미 이

지스함에 대한 해상보급을 실시할 수 있다.

미일이 안전보장조약에 서명하고 이를 개정할 때 분명히 정했던 것은 일본이 미군에게 기지를 빌려준다는 사실이었다. 하지만 두 나라가 "공통의 위험에 대처하는 행동"을 취하기 위해 자위대와 미군이 어떻게 소통하고 협력해야 하는지에 대한 공식적이고 구체적인 부대운용지침은 만들지 않았다. 이 공백을 메우는 지침으로 1970년대에 겨우 만들어진 것이 제2장에서 살펴본 가이드라인이다.

냉전 때인 1978년 만들어진 최초의 가이드라인은 일본 유사사태만을 대상으로 삼았다. 냉전 종결 이후 미일 두 나라는 1996년 [미일동맹의 협력 범위를 확대하는] '미일 안보 재정의'에 합의하고, 1997년 가이드라인을 개정했다. 그에 따라 [협력해야 하는] 대상 범위가 일본 유사사태에서 주변사태까지로 확대됐다.

주변사태라는 것은 "일본 주변 지역에서 발생한 사태로 일본의 평화와 안전에 중요한 영향을 끼치는 경우"를 이른다. [2015년에 만들어진] 중요영향사태의 전신에 해당하는 개념이라 할 수 있다. 그리고 1997년 가이드라인을 시행하기 위해 만든 국내법이 1999년 5월 제정된 주변사태안전확보법이다. 가령 한반도 유사사태가 발생하고 이것이 이 법에 근거한 주변사태에 해당된다고 인정될 경우에 자위대는 일본 주변의 공해 및 그 상공에서 미군에게 수송 등의 후방지원을 할 수 있게 된다(좀 복잡한 얘기지만, 주변사태의 경우엔 물품·역무의 제공은 [공해상에선 안 되고] 일본 역내에서만 가능하다).

주변사태법은 2015년 평화안전법제 정비가 이뤄질 때 중요영향사태안전확보법으로 개정됐다.

극동유사사태와 주변사태의 차이점

그렇다면 주변사태와 중요영향사태는 뭐가 다를까? 이 차이점을 설명하기 전에 먼저 극동유사사태와 주변사태의 차이에 대해 언급해 둔다.

한마디로 하면 극동유사사태는 그 이름대로 '극동'이라는 지역을 대상으로 하는 개념이다. 이에 견줘, 주변사태는 지리적 개념이 아니라 '사태의 성질'에 관계된 개념이라고 할 수 있다. '극동'[이라는 지역]에서 발생한 사태인지보다 일본의 평화와 안전에 중요한 영향을 끼치는 사태인지가 중요한 판단 기준이 된다. 따라서 '극동' 이외의 지역에서 발생한 사태라 해도 일본의 평화와 안전에 중요한 영향을 끼친다면, 자위대가 미군을 후방지원할 수 있다. 즉, 극동유사사태라고 할 때보다 주변사태라고 할 때 일본이 미국에 협력하는 폭이 넓어지게 된다.

그렇게 보면 '주변'이라는 개념은 자위대가 지구 반대편까지 가는 것은 아니라는 정도의 의미에 불과하다고 할 수 있다. 이를 보여 주는 미묘한 사례라고 할 만한 것이 '테러와의 전쟁' 때 일본 정부가 보인 모습이다. 당시 일본은 2001년 시작된 아프간전쟁을 수행하던 미군 등으로 구성된 동지국 연합에게 보급지원을 해 주기 위해 대테러특별조치법을 제정했다. 이후 이 법에 따라 해상자위대 보급함을 인도양에 파견했다. 이때 일본 정부 안에선 자위대 파견을 위해 일부러 새 법을 만들 필요 없이 주변사태법을 적용하면 되는 것 아니냐는 의견이 있었다.[4] [그렇게 하지 않은 것은] 지리적 의미를 생각할 때 [인도양에까지 주변사태법을 적용하는]

판단을 내리기엔 좀 어색한 부분이 있었기 때문일 것으로 추정해 볼 수 있다.

또 '주변'이라는 용어가 쓰이게 된 데는 중국에 대한 배려도 있었을 것이다. '극동'이라고 하면 1960년 일본 정부의 통일 견해에 따라 대만이 포함되지만, '주변'이라고 해 두면 이 점이 애매해진다. 그렇게 되면 중국과 긴장을 일으킬 가능성이 낮아질 것이라고 기대할 수 있다.

하지만 주변사태 개념을 둘러싸고 일본 정부 내에서 논쟁이 벌어진다. 다나카 히토시田中均 외무성 북미국 심의관 등은 '주변' 개념을 도입하는 데 적극적이었지만, 조약과장·조약국장을 역임한 다케우치 유키오竹内行夫 북미국장 등은 미일안전보장조약상의 극동 개념을 중시하며 신중한 입장을 보였다.5* 방위청 쪽 담당자였던 사토 겐佐藤謙 방위국장은 전자[다나카 심의관 쪽]에 가까운 입장이었다.6 이런 논쟁이 이어지는 가운데 오부치 게이조小渕恵三 총리는 1999년 4월 28일 국회에서 주변사태가 발생하는 지역에는 자연히 한계가 있다면서 "가령 중동이나 인도양에서 발생하는 일들은 현실적으로 생각할 때 [이 법의 적용 대상이라고] 생각하지 않는다"라고 답변했다. 주변사태는 사태의 성질에 관계된 개념이라고 하면서도, 지리적 제약이 있는지에 대해선 애매한 점이 남아 있었던 셈이다.

덧붙여 이보다 약 40년 전인 [1960년대] 미일안전보장조약을

---

* 주변이라는 개념을 중시하면 일본이 미국을 도울 수 있는 지역이 확대되지만, 극동이라는 개념을 앞세우면 범위가 명확히 한정된다. 다나카 심의관은 미일동맹의 역할을 늘리는 데 적극적이었지만, 조약국장을 역임한 다케우치 국장은 다소 신중했다는 의미가 된다.

개정할 때도 외무성 내에서는 미국국(현 북미국)과 조약국(현 국제법국) 사이에 "정치적 입장 차이"가 있었던 것으로 전해진다(후지사키 마사토藤崎萬里 조약국 참사관의 증언).[7] 미국국은 "미군이 활동하기 쉽도록" 하자는 입장이었지만, 조약국은 "(미국) 주둔의 권한을 제약해 (미국의) 자유를 제한하자는 쪽"이었다고 한다.

나아가 저널리스트 스노하라 쓰요시春原剛에 따르면, 제2장에서 살펴본 2002년부터 2006년까지 이뤄진 방위정책재검토협의DPRI 과정에서도 일본 정부 내에서 '토털 패키지'파와 '스몰 패키지'파 사이에 논쟁이 벌어졌다.[8] 전자는 미일동맹을 재정의하는 것도 고려해야 한다고 주장하는 등 동맹 강화에 적극적인 이들이었다. 가토 료조加藤良三 주미대사나 모리야 다케마사守屋武昌 방위성 사무차관이 이런 입장을 취했다. 후자는 이 시기 외무성 사무차관이었던 다케우치 등의 입장이었다. 이들은 주일미군의 재편은 미일안전보장조약을 효과적으로 운용하는 범위 내에 묶어 두고, 글로벌 차원의 미일 협력은 안보조약의 틀 밖에서 다뤄야 한다는 '두 개의 기둥'이란 개념 위에 서 있었다. 구체적으로는 미 육군 제1군단 사령부를 캠프 자마에 이전하는 것은 안전보장조약의 극동 조항에서 일탈하는 것이라며 반대했다. 이 사령부가 관할하는 구역이 극동에 한정되지 않았기 때문이었다.

이렇게 '극동' 개념에 머무르지 않는 협력을 지향하는 외무성의 옛 미국국과 '극동' 개념을 [미일 협력의] 상한선으로 삼으려는 옛 조약국 간의 논쟁이 어떤 의미에선 전후 하나의 패턴처럼 되풀이되어 왔다고 할 수 있다.

주변사태에서 중요영향사태로

어쨌든 주변사태라는 개념은 2015년 법 개정을 통해 중요영향사태로 바뀌었다. 이로 인해 먼저 "우리 나라의 평화 및 안전에 중요한 영향을 끼치는 사태"에 지리적 제약이 없다는 사실이 명확해졌다. 그 밖의 새로운 변화로는 자위대가 미군이 아닌 다른 나라 군대도 지원할 수 있고, 일본 밖에서도 [지원] 활동을 할 수 있게 됐다는 점 등을 꼽을 수 있다. 또 지금까지 할 수 없었던 활동, 예를 들어 탄약의 공급(단 무기의 제공은 계속해 불가)이나 전투작전행동을 위해 발진 준비 중인 타국군 항공기에 대한 급유·정비 등도 가능해졌다.

생각해 보면, 이전의 대테러특별조치법 때도 이미 미군 이외의 군대에 대한 지원, 일본 국외에서의 활동 등 주변사태법 이상의 협력을 시행할 수 있었다. 그렇게 보면, 중요영향사태에 대처한다는 것은 일본의 평화와 안전에 중요한 영향을 끼치는 사태가 발생했을 때 가능한 협력 수준을 대테러특별조치법 수준으로 끌어올린 것에 지나지 않는다고 할 수 있다.

또 다소 지엽적인 얘기이지만 [중요영향사태에 대해 지리적 제약을 없애지 않으면 2015년] 평화안전법제 제정에 의해 만들어진 존립위기사태와 균형이 잡히지 않는다는 문제도 있었다. 존립위기사태가 발생했을 때 행사할 수 있게 된 집단적 자위권 사례 중 하나가 중동[의 원유 수송로인] 호르무즈 해협이 봉쇄될 경우 기뢰 소해에 나설 수 있다는 것이다. 기뢰 소해는 무력공격에 해당한다. 만약 중요영향사태가 발생할 때 자위대가 활동할 수 있는 범위를 일본 밖으로 넓히지 않았다면, 호르무즈 해협에서 '무력공격'은 가능한 데 반해 미군에 대한 '후방지원'은 할 수 없다는 불균형이 발생할 수 있었다.[9]

또 예전 주변사태법 때 미군에 대한 탄약의 공급이나 전투작전행동을 위해 발진 준비 중인 미군기에 대한 급유·정비 등을 시행하지 않는다고 했던 것은 [이를 요구하는] 수요가 없었기 때문이지, '무력행사와 일체화'론 때문은 아니었다고 한다(2015년 6월 10일 요코바타케 유스케橫畑裕介 정부 특별보좌관 답변).

즉, 중요영향사태에 대한 대처는 기존 주변사태에 대한 대응을 좀 더 실효화한 것일 뿐이라고 결론 낼 수 있다.

전투 현장이 아닌 장소

한편, 중요영향사태법에선 자위대가 활동할 수 있는 지역을 "(타국 사이에) 현재 전투행위가 일어나지 않는 현장"이 아닌 곳(장소)으로 한정하고 있다. 앞서 예를 든 대로 해상자위대의 보급선이 대만에 대한 해상봉쇄를 해제하는 작전을 벌이고 있는 미 이지스함에게 해상보급활동을 한다고 생각해 보자. 만약, 이때 미국과 중국 사이에 전투행위가 벌어지고 있다면 [자위대의 해상보급활동은] 양국이 "현재 전투행위가 일어나는 현장"이 아닌 다른 곳에서 실시해야 한다.

이는 필요최소한론이나 '무력행사와 일체화'론에 따른 선 긋기라고 할 수 있다. 중요영향사태는 일본 자신에 대한 무력공격이나 일본과 밀접한 관계에 있는 국가에 대한 존립위기사태에 해당하는 무력공격이 발생하진 않은 상황이다. 그렇기 때문에 필요최소한론에 따라 자위대는 무력을 행사할 수 없다. 동시에 자위대의 후방지원은 그 자체로 무력행사를 수반하는 활동이 아니고, 미군 등 타국군에 의한 무력행사와 '일체화'되어서도 안 된다. "타국이 현재 전투행동을 행하고 있는 현장"인지 여부에 따라 '선 긋기'를 해 자위대에 의한 후방지원이 [다른 나라의] 무력행사와 '일체화' 되지 않도록 담보하고 있는 것이다.

예전엔 타국의 무력행사와 일체화를 피하기 위해 "현재 전투 행위가 이뤄지지 않고 또 이곳에서 실시될 [후방지원] 활동 기간 동안 전투행위가 이뤄지지 않을 것이라고 인정되는" 지역 즉, '비전투지역'이라 불리는 개념을 만들어 이를 적용해 왔다. 주변사태법, 대테러특별조치법, 이라크특별조치법에서도 자위대가 활동하는 범위를 '비전투지역'으로 한정해 왔다.

중요영향사태법에선 '비전투지역'이라는 개념을 '타국이 현재 전투행위를 행하고 있는 지역이 아닌 장소'로 바꾸었다. '현재 전투행위가 이뤄지지 않고 또 이곳에서 실시될 [후방지원] 활동 기간 동안 전투행위가 이뤄지지 않을 것이라고 인정되는 지역'이라는 개념을 그대로 쓰는 것보다 이렇게 하는 게 자위대의 활동 가능 지역을 넓힐 수 있기 때문이었다. 하지만, 중요영향사태법 아래서도 자위대의 활동이 미국이 행하는 무력행사와는 '일체화'되어선 안 된다는 선 긋기가 이뤄지고 있다는 사실 자체는 변하지 않았다.

여기서 "타국이 현재 전투행위를 행하고 있는 지역이 아닌 장소"라는 제약은 필요최소한론이나 '무력행사와 일체화'론이라는 헌법 해석상의 요청에 근거한 것이다. 그와 동시에 이런 선 긋기는 일국평화주의와도 친화성이 높다고 할 수 있다. 일국평화주의는 일본이 일본 이외의 외국 사이에 발생하는 분쟁에 말려드는 것을 싫어한다.

결국 중요영향사태 때 자위대의 활동이 미군 등에 의한 무력행사와 '일체화'되지 않는다고 강조하는 심리의 이면에는, 자위대가 후방지원 활동에만 참여하기 때문에 상대방이 [우리를] 공격 대상으로 삼진 않을 것이라는 기대가 섞여 있다고 할 수 있다. 하지만 '제3자적 시점'에 서서 본다면, 여기서도 앞서 다룬 극동유사사태와 똑같은 문제가 발생하게 됨을 알 수 있다.

'일본적 시점'에서 극동유사사태에 대한 대응을 파악하면, 사전협의제도를 통해 얼마든지 미군의 무력행사와 선을 그을 수 있다. 하지만 '제3자적 시점'에 서면, 미군의 무력행사와 여기에 편의를 제공하는 일본의 행동은 일체화된 것으로 보일 수밖에 없다고 앞서 밝혔다.

중요영향사태에 대해서도 마찬가지다. 일본은 자위대가 "현재 전투행위를 행하고 있는 지역이 아닌 장소"에서 미군을 후방지원하고 있는 것일 뿐이기 때문에 이 활동은 미군의 무력행사와 '일체화'되지 않는 것이고, 따라서 자위대는 상대방의 공격 대상이 아니라고 주장할지 모른다. 이런 주장은 극동유사사태와 사전협의 사이의 관계처럼 국내에서만 통용되는 국내법적 논리이자, 자국의 의회·국민을 향해 내놓는 헌법 해석이나 사고방식에 불과하다. 즉, '일본적 시점'에 서서 우리 나라는 "말려들지 않는다"는 논리를 아무리 예리하게 만든다고 해도, '제3자적 시점'에 서서 보면

미일동맹이라는 거울

애초에 상대가 이를 받아들여야 할 이유가 전혀 없다고 할 수 있다.

중요영향사태에 관한 또 하나의 논점은 이 사태가 발생할 때 이뤄지는 선박검사활동이다. 평화안전법제를 구성하는 개정 선박검사활동법에 따르면, 중요영향사태가 발생할 경우 자위대가 선박의 화물과 목적지를 검사·확인한 뒤 필요에 따라 이 배의 항로나 목적지를 변경하도록 요청할 수 있다. 그러나 그렇게 하려면 유엔 안보리 결의(혹은 당해 선박의 소속국 동의)가 필요하다. 일본의 시각에서 보자면 유엔의 '허락'을 자위대가 선박검사활동에 나설 수 있는 정당성의 근거로 삼겠다는 취지일 것이다. 그러나 유엔 안보리 상임이사국(미국·영국·프랑스·중국·러시아)에 해당하는 국가가 중요영향사태를 적용하는 상대국이 될 경우 이런 '승인'을 얻는 것은 불가능하다고 할 수 있다.

3. 존립위기사태·무력공격사태에 대한 대처

존립위기사태와 무력공격사태

중요영향사태 때는 자위대가 무력 사용을 할 수 없다. 무력 사용이 가능한 경우는 두 가지뿐이다. 첫 번째는 "우리 나라와 밀접한 관계에 있는 타국에 대한 무력공격이 발생해 이로 인해 우리 나라의 존립이 위협당해 국민의 생명, 자유 및 행복 추구의 권리가 뿌리부터 뒤집어지는 명백한 위험이 있는 사태"(존립위기사태), 두 번째는 일본에 대한 [직접적인] 무력공격이 이뤄진 사태(무력공격사태)이다.[*]

존립위기사태로는 가령 한반도 유사사태 때 북한이 동해에 배치된 미 이지스함에 공격을 가하는 상황이나 대만 유사사태 때 중국이 대만 주변에 기뢰를 부설하는 경우 등을 꼽을 수 있다. 이런 사태가 "우리 나라의 존립이 위협당해 국민의 생명, 자유 및 행복 추구의 권리가 뿌리부터 뒤집어지는 명백한 위험이 있다"고 할 때

---

[*] 존립위기사태는 일본이 공격을 당한 게 아니기 때문에 집단적 자위권을 행사하게 된다. 무력 공격사태는 말 그대로 일본이 직접 공격을 당했기 때문에 개별적 자위권을 행사한다.

미일동맹이라는 거울

떠올려 볼 수 있는 이미지이다.

이런 경우 미국의 요청을 받아 정부가 [해당 상황을] 존립위기사태라고 인정하면, 자위대법에 따라 자위대에 방위 출동 명령이 내려지게 된다. 전자의 경우 해상자위대의 호위함이 미 함선을 공해상에서 방어하고, 만약 공격을 받게 된다면 반격에 나서게 된다. 후자의 경우엔 해상자위대의 소해 부대가 기뢰를 제거하는 작업에 나서게 될 것으로 예측해 볼 수 있다(대만 유사사태가 벌어졌을 때 [일본이] 행사하는 집단적 자위권과 관련된 논점은 4장에서 따로 검토한다).

존립위기사태가 발생하면 [일본이] 동맹국 등[사실상 미국]을 방어한다. 또 무력공격사태는 미일안전보장조약 '제5조 사태'를 의미한다. 두 경우 모두 자위대와 미군이 공동대처에 나서게 된다. 이런 일이 발생할 때 [어떻게 대응할 것인지] 정해 둔 것이 사태대처법이다. 사태대처법은 2003년 6월 6일 만들어졌는데 이때는 주로 무력공격사태를 대상으로 하는 법률이었다. 이후 [2015년 9월] 평화안전법제가 정비되는 데 맞춰 존립위기사태까지 포괄하는 쪽으로 개정됐다.

존립위기사태와 무력공격사태는 국제법상의 자위권 개념과 정합성을 유지할 수 있게 만들어졌다. 유엔 헌장 제51조에 명기돼 있는 것처럼 국제법상 자위권에는 두 종류가 있다. 하나는 자국을 대상으로 한 공격에 대한 자위권을 이르는 개별적 자위권, 다른 하나는 밀접한 관계에 있는 타국을 대상으로 한 공격에 대한 자위권, 즉 집단적 자위권이다.

존립위기사태가 인정되면 국제법에 근거해 집단적 자위권을 발동하게 되고, 그에 따라 자위대는 자위를 위한 무력행사를 할 수 있다. 무력공격사태가 인정될 경우에도 국제법에 따라 자위적 목적을 위한 개별적 자위권을 행사할 수 있게 돼 무력행사가 허용된다.

일본이 한정적*이지만 집단적 자위권을 행사할 수 있게 되면서 미일동맹이 [이전보다] 강화됐다. 지금까지는 제3국이 일본을 지키기 위해 열도 주변에서 활동하는 미군을 공격하더라도 자위대는 자신이 공격당하지 않는 한 반격할 수 없었다. 또 제3국이 미국을 겨냥해 탄도미사일을 쏘고 일본이 이에 대응할 능력을 갖고 있는데도 요격할 수 없다는 문제점을 안고 있었다.

그뿐 아니라 집단적 자위권의 행사가 허용됨에 따라 일본에 대한 무력공격이 이뤄지기 전이라도 존립위기사태에 해당된다면 자위대가 미군의 함선·항공기를 호위하거나 부설된 기뢰를 제거하고 수상한 선박에 대한 강제 진입 조사 등을 할 수 있게 됐다.

'버린 돌'이 된 집단적 자위권

일본은 오랫동안 집단적 자위권을 행사하는 것은 헌법 위반이기 때문에 이를 허용할 수 없다는 태도를 취해 왔다. 일본 정부가 명확히 이런 헌법 해석을 내린 것은 1981년 5월 29일 답변서(1981년 견해)를 통해서였다. 1981년 견해는 집단적 자위권을 "자국

---

* 일본이 사용하게 된 집단적 자위권은 매우 한정적인 것임을 이해해야 한다. 일본은 집단적 자위권을 행사한다 해도 무제한적으로 무력을 쓸 수 없다. 이 뒷부분에서 설명하고 있듯 ①미국 함선 방어 ②미국으로 날아가는 탄도미사일의 요격 ③부설된 기뢰의 소해 작업 ④수상한 선박에 대한 강제 조사 등 극히 한정된 활동만 할 수 있다. 즉, 한국이 베트남전쟁 때 미국을 도와 남베트남을 위해 싸운 것과 같은 무제한적인 집단적 자위권은 행사할 수 없다.

미일동맹이라는 거울

과 밀접한 관계에 있는 외국이 무력공격을 당할 경우 자국이 직접 공격을 당한 게 아닌데도 이를 실력으로 저지하는 권리"라고 정의했다. 이 전제 위에서 헌법 제9조를 통해 허용된 자위권의 행사는 "우리 나라를 방위하기 위한 필요최소한의 범위에 머물러야 한다(필요최소한론)"면서 집단적 자위권을 행사하는 것은 "이 범위를 넘어선 것이므로 헌법상 허용되지 않는다"라는 결론을 끌어냈다.

이런 논리가 나오게 된 연원淵源은 시모다 다케조下田武三 외무성 조약국장이 1954년 6월 3일 국회에서 내놓은 답변에서 찾아볼 수 있다. 시모다 국장은 집단적 자위권에 대해 "자기 나라가 공격을 당하지 않았는데도 다른 체약국(동맹조약의 상대국)이 공격을 당할 경우, 마치 자기 나라가 공격을 당한 것과 같이 간주해 자위의 이름으로 행동하는 것"이라고 정의했다. 이어 "일본 자신에 대한 직접 공격 혹은 긴박 공격의 위험이 없는 이상 자위권이란 이름은 발동할 수 없다"고 분명히 말했다.

이런 얘기를 들으면 집단적 자위권을 행사하는 것은 [무력 사용의] 필요최소한의 범위를 넘어선 것이라는 설명이 어쩐지 설득력 있는 것처럼 느껴진다. 그러나 이는 착각에 불과하다.

여기서 눈치채 줬으면 하는 것은 시모다 답변과 1981년 견해에서 집단적 자위권을 정의하면서 자국이 공격을 "당하지 않았는데도" 혹은 자국이 직접 공격을 당하지 "않았음에도" 실력으로 저지하는 권리라고 말하는 등 '부정적' 뉘앙스를 담아 설명하고 있다는 점이다.[10]

이런 점에 주의를 기울여 보면, 집단적 자위권을 행사하는 것은 필요최소한의 범위를 넘어서는 것이라는 지금까지의 정부 설명이 사실 동어반복에 불과하다는 사실을 알 수 있다. 행사해선 안 되는 권리이기 때문에 행사해선 안 된다고 말하고 있는 것과 다름없다.

또 짚어 두고 싶은 점은 시모다 답변이 이뤄지게 된 시대적 배경이다. 이 답변이 나온 지 불과 6일 만에 방위청설치법과 자위대법이 공포됐다. 결국 집단적 자위권 행사 위헌론의 기원이 된 논리는 자위대 발족과 함께 태어나게 된 것이라고 할 수 있다. 그리고 자위대의 합헌성은 같은 해에 채택된 필요최소한론이라는 헌법 해석에 의해 확보되게 됐다. 상황이 이렇게 된 것은 우연이 아닐 터이다.

이 무렵 정부는 새롭게 탄생하게 된 자위대의 합헌성을 확보해야 한다는 중요한 과제를 안고 있었다. 그를 위해선 합헌성의 근거가 되는 '필요최소한'이라는 개념의 판단 기준을 명확히 정립해 둬야 할 필요가 있었다. 이런 흐름 속에서 필요최소한이라는 개념이 국제법상 자위권엔 두 가지 종류가 있다는 사실과 연결되게 된다.

즉, [일본 정부는] 개별적 자위권만을 행사하는 자위대는 자위를 위한 필요최소한의 실력 조직이기 때문에 합헌이라고 결론 내고 싶었던 것이다. 집단적 자위권은 이를 위해 '버려진 돌[버려진 카드]'이 되고 말았다. 집단적 자위권 행사 위헌론이란 것은 이런 논리를 만들어 내기 위한 이른바 '속임수手品'에 불과했다. 그러면서 "않았는데도" "않았음에도"와 같은 부정적인 뉘앙스를 담은 표현을, 일본이 독자적으로 만든 집단적 자위권에 대한 정의 안에 몰래 숨겨 두었다. 이것이 '속임수'의 비결이었다.(그림 3-1)

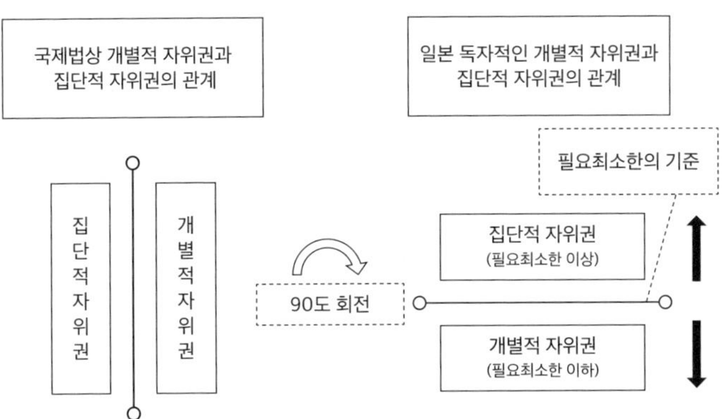

[그림 3-1] 일본 독자적인 집단적 자위권 이해(평화안전법제 제정 이전)

즉, 일본에게 집단적 자위권은 필요최소한론을 받아들이고 이에 근거해 자위대의 합헌성을 확보하는 과정에서 발생한 '버려진 돌'이 됐다. 그 결과 집단적 자위권을 행사하는 것은 헌법을 위반하는 것으로 되어 버렸다. 집단적 자위권 행사 위헌론은 이런 1950년대의 특수한 사정에서 비롯된 것이지만, 시간이 지나면서 이런 경위가 잊히고 그 자체로 생명력을 얻게 되었다고 할 수 있다.

한정 용인과 여론의 동의

분명 [2015년 9월 제·개정된] 평화안전보장법제에 따라 이제는 집단적 자위권을 행사할 수 있게 됐다. 다만 여기서 허용된 것은 '한정' 용인이었다. 평화안전법제가 만들어졌다고 해서 필요최소한론이라는 헌법 해석 자체가 변경된 것은 아니었다. 이 논리를 유지하는 한 반드시 어딘가에 '이보다 안쪽은 필요최소한'이라는

'선'을 계속 그어야 했다.

이때 새로 등장한 선은 집단적 자위권 행사가 용인되기 위해선 "우리 나라와 밀접한 관계에 있는 타국에 대한 무력공격이 발생"했다는 것만으로는 부족하고, 그로 의해 "우리 나라의 존립이 위협받아 국민의 생명, 자유 및 행복 추구의 권리가 뿌리부터 뒤집어질 명백한 위험이 있"어야만 한다는 제약이다. 즉, 현재 일본이 행사할 수 있는 집단적 자위권은 '풀 스펙(제한 없이 모든 것을 할 수 있는 상태)'이 아니다. 따라서 안전보장 전문가인 진보 겐神保謙 [게이오대 교수]가 논하는 것처럼 집단적 자위권의 행사가 허용됐다고 해서 [자위대가 모든 것을 할 수 있는 것은 아니다.] 가령 제3국이 [일본에서 멀리 떨어진] 미국 영토나 해상에 전개된 미군 부대를 미사일로 공격했을 때 일본이 이 이를 요격할 수 있는지에 대해선 법적 해석이 분명하지 않다.[11]

한층 더 심각한 문제는 앞서 말한 경위로 인해 일본 국내에, 집단적 자위권 행사를 용인하는 것은 입헌주의에 반하는 것이라는 (오해에 기반한) 생각이 퍼졌다는 점이다. 또 자국과 밀접한 관계에 있는 다른 나라가 공격당했을 때 그에 대해 자위권을 행사할 수 있다는 사실 자체를 납득하지 않으려 하는 감정이 [사회 전반에] 침투하게 됐다.

[2014~2015년] 평화안전보장법제를 만들어 가는 과정에서 이에 반대하는 일본 사회 내의 저항운동이 거세게 일었다. 이런 상황 속에서 한 헌법학자는 집단적 자위권을 '타위권'이라고 단정하면서 그것을 행사할 수 있게 하려는 움직임을 비판했다.[12] 집단적 자위권은 자국이 공격당하지 "않았는데도", 혹은 자국이 직접

미일동맹이라는 거울

공격당하지 "않았음에도" 실력을 통해 이를 저지하는 권리이다. 따라서 이는 자위라고 말할 수 없다고 주장한 것이다.

이런 주장은 집단적 자위권을 행사하는 것이 '헌법' 위반에 해당하는지에 대한 논쟁이 되기 앞서 주권국가에게 집단적 자위권을 자위권의 하나로 인정하고 있는 '국제법' 자체를 비판하는 것이 되고 만다. 이런 잘못이 집단적 자위권을 둘러싼 논의를 혼란스럽게 한다고 볼 수 있다. 결국, 필요최소한론을 받아들이면서 이에 근거해 자위대의 합헌성을 확보해 온 대가라고 할 수 있다.

이처럼 집단적 자위권에 대해선 헌법 논쟁 이전에 자국과 밀접한 관계에 있는 다른 나라가 공격받을 때에도 자위권을 행사할 수 있다는 사실 자체를 납득할 수 없다는 '일본적 시점'에 기반한 감정이 존재한다. 하지만 '제3자적 시점', 즉 일본에 적대적인 상대국 입장에서 본다면, 이것이야말로 일본의 약점이라 할 수 있다.

존립위기사태 때 자위대가 방위 출동을 하려면 법률상 (사후 승인도 포함한) 국회 승인이 필요하다. 국회 승인이 필요하다는 것은 적어도 여론의 동의가 있어야 함을 의미한다. 여기서 잊지 말아야 할 점은 자국에 대한 무력공격이 발생하지 않은 단계에서 자위권을 행사하는 것을 일본 국민은 납득하지 않을 것이며, 상대국 역시 이를 잘 알고 있다는 사실이다. 그렇다면 앞서 제시한 예와 같은 상황이 발생할 때 상대는 이를 꿰뚫어 보고 정부가 존립위기사태에 대처하려고 방위 출동을 하기 위해 국회에 승인을 요청하는 단계에서 [일본을 향해] 군사적 공갈을 가할 수 있다.[13]

이 경우 아직 직접 무력공격을 받은 게 아니고, 동맹국을 지키는 것은 자위가 아닌 '타위'에 해당하기 때문에 일본이 [쓸데없는 분쟁에] 말려들지 않기 위해선 집단적 자위권을 행사하지 말아야 한다고 판단할 것인가. 아니면 여기서 위협에 굴복하면 동맹국을 적절히 방어할 수 없고, 그렇다면 결과적으로 일본의 안전이 위태로워질 수 있다고 보고 결단을 내릴 것인가. 바로 여기가 [일본의 운명을 가르는] 역사의 분기점이 될 것이다.

사태의 추이와 대응 변경

사태대처법의 규정을 보면 존립위기사태나 무력공격사태가 발생해 자위대의 방위 출동이 허용됐다고 해도, 대응 조처를 취할 필요가 없어졌다고 총리대신이 인정하거나 국회가 결의하면 조치를 종료해야 한다. 사태 추이의 변화에 따라 더 이상 대응 조처를 취할 필요가 없다고 판단하게 되는 경우가 있을 것이다.

대응 조처를 중단하는 것이 상대와 휴전협정에 서명하는 결정이 내려지는 등 평시로 복귀하는 게 분명한 경우라면 비교적 단순히 판단을 내릴 수 있다. 문제는 일본 자신에 대한 무력공격이 종료되고, 동맹국 등 자국과 밀접한 관계에 있는 타국에 대한 공격 역시 '존립위기사태'로 부를 수 있을 정도까지는 아니지만 유사사태 자체는 계속되는 경우이다.

예를 들어, 존립위기사태와 무력공격사태에 해당하는 대응 조처는 끝났지만 '중요영향사태'가 계속 이어지면서 미국 등에 대한 후방지원을 이어 가게 되는 경우를 생각해 볼 수 있다. 중요영향사태가 존립위기사태·무력공격사태로 발전하게 되는 것과는 반대의 경우다.

[상황이 완화됐다고 이렇게 대응 수준을 낮추는 것은] 어디까지나 일본 국내법의 논리에 기초한 '일본적 시점'에 따른 대응이라고 할 수 있다. 사태의 심각성이 변한 게 사실이지만 유사사태 그 자체는 계속되고 있는데도 자위대가 방위 출동을 중지하고 후방지원으로 전환하게 된다면 어떤 일이 벌어질까? '제3자적 시점'에서 본다면, 안보 전문가 니시하라 마사시西原正가 지적하듯 [관계국들은] 일본이 '전선에서 이탈했다'고 받아들이진 않을까?[14]

역사를 돌아보면, 전쟁이 계속되고 있는데도 [한 나라가 동맹국의] 진영에서 이탈해 단독강화에 나선 예는 적지 않다. 제1차 세계대전 때 러시아를 포함한 연합국은 1914년 9월 단독강화를 하지 않겠다는 '런던 선언'에 서명했다. 하지만 1917년 11월 [공산]혁명이 일어나자 러시아는 전선을 벗어나 그해 12월 교전 상대인 독일과 휴전했다. 제2차 세계대전 때도 연합국에 속한 영국과 프랑스는 1940년 3월에 단독강화를 하지 않겠다고 약속했다. 하지만 그로부터 불과 3개월 뒤 프랑스는 홀로 나치 독일에 굴복하고 만다. 전쟁의 형세가 뒤집힌 뒤에는 추축국의 일원이던 이탈리아가 1943년 9월 같은 진영에 속한 독일과 사전에 상의노 없이 연합국과 휴전했다.

이처럼 '일본적 시점'에 따른 절차에 따라 사태의 추이에 맞춰 세세하게 대응 방식을 바꾸게 되면, 상황에 따라 상대의 기를 살려 줄 뿐 아니라 동맹국의 불신을 사게 될 수 있다. 또 상대가 '인지전'의 일환으로 이런 사실을 미일동맹에 불리한 모양새로 과장하며 선전할 수도 있다.

미국은 자동 참전하지 않는다

이번 장에서 살펴본 이상의 사례는 극동유사사태, 중요영향사태, 존립위기사태 때 미국이 군사개입한다는 것을 암묵적인 전제로 삼고 있다.

그러나 2022년 2월 시작된 러시아의 우크라이나 침략의 경우 미국은 피침략국인 우크라이나에게 무기 제공 등의 지원을 하고는 있지만, 이 나라를 지키기 위해 부대를 파견하진 않고 있다.

분명 우크라이나는 미국의 동맹국은 아니다. 미국이 우크라이나를 방위할 조약상 의무는 없다는 점에서 미일동맹과 성격이 크게 다르다.

하지만 미일안전보장조약 제5조 사태에 해당하는 무력공격사태 때도 미국이 자동 참전하는 것은 아니라는 점에 주의할 필요가 있다. 조약 제5조는 미일 양국이 공통의 위험에 대처하는 행동을 취할 경우 "자국의 헌법상 규정 및 절차"에 따른다고 하고 있다. 즉, 자동 참전하는 의무를 부과하고 있진 않는 것이다.

분명 미국이 일본이나 극동 방위를 위해 군사개입에 나설 때 의회의 승인이 반드시 필요하다고 단정할 수 없다. 헌법상 미군의 최고사령관인 대통령이 결단을 내릴 수 있다. 하지만 미국은 버락 오바마 대통령 이후 '세계의 경찰관'의 자리로부터 내려오려 하고 있으며, 대외 관여를 줄여 가려는 장기적인 추세 위에 서 있다. 미국은 2021년 8월 31일 '테러와의 전쟁'을 위해 20년에 걸쳐 머물던 아프가니스탄에서 완전히 철수했다.*

[이런 흐름 속에서] 일본인의 생명이나 주일미군기지에 직접

적인 피해가 발생하지 않은 사태, 가령 중국인이 무인도인 센카쿠 열도를 점령하는 상황이 발생했다고 가정해 보자. 이 와중에 [즉, 섬을 탈환하는 과정에서] 무력공격사태에 해당하는 일이 벌어진다고 해도 미국 여론이 자국군을 투입해 개입하는 것을 지지하지 않고 의회 역시 예산집행에 난색을 표할 수 있다. 이런 움직임이 미국 대통령의 결단에 영향을 끼치게 될 가능성이 전혀 없다고 할 순 없을 것이다.

※ ※ ※

3장에선 극동유사사태, 중요영향사태, 존립위기사태. 무력공격사태 등이 발생했을 때 일본이 어떻게 대응하는지, 나아가 사태의 추이에 따라 대응을 어떻게 바꾸게 되는지 등을 살펴봤다. 이런 사실을 '제3자적 시점'을 통해 바라보면 '일본적 시점'으로 생각할 때와는 전혀 다른 그림들이 떠오르게 된다.

일본이 '일본적 시점'에 서서, 때로는 전쟁에 말려들지 않기 위해, 때로는 필요최소한이란 기준을 지키기 위해 선을 긋는 것 같은 여러 대응을 할 수 있다. 하지만 상대방은 일본의 행동을 의도대로 파악하지 않거나, 애초부터 고려 대상에 넣지 않을 수 있다.

---

* 2025년 1월 발족한 도널드 트럼프 2기 행정부는 같은 해 12월 4일 내놓은 〈국가안보전략 (NSS)〉 문서에서 "미국의 엘리트들은 전 세계에 대한 미국의 영구적 지배가 우리 국익에 부합한다"고 잘못 생각했다며 "타국의 일은 그게 직접 우리 이익을 위협할 때에만 우리 관심사가 되어야 한다"고 선언했다. 나아가 "미국이 (지브롤터해협에서 하늘을 이고 있는 그리스 신화 속) 아틀라스처럼 세계 질서를 홀로 떠받치는 시대는 끝났다"며 미국 홀로 세계 질서를 유지하는 데 국력을 낭비하지 않겠다는 뜻을 분명히 했다.

오히려 이를 일본의 약점이라고 인식[해 적극 활용]하거나 [적대국뿐 아니라] 동맹국까지 포함하는 국제사회가 일본의 의사를 오해하는 상황에 빠지게 될 수도 있다. 유사사태가 발생한다고 해서 미국이 자동 참전을 해 주는 것도 아니다.

'일본적 시점'에 선다면 사전협의제도를 잘 활용해 극동유사사태에 대응하려는 미국의 군사행동과 [명확한] 선을 그을 수 있다고 생각할 수 있다. 하지만 '제3자적 시점'에서 보면 미국의 군사행동과 그에 대한 일본의 편의 제공은 애초부터 일체화되어 있는 것이다. 제1장에서 본 '극동 1905년 체제'론에 비춰 보더라도 전쟁에 말려들지 않기 위해 주일미군의 행동에 제약을 가하는 데 집착하기보다 미군이 일본의 기지를 실효적으로 사용할 수 있도록 평소부터 미일 양국이 조정·협력을 해 가는 게 안전에 더 유익할 것이다.

또 자위대가 활동할 수 있는 지역과 관련해서도 "다른 나라가 현재 전투행위를 하고 있는 현장이 아닌 곳"이라는 기준으로 선 긋기를 하거나, 자국과 밀접한 관계에 있는 타국에 대한 공격에 자위권을 행사하는 것을 애초 받아들일 수 없다고 생각하는 국민감정에 대해서도 [생각해 봐야 할 것이 많다.] 이것이 정말 합리적인가 끊임없이 검증해 볼 필요가 있다.

나아가 사태의 추이가 달라짐에 따라 대응을 변경해 갈 때도 세심한 주의가 필요하다. 국내법의 논리뿐 아니라 상대방이나 동맹국이 이를 어떻게 받아들일지 생각해야 한다.

지금까지 일본은 미국이 [여러 유사사태에] 군사적으로 관여한다는 것을 전제로 주일미군의 행동에 제약을 가하거나, 미군 등의 무력행사와 '일체화'되는 것을 피하거나, 자위권 발동의 요건을 극단적으로 엄격하게 만들어 [쓸데없는 분쟁에] '말려드는 것'을 막으려 부심해 왔다. 그러나 이런 전제 자체가 당연한 게 아님을 미일안전보장조약 제5조를 다시 읽어 보는 것을 통해 확인해 둘 필요가 있다. 미일은 평소부터 회색지대 사태부터 이어지는 일련의 [사태] 전개 과정 속에서 미일안전보장조약 제5조가 어떻게 발동되고, 그와 관련한 구체적 절차는 어떻게 정해져 있는지를 세밀하게 확인해 둬야 한다. 이를 통해 사태 대처에 대한 두 나라의 인식을 공유·업데이트해 두는 게 중요하다.

하지만 사태 대처는 초기 대응만으로는 끝나지 않는다. 그 이후 어떤 '출구전략'을 그릴 것인가라는 [또 다른] 문제가 있다. 이에 대해선 다음 장에서 살펴보도록 한다.

제4장

출구전략: 전쟁을 어떻게 끝낼 것인가

◆ ◆ ◆

3장에선 미일동맹이 극동유사사태, 중요영향사태, 존립위기사태, 무력공격사태에 각각 어떻게 대처하는지에 대해 살펴봤다. 이는 유사사태가 '어떻게 시작되는가'에 대한 얘기라고 할 수 있다. 그렇다면 이를 '어떻게 끝내야' 할까?

전후 일본은 전통적인 국가 간 전쟁을 분석 대상으로 삼는 일반적 의미의 '전쟁종결론'을 거의 연구하지 않았다. 아마도 전쟁은 [처음부터] 일으켜서는 안 되는 것이기 때문에(이 자체는 완전히 맞는 말이지만), 전쟁이 일어났을 때 이를 어떻게 이성적으로 수습해 갈지 논의하는 것을 마치 '전쟁용인론'인 것처럼 오해해 [관련연구를] 기피하게 된 게 아닌가 한다. 미일동맹이 전쟁을 억지하고 있기 때문에 균형이 깨진 뒤의 일까지는 생각할 필요가 없다는 희망적 사고에 기초해 있다는 의미에서, 이 역시 '일본적 시점'이라고 지적할 수 있을 듯하다.

하지만 2011년 3월 동일본 대지진과 함께 발생한 도쿄전력 후쿠시마 제1원자력발전소 사고를 떠올려 봤으면 한다. "원전은 사고를 일으키지 않는다"라는 '신화'를 과신해 정작 원전 사고가 발생한 뒤엔 어떻게 대응할지에 대한 준비가 부족했던 것은 아닐까. 전쟁은 일으켜서는 안 되는 것이다. 그렇다고 전쟁이 시작됐을 경우 이를 어떻게 끝낼지에 대해 생각하지 않아도 된다는 것은 말이 안 되는 얘기다.

애초 이 책의 문제의식의 출발점은 '들어가는 말'에서 언급한 것처럼 태평양전쟁 말기 일본이 '일본적 시점'에 빠져 소련중개책을 추진했던 실패로부터 교훈을 얻어야 한다는 것이었다. 이 사례는 당시 일본의 [전쟁] 출구전략에 오류가 있었음을 보여 주는 것이기도 하다.

태평양전쟁을 시작할 때 일본이 품고 있던 출구전략은 진주만 공격 직전인 1941년 11월 13일 대본영정부연락회의가 결정한 '대미영화장対米英蘭蔣 전쟁* 종말 촉진에 관한 복안'이라는 문서 안에 잘 정리돼 있다. 이 복안이 기대했던 것은 동맹국인 독일의 승리, 영국의 굴복, 그리고 미국의 계속 전쟁 수행 의사 상실과 그에 따른 미국과의 무승부였다. 독일이 패배하며 이 복안이 제시한 출구전략이 무너지고 난 뒤엔 어딘가에서 연합군에게 '일격'을 가해 조금이라도 일본에게 유리한 화해를 이끌어 낸다는 '일격평화론 一撃和平論'이 등장했다. 그러나 성공적으로 일격(최종적으로는 본토 결전에 대비하고 있었다)을 가할 가능성이 사라지게 됨에 따라 최종적으로는 소련의 힘에 의지하게 됐다. 애초 태평양전쟁을 일으킨 것 자체가 잘못된 일이었지만, 출구전략 역시 예측했던 경로를 벗어

---

* 　미국·영국·네덜란드와 중국의 장제스 정권을 상대로 한 전쟁이라는 의미다.

　　　　　　　　　　　　　　　　　　미일동맹이라는 거울

나며 실패하게 된 것이다.

이런 실패를 겪은 국가에서 패전 이후 유사사태에 대비하려는 노력의 하나로 전쟁을 어떻게 끝내야 하는지에 대해선 적극적으로 논의하지 못했다는 사실은 매우 기이한 일이라고 할 수 있다.

그렇지만 전후 일본의 안전보장법제와 정책 문서 가운데 작은 부분이지만 출구전략에 대해 언급한 내용이 있기에 이를 확인해 보도록 한다. 먼저 법률에선 2003년 6월 사태대처법이 만들어질 때 "무력공격이 발생했을 때엔 이를 배제하면서 신속한 종결을 도모해야 한다"는 내용이 포함됐다.

정책 문서에선 '방위계획대강(현 국가방위전략)' 가운데 '1976년 대강(10월 29일 책정)'과 '1995년 대강(11월 28일 책정)'에 침략에 대해 "모든 힘을 다해 조기에 이를 배제한다"는 내용이 들어갔다. 이어지는 2004년 대강(12월 10일 책정)에는 "일본에 위협이 닥칠 경우 이를 배제하는 것과 함께 그 피해를 최소화한다"라고 쓰여 있고, '2010년 대강(12월 17일 책정)' '2013년 대강(12월 17일 책정)' '2018년 대강(12월 18일 책정)'도 이 표현을 답습하고 있다. '2013년 국가안전보장전략'에도 같은 표현이 쓰이고 있다.

이런 작은 기술을 실마리 삼아 이런저런 논의를 해 보는 것은 어려운 일이겠지만, [역대 일본 정부가] 전쟁의 신속한 종결과 피해의 최소화를 중요하게 생각해 왔다고 말할 순 있을 듯하다.

미일 가이드라인에서도 1978년 판은 침략을 "배제한다", 1997년 판에도 "모든 힘을 다해 조기에 이를 배제한다"고 쓰여 있다. 하지만 2015년 가이드라인에선 좀 더 깊이 들어간 기술로 바뀐 것이 눈에 띈다. 이 문서에는 일본에 대한 무력공격이 발생할 경우 미일 양국은 "신속히 무력공격을 배제하고 또 이어지는 공격을 억지하기 위해 협력하며, 일본의 평화와 안전을 회복한다"는 내용을 담고 있다. 미국은 또 "일본의 방위를 지원하고 평화 및 안전의 회복에 기여하는 방법으로 이 지역의 환경을 만들어 가기 위한 행동을 취한다"고 약속했다.

미국의 경우 국가군사전략NMS과 같은 문서를 보면, 억지에 실패할 경우 "무력공격에 대처하거나, 이를 분쇄하고 미국과 동맹국에게 바람직한 조건으로 전쟁을 종결시킨다"(1992년판)는 내용이 담겨 있다.

일본의 정책 문서에서 전쟁 종결 방식에 대한 기술 방식이 처음으로 바뀐 것은 2022년 국가안전보장전략 때였다. 이 전략은 일본에 위협이 미치게 될 경우 "이를 저지·배제하고 또 피해를 최소화하면서"라며, 이전에 쓰이던 표현을 사용한 뒤 "우리 나라의 국익을 지키는 데 유리한 형태로 [전쟁을] 종결시킨다"라는 내용을 처음 명기했다. 유사사태의 신속한 종결과 피해의 최소화에 더해 "국익을 지키는 데 유리한 형태로 종결"한다는 새 요소가 더해졌다는 것은 획기적인 것이라고 할 수 있다.

국가안전보장전략에 유사사태의 종결 방식(출구)과 관련해 새 요소가 명기되었지만, 그 [구체적] 내용이 무엇인지는 더 논의를 해 봐야 한다. 이번 장에서는 이런 논의에 기여하기 위해 전쟁종결론이라는 관점에 근거한 시험적인 논의를 전개해 보도록 하겠다.

1. 전쟁종결론의 관점: '전쟁 요인의 근본적 해결'이냐 '타협적 평화'냐

전쟁종결론에 대한 길 안내

여기서 언급하는 전쟁종결론은 지금까지 이 책에서 살펴본 다른 내용들과 조금 성질이 다를지도 모른다. 개인사를 언급하는 것이기에 죄송한 일이지만, 조금 설명을 덧붙여 보자. 필자는 2010년대 초 내각관방부장관보(안전보장·위기관리담당)에 소속된 주사主査[*]로 총리관저·내각관방에서 안전보장·위기관리 분야의 실무 업무를 맡고 있었다. 이때 느낀 문제의식은 '앞으로 일본의 안전보장 정책을 생각할 때 출구전략이라는 관점을 받아들여야 하는 것은 아닐까? 이를 위해 '전쟁 종결'이라는 개념에 대해 파고들어 연구하는 게 중요하지 않을까'라는 것이었다.

그런 이유로 연구 생활로 돌아온 뒤엔 전쟁 종결 연구에 매달려 왔다. 이번 장에서 논의하는 내용은 이를 통해 얻게 된 견식을 미일동맹의 출구전략을 고민하는 데 활용해 보자는 시도라고 이

---

[*] 한국으로 치면 6급 정도의 공무원.

해해 주시면 좋겠다.

그렇다면 전쟁 종결에 대한 논의를 할 땐 어떻게 해야 할까? 큰 도움이 되는 방법은 과거의 전쟁이 어떻게 끝났는지 돌아보는 것이다. 하지만 단순히 '○○전쟁은 어느 한 나라가 적국을 타도해 끝났습니다' '××전쟁에선 휴전협정이 맺어졌습니다' '△△전쟁에선 이렇게 되었습니다'라는 사실을 열거하는 것만으로는 결국 '전쟁엔 여러 종결 방법이 있군요'라는, 그야말로 막연한 결론으로 끝나고 만다. 전쟁의 여러 종결 방법을 정리하고 이를 하나의 시각으로 바라보기 위해서는 분석의 '렌즈'가 필요하다. 이 책에선 이에 쓰일 렌즈로서 '분쟁 원인의 근본적 해결'과 '타협적 평화'의 딜레마라는 분석틀을 소개하려 한다.[1]

전쟁을 끝내는 방법에는 크게 '분쟁 원인의 근본적 해결'과 '타협적 평화'라는 두 가지 형태가 있다고 생각할 수 있다. 먼저 두 교전 세력 가운데 우세한 세력 쪽의 시점을 통해 논의를 진행해 보자. 전쟁은 힘과 힘이 부딪히는 것이기 때문에 이렇게 따져 볼 때 설명이 더 쉬워진다.

우세한 세력 쪽에서 보자면 열세에 몰려 있는 교전 상대를 무자비하게 때려눕히고 재기할 수 없게 만드는 게 가장 바람직한 일이다. 그렇게 해 두면 이후 이 상대와 두 번 다시 전쟁을 하지 않아도 되기 때문이다. 장래의 화근을 끊어 버리는 것이다. 교전 상대에게 완전히 승리해 무조건 항복을 받아 내면 장래의 화근을 없앨 수 있다. 이런 전쟁 종결 방식을 '분쟁 원인의 근본적 해결'이라고 해 두자. 예를 들어 제2차 세계대전 때 연합국은 교전 상대인 나치스 독일의 수도 베를린을 함락시키고, 총통인 히틀러를 자살

   미일동맹이라는 거울

로 몰아갔다. 독일의 주권 자체를 소멸시킬 때까지 싸운 것이다. 태평양전쟁도 일본의 '무조건 항복'으로 끝났기 때문에 이 범주에 들어간다고 할 수 있다.

하지만 우세한 세력이라 해도 교전 상대를 완전히 타도하려면 그만한 출혈이 있을 수밖에 없다. 인명 손실 등 큰 희생을 각오해야만 한다. 그게 싫다면 장래의 화근을 남겨 놓을지 모르지만, 교전 상대와 타협해 도중에 전쟁을 끝낸다는 선택을 할 수도 있다. 즉, '타협적 평화'라는 전쟁 종결 방식이다. 예를 들어, 1991년 1월 시작된 제1차 걸프전쟁에선 다국적군이 쿠웨이트를 침공한 이라크군에 대한 공격을 도중에 멈췄다. 결과적으로 쿠웨이트 공격을 주도했던 이라크의 사담 후세인Saddam Hussein 체제를 연명시켰다. 다국적군이 이라크 수도 바그다드까지 진군해 희생이 커지는 것을 피하기 위해서였다. 하지만 결과적으로 미국에 장래의 화근이 남았다. 그로 인해 2003년 이라크전쟁(제2차 걸프전쟁)이 발생하게 된다.

'장래의 위험'과 '현재의 희생' 간의 균형

이렇게 전쟁 종결의 형태는 '분쟁 원인의 근본적 해결'이냐 '타협적 평화'이냐, 둘 중의 하나가 될 수밖에 없다. [어느 쪽을 선택할지는] 우세한 세력이 '장래의 위험'과 '현재의 희생' 간의 균형을 어떻게 파악하는지에 따라 결정된다.

전쟁에서 우세한 세력이 교전 상대를 살려 두기로 한다면, 이적과 이후 더 큰 전쟁을 벌일 수 있다는 '장래의 위험'을 강하게 우려하게 될 수밖에 없다. 그래서 전쟁을 계속할 경우 자국군이 입게 되는 '현재의 희생'이 작거나 이를 충분히 감수할 수 있다고 생각하면 '전쟁 원인의 근본적 해결', 즉 교전 상대의 정부·체제를 타도하기 위해 나아갈 것이다. 거꾸로 '현재의 희생'은 큰 데 비해 교전 상대와 타협할 때 감수해야 하는 '장래의 위험'이 그렇게 크지 않다면 '타협적 평화'의 방향을 선택할 것이라고 생각할 수 있다.

전쟁의 종결 방식은 유럽에서 진행된 제2차 세계대전처럼 한쪽이 상대를 완전히 타도해 버리는 게 될 수도 있지만, 걸프전쟁처럼 그렇지 않은 경우도 생기는 등 제각각이다. 하지만 실제 잘 살펴보면, 모든 전쟁의 종결 방식은 결국 '장래의 위험'과 '현재의 희생' 사이의 균형을 어떻게 평가할 것인지에 따라 결정된다고 할 수 있다.

여기서 문제는 '장래의 위험'과 '현재의 희생'이 트레이드 오프(이율배반) 관계에 있다는 사실이다. '장래의 위험'을 제거하려면 현재 진행 중인 전쟁에서 희생을 감수해야만 한다. 거꾸로 '현재의 희생'을 회피하려면 장래에 발생할지 모르는 위험과 공존해야 한다. 이른바 '시소게임'을 하면서 실제 어떻게 전쟁을 끝낼지에 대한 '답'을 찾아내야 한다. 전쟁 종결은 '분쟁 원인의 근본적 해결과 타협적 평화의 딜레마' 가운데서 결정할 수밖에 없다. 바로 여기에 전쟁을 끝낸다는 것의 진정한 어려움이 있다고 할 수 있다.

그렇다면 불리한 세력은 전쟁 종결의 형태에 영향을 끼칠 수 없는 것일까? 이라크전쟁에선 제1차 걸프전쟁 때와 달리 미국 등 동지국 연합이 압도적 군사력 우위를 배경으로 아주 짧은 시간에 후세인 체제를 완전히 타도했다. 이렇게 군사적 결과가 압도적이거나 우세한 세력 쪽이 '분쟁 원인의 근본적 해결'에 집착하게 되면, 전쟁이 시작된 뒤엔 불리한 세력이 취할 수 있는 선택지가 매우 좁아진다. 애초에 패자는 승자에게 '분쟁 원인의 근본적 해결'이라는 결론을 강요할 수 없다.

하지만 불리한 세력이 영향력을 행사할 수 있는 경우가 없는 것은 아니다. 전쟁 종결 방식이 조금이라도 '타협적 평화' 쪽으로 옮겨 갈 수 있도록 교전 상대가 느끼는 '장래의 위험'을 줄이거나, 상대가 감수해야 하는 '현재의 희생'을 키우는 선택을 할 수 있다. 불리한 세력이 어떻게 대응하느냐에 따라 우세한 세력이 인식하는 '장래의 위험'과 '현재의 희생' 간의 균형이 바뀌게 된다. 우세한 세력은 불리한 세력과 타협할지, 아니면 또 다른 희생을 각오하며 타협하지 않을지 결정해야 하는 상황에 몰리게 된다.

1950년 6월 시작된 한국전쟁 때 공산당(중국·북한 쪽)은 불리한 세력이었다. 하지만 우세한 세력이었던 미군을 중심으로 한 유엔군·한국군을 상대로 전선이 교착될 때까지 저항을 이어 갔다. 유엔군 입장에서 본다면, 당시 유엔군사령관으로 지휘를 맡고 있던 더글러스 맥아더 원수의 주장대로 핵무기를 써 이 상황을 타개할 수도 있었다. 하지만 그렇게 행동한다면 미국은 중국뿐 아니라 소련과 전면 전쟁을 각오해야 하고, 이 경우 엄청난 희생을 감수해야 할 우려가 있었다. 미국은 중국·소련과 전면 전쟁을 벌여 떠안게 될 희생보다, 휴전을 하고 북한이라는 '장래의 위험'과 공존하는 길을 택할 수밖에 없었다.

1964년 무렵부터 본격화된 베트남전쟁의 상황도 비슷했다. 미국과 적대한 북베트남은 자신들의 희생을 각오하면서 [강한 저항을 이어 가] 미국·남베트남이 계속 희생을 치르도록 했다. 그 결과 미국은 평화협정 체결이라는 '타협적 평화'를 선택하며 진흙탕 같은 전쟁에서 벗어났다.

이런 사실을 통해 전쟁 종결의 모습을 하나의 긴 스펙트럼(연결체)으로 그려 볼 수 있다.(그림 4-1) 스펙트럼의 한쪽 끝에는 '분쟁 원인의 근본적 해결'이 있다. '분쟁 원인의 근본적 해결'은 교전 상대를 완전히 없애거나 죽음에 이르게 하는 이른바 '카르타고적 평화'이다. 기원전 2세기 로마는 제3차 포에니전쟁에 승리한 뒤 패배한 카르타고의 존재를 지상에서 말살해 버렸다. 다른 한쪽 끝에는 '타협적 평화'가 있다. 이는 교전 상대의 요구를 그대로 받아들이는 것을 뜻한다.

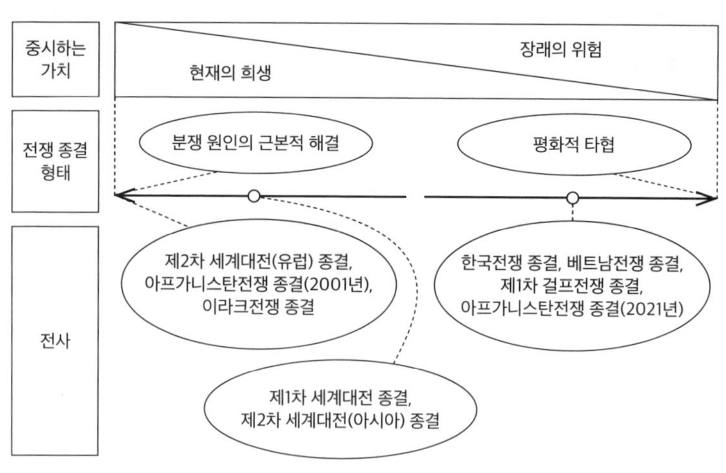

[그림 4-1] '분쟁 원인의 근본적 해결'과 '타협적 평화'의 딜레마

미일동맹이라는 거울

그리고 전쟁이 어떻게 진행되는지에 따라 이 두 선택지 가운데 어느 특정한 지점에서 '장래의 위험'과 '현재의 희생' 간의 균형이 정해지고, 그에 따라 전쟁이 끝나게 된다.

전쟁이 어떻게 끝나는지를 이렇게 분석하는 것은 아마도 많은 사람의 직감과 어긋나는 일일 것이다. 직감적으로 보자면 강자는 늘 '전쟁 원인의 근본적 해결'을 추구한다. 하지만 교전 상대의 강한 저항에 부딪혀 무승부에 가까워짐에 따라 '타협적 평화' 쪽으로 [요구 수준을] 낮추게 된다.

하지만 '분쟁 원인의 근본적 해결과 타협적 평화의 딜레마'라는 사고 틀을 대입해 보면, 강자가 늘 '분쟁 원인의 근본적 해결'만을 추구하는 것은 아니다. 왜냐면 강자가 말 그대로 자신의 강함을 철저히 믿고 약자인 교전 상대가 불러올 수 있는 '장래의 위험'을 신경 쓰지 않는 형태의 타협이 있을 수 있기 때문이다. 이것이 실제 제1차 걸프전쟁 때 미국이 이라크를 상대로 한 판단이었다.

미일동맹 쪽이 우세한 경우

'장래의 위험' 제거를 중시

그렇다면 불행하게도 유사사태가 발생했다고 가정해 보자. 미일동맹은 어떤 출구전략을 취하게 될까? 앞에서 살펴본 '분쟁 원인의 근본적 해결과 타협적 평화의 딜레마'라는 분석틀을 사용해 본다. 먼저 미일동맹이 교전 상대보다 우위인 경우, 나아가 '장래의 위험'과 '현재의 희생' 간의 균형에 대한 미일의 인식이 일치하는 경우는 다음과 같은 판단이 내려질 수 있다.

먼저 미일동맹이 교전 상대의 '장래의 위험'이 극히 크고, 자신들이 각오해야 할 '현재의 희생'이 매우 작다는 판단을 내렸다고 해 보자. 이 경우 이론상으로 본다면 미일은 교전 상대국 정부·체제의 타도를 추구하게 될 것으로 예상할 수 있다. 2015년 가이드라인을 기준으로 말해 보자면 미일이 "평화 및 안전의 회복에 기여하는 방법으로 이 지역의 환경을 형성하기 위한 행동을 취"하는 것이고, 2022년 국가안전보장전략의 표현을 빌리자면 "[우리 나라의] 국익을 지키는 데 있어 쪽리한 형태로 [전쟁을] 종결"시킬 수 있도록 최대한 노력을 기울이는 상황이다.

그러나 교전 상대가 나치 독일이나 후세인 체제와 달리 핵보유국인 경우엔 상대의 핵전력을 탄도미사일 요격시스템으로 완전히 무력화하거나 초기 전투에서 [상대가 가진] 모든 핵을 파괴해야 한다. 이를 통해 이쪽의 희생이 발생하지 않게 할 수 있다는 전제가 필요하다. 이게 가능하지 않다면 핵보유국을 상대로 '전쟁 원인의 근본적 해결'을 추구할 때엔 핵으로 보복당할 수 있다는 것도 각오해야 한다. 그렇다면 '현재의 희생'이 너무 커 이런 선택을 내릴 수 없게 된다.

또 일본이 '전쟁 원인의 근본적 해결'을 꾀할 때는 군사적인 것뿐 아니라 정치적인 제약에도 신경 써야 한다. 유사사태가 발생했을 때 자위대의 작전행동은 '전수방위'라는 원칙에 근거해 이뤄져야 한다. 전수방위라는 것은 상대로부터 공격을 받은 뒤에야 무력을 행사하고, 이 경우에도 필요최소한의 수준에 머무르는 자세를 이른다. 하지만 전수방위 원칙은 이 방침을 따를 경우 '장래의 위험'을 남기게 될 수 있고, 혹은 결과적으로 피아 쌍방의 '현재의 희생'을 키울 수 있다는 '전쟁종결론'적인 계산을 고려하며 만들어진 개념이 아니라는 사실에 주의를 기울일 필요가 있다.

전수방위 원칙에 더해 일본의 교전권을 인정하지 않는 헌법 9조의 문제도 있다. 일본이 '전쟁 원인의 근본적 해결'을 시도하려면, 정부의 헌법 해석과 정합성을 유지해야 한다. 이와 관련한 정부 견해는 "적이 공격해 올 경우 [이를 격퇴한 뒤] 적을 계속 몰아붙여, 장래의 화근을 끊어 내기 위해 본국까지도 전부 해치우는 것은 허용되지 않는다"(사토 다쓰오佐藤達夫 내각법제국 장관의 1954년 5월 25일 답변)는 것이다. 다만, 국제정치학자 시노다 히데아키篠田英朗는 이와 관련해 '일본국 헌법은 현대 국제법에서 부정하고 있는 교전권을 인정하지 않는다고 재언급하고 있는 것에 불과하다'는 중요한 지적을 하고 있어 함께 언급해 두도록 한다.[*2] 어찌 됐든 이런 국면에서는 '현재의 희생'을 두려워한 나머지 허용할 수 없는 '장래의 위험'을 방치해, [그로 인해 결과적으로] 단기간에 평화가 무너지지 않도록 주의를 기울여야 한다.

'현재 희생'의 회피를 중시

거꾸로 미일동맹이 볼 때 '장래의 위험'이 작고 '현재의 희생'이 크다면 '타협적 평화'를 꾀하게 된다. 2023년 국가안전보장전략 이전에 [일본이] 해 왔던 것처럼 전쟁의 신속한 종결과 피해의 최소화를 중시하는 형태라고 할 수 있다. 이때 미일동맹이 상대보다 우위에 있다면, 적절한 휴전 조건을 교전 상대가 받아들이도록 하는 게 가능할지 모른다. 예를 들어 전쟁이 끝난 뒤 무기의 종류나 배치 등과 관련해 이쪽이 어느 정도 안심할 수 있는 제약(비핵화 등)을 상대에게 부과하는 것을 생각해 볼 수 있다.

혹은 '현재의 희생'을 회피하는 것을 중시한 나머지 당장의 위

---

* 가령 유엔 헌장은 3조에서 "모든 회원국은 그들의 국제분쟁을 국제평화와 안전 그리고 정의를 위태롭게 하지 아니하는 방식으로 평화적 수단에 의하여 해결한다", 4조는 "모든 회원국은 그 국제관계에 있어서 다른 국가의 영토보전이나 정치적 독립에 대하여 또는 국제연합의 목적과 양립하지 아니하는 어떠한 기타 방식으로도 무력의 위협이나 무력행사를 삼간다"는 내용을 담고 있다. 무력 사용이 가능한 경우는 적의 침략에 대해 자위권을 행사할 때 또는 유엔 안전보장이사회의 결의에 따를 때뿐이다. 일본 헌법 9조가 말하는 교전권을 부인한다는 말은 이런 국제법의 일반 원칙을 다시 한번 강조한 것일 뿐이라는 논리다.

                                                    미일동맹이라는 거울

협을 격퇴하는 것에 급급해 전후에도 긴장 상태가 이어지는 것을 감수하는 휴전을 선택할 가능성도 있다. 이 경우엔 '장래의 위험'을 과대평가한 나머지 불필요한 '현재의 희생'을 치르는 상황을 피하는 게 중요하다.

팽팽히 맞섬(拮抗)

미일동맹 쪽에서 볼 때 '장래의 위험'과 '현재의 희생'이 서로 팽팽히 맞서는 경우도 생각해 볼 수 있다. 이 경우 전쟁 종결의 형태를 확정할 수 없다. 교전 상대의 입장에서 본다면, 미일동맹에 파고들어 가 볼 여지가 생기게 된다. 미일동맹도 상대방의 반응을 자세히 살피면서 현실적인 전쟁 종결의 형태를 선택해 가게 된다.

이와 관련해 태평양전쟁의 예를 살펴보도록 하자. 미국은 1941년 12월 7일(하와이 시간) 진주만 기습으로 태평양전쟁이 시작되자 자신에게 직접 공격을 가한 일본 군국주의를 나치즘에 필적하는 중대한 위협으로 간주했다. 그에 따라 '타협적 평화'로는 없앨 수 없는 '장래의 위험'을 제거하기 위해 독일에 한 것과 똑같이 무조건 항복 정책을 내걸었다. 하지만 일본 쪽의 격렬한 저항으로 인해 일본 본토를 침공하면 미국도 심대한 손해를 입게 될 것임을 예상할 수 있었다. 독일에서 본토 작전을 실행하는 과정에서 엄청나게 많은 피를 흘리는 광경을 지켜본 입장에서 일본을 상대로 또 같은 일을 벌일 생각은 없었다. 한편 일본은 '현재의 희생'에 대한 미국의 우려를 활용해 철저 항전에 나서려 했다. 이를 통해 조금이라도 유리한 '타협적 평화'를 얻기 원한 것이었다.

이런 상황에서 미국은 포츠담 선언을 통해 "전쟁 종결 이후 시작되는 점령은 연합국의 목적이 달성되고, 일본 국민의 자유의사에 의해 평화를 지향하는 책임 있는 정부가 수립될 때까지만 이어진다"는 전후 계획을 제시했다. 그러면서도 일본이 가장 중시하던 '국체호지国体護持(천황제 존치)'를 보장하는 문제에 대해선, 일본이 연합국 쪽에 더 많은 양보를 요구하는 인센티브(유인)를 주는 꼴이 돼 거꾸로 전쟁을 더 길어지게 만들 수 있다며 [선언문에] 포함시키지 않았다.3

미국이 취한 또 하나의 방책은 히로시마·나가사키에 대한 핵 사용이었다. 다만, 이렇게 핵까지 써 가며 상황을 고조시키는 것은 과잉 대응이었다고 할 수 있다. 일본이 소련중개책에 몰두하고 있었다는 사실을 고려하면, [원자폭탄을 사용하는 것보다] 소련에 대한 일본의 희망을 끊는 편이 [항복을 끌어내는 데 더] 효과적이었을 것이라고 말할 수 있다.

이런 역사를 하나의 힌트로 삼는다면, '장래의 위험'과 '현재의 희생'이 팽팽히 맞서는 경우 미일동맹이 취할 수 있는 대응책은 다음과 같다. 먼저, 제3자의 개입(반대의 경우 이쪽 동맹 세력에서 누군가 이탈하는 경우)과 관련한 교전 상대의 희망을 끊는 것이다. 둘째, 상대에게 더 많은 양보를 요구하려는 빌미를 주지 않는 선에서 전후에 대한 약속을 제시하는 것이다. 셋째는 적절한 형태로 상황을 고조시키는 방법도 생각해 볼 수 있다.

미일 간의 불일치

문제가 되는 것은 미일 간에 '장래의 위험'과 '현재의 희생' 간의 균형을 둘러싼 인식이 일치하지 않는 경우이다. 이 경우 교전 상대는 미일 간에 벌어진 틈을 타고 한쪽을 상대로 단독강화를 하자며 구도를 흔드는 움직임에 나설 수 있다. 3장에서도 봤지만, 지난 역사를 돌아볼 때 전쟁 중에 [자신이 속한] 진영에서 이탈해 단독강화로 나아가는 것은 자주 있는 일이다.

만약 미국이 일본의 인식보다 교전 상대국의 '장래의 위험'을 낮게 보고 '현재의 희생'을 중시해 상대와 단독강화에 응하게 되면 일본은 혼자서라도 전쟁을 계속할지 결단해야 하는 상황에 몰리게 된다. 당연히 '현재의 희생'이 커지는 것을 피할 순 없다. 이 때 판단은 [이렇게 발생하는 현재의] 희생이 현시점에서 전쟁을 끝낼 때 일본이 떠안게 되는 '장래의 위험'에 비춰 볼 때 허용 가능한 것인지에 따라 갈리게 된다. 희생이 허용 가능한 수준이 아니라면, 미국이 주도하게 될 상대와 평화[협상]에 일본의 요구를 밀어넣는 것밖에는 더 할 수 있는 게 없을 것이다.

한국전쟁 말기에 비슷한 갈등이 발생했다. '현재의 희생'을 중시해 휴전 쪽으로 방향을 튼 드와이트 아이젠하워 정권과, 북한이 불러올 수 있는 '장래의 위험'을 미국보다 더 무겁게 받아들이며 전쟁을 계속해야 한다고 주장한 한국 이승만 정권 사이에 대립이 발생한 것이다.[4] 결국 한국은 전쟁이 끝난 뒤 [상호 방위 의무가 있는] 동맹관계를 맺겠다는 미국의 보증을 얻어 낸 뒤에야 겨우 휴전에 응했다. 베트남전쟁 말기에도 미국의 리처드 닉슨 정권과 남베트남의 응우엔 반 티우Nguyen Van Thinh 정권 사이에 북베트남과 전쟁을 계속하는 문제와 관련해 의견이 충돌했다. '장래의 위험'과 '현재의 희생'에 대한 판단이 갈리며 균열이 발생한 것이다.[5] 그리고 이 경우엔 한국전쟁 때와 달리 미군이 베트남에서 철수하는 결정을 내리고 말았다. 이후 발생한 일을 열거하자면 1973년 1월 파리 평화협정*이 맺어졌지만, 그로부터 불과 2년 뒤 북베트남은 남진을 시작했다. 이후 이들은 1975년 4월 남베트남의 티우 정권을 무너뜨리고 수도인 사이공을 함락시키게 된다.

미국이 주도하는 교전 상대와 평화 교섭에 일본이 자신의 요구를 반영하는 데 성공한다 해도 이를 통해 얻을 수 있는 게 한국전쟁 때 한국이 얻는 것 이상(미일동맹의 재강화)일지, 아니면 베트남전쟁 때 남베트남이 얻는 것 이하(버려지는 것)일지는 알 수 없다.

반대로 생각해 볼 수 있는 경우는 일본이 교전 상대와 단독강화하는 것이다. 지난 역사를 돌아보면, 동맹에서 이탈한 옛 구성원이 애초 동맹을 맺고 있던 국가로부터 공격당하는 경우도 종종 있다. 제2차 세계대전 때는 추축국과 휴전을 택했던 프랑스, 연합국과 휴전했던 이탈리아가 각각 그때까지 동맹국이었던 영국과 독일로부터 공격을 받았다.

프랑스는 1940년 6월 단독으로 강화하지 않겠다는 영국과의 약속을 깨뜨리고 독일과 휴전했다. 그러자 영국 해군은 그해 7월 프랑스령이던 알제리의 메르스엘케비르Mers-el-Kébir에서 프랑스 함대를 공격하는 선택을 내렸다. 이 전력이 독일의 손아귀에 떨어

---

*　미국, 베트남민주공화국(북베트남), 남베트남공화임시혁명정부(남베트남민족해방전선·베트콩), 베트남공화국(남베트남) 등 4자가 모여 전쟁을 끝내기로 한 평화협정.

지기 전에 파괴해 [위협을 제거한] 것이다.[6] 이탈리아는 1943년 9월 추축국에서 이탈했다. 이 휴전 소식을 접수한 독일은 곧바로 지금까지 같은 진영에 속해 있던 이탈리아를 침공했다.[7]

나아가 덧붙이자면 남겨진 동맹국들은 모두 자신을 버리고 떠난 국가의 '저항 세력'을 보호했다. 그로 인해 각각 영국과 독일의 뒷받침을 받는 망명정부나 괴뢰정권이 등장했다. 프랑스는 샤를 드골Charles de Gaulle 장군이 망명지인 런던에서 1940년 6월 '자유 프랑스'를 결성했다. 독일은 베니토 무솔리니Benito Mussolini(쿠데타로 실각한 뒤 유폐돼 있었지만 독일군이 구해 냈다)를 내세워 1943년 9월 북 이탈리아에서 '이탈리아 사회공화국'를 수립했다.

이렇게까지 극한 상황에 이르게 될지는 알 수 없지만, 미일 가운데 한쪽이 동맹 상대의 의향에 반해 교전 상대 쪽과 단독강화를 하게 되면 '전쟁이 끝난 뒤'에도 미일동맹은 돌이키기 힘든 상처를 입게 될 것이다.

한반도 유사사태의 출구

이런 사실을 염두에 넣고 한반도 유사사태와 대만 유사사태가 발생할 경우 전쟁의 출구전략과 관련된 시나리오를 생각해 보자.

북한의 군사행동에 의해 한반도 유사사태가 발생할 경우 먼저 한미동맹이 함께 대응에 나서게 된다. 그리고 우세한 세력인 한미동맹이 기본적으로 전쟁 종결을 주도하게 될 것이라고 예상할 수 있다.

하지만 한미동맹이, 북한이 몰고 올 수 있는 '장래의 위험'을 제거하기 위해 김정은 체제를 타도한다는 '분쟁 원인의 근본적 해결'까지 시도하게 될지는 불투명하다. 이는 한미가 '현재의 희생'을 어디까지 감당할 수 있는지에 달렸다고 할 수 있다.

한국전쟁 때 맥아더 유엔군사령관은 북한의 '장래의 위험'을 중시하는 입장에 서서 '분쟁 원인의 근본적 해결', 즉 유엔군이 지원하는 한국에 의한 한국 통일을 목표로 삼았다. 그에 따라 1950년 10월 [중국의 경고를 무시하고] 북위 38도선을 돌파해 북진했다. 중국이 이에 반응해 참전하면서 유엔군의 '현재의 희생'이 커지게 됐고, 그 결과 '타협적 평화'로 전환하게 된다.

지금도 불리한 세력인 북한은 자신의 열세를 알기 때문에 본격적인 전면 전쟁으로 발전하기 전에 자신들에게 유리한 상황을 만들어, 한미동맹이 이 상황을 바꾸려면 엄청난 '현재의 희생'이 발생(하도록 해 [자신들에 대한 공격을] 포기)하게 만드는 준비를 하고 있을 것이다.[8]

가령 장사정포나 단거리 탄도미사일로 한국군·주한미군의 거점을 타격하거나, 한국의 주요 공항과 항만 등을 생물·화학무기로 공격하는 것을 생각해 볼 수 있다. 이렇게 되면, 한반도에서 한미 연합군이 반격 작전을 펼치거나 충원되는 미군 부대가 반격 작전에 나서기 어려워진다.

또 일본이 한미에 대한 지원을 못 하도록 준중거리 탄도미사일이나 장거리 순항미사일을 배타적경제수역EEZ안이나 인구 과소 지역을 겨냥해 발사하는 심리적 공갈을 가할 가능성도 있다. 나아가 주일미군의 지원을 방해하기 위해 일반 탄두를 탑재한 미사일로 주일미군기지·자위대 기지를 공격하는 경우도 생각해 볼 수 있다.

이 경우 주한미군과 주일미군은 더 큰 희생을 치러 가며 북한을 겨냥한 작전을 계속해야 할지 판단해야 하는 상황에 내몰리게 된다. '현재의 희생'이 커지는 것을 두려워해 휴전을 선택하게 되면, 한미동맹·미일동맹은 '타협적 평화' 쪽으로 기운 전쟁 종결 방식으로 나아가게 된다. 상황에 따라선 한국의 일부 지역이 [북한에 의해] 점령되는 경우가 있을지도 모른다. 그렇게 되면 북한이 자신감을 키워 가까운 미래에 재침공을 해 올 수 있다는 위험이 남게 된다.

한미동맹·미일동맹이 '현재의 희생'을 피하지 않고 '타협적 평화'를 택할 때 짊어져야 하는 '장래의 위험'을 제거하는 것을 더 중시한다면, 작전을 계속해야 한다. 북한이 이에 굴복한다면 한미동맹·미일동맹은 전쟁 이전의 원래 상태를 회복하는 '타협적 평화'를 달성할 수 있다. 전쟁의 결과에 따라 원상회복에 더해, 북한의 핵과 미사일의 배치 태세와 수량에 제한을 가하거나 비핵화를 요구하는 등의 조건을 제시할 수 있다.

하지만 한미동맹·미일동맹이 '분쟁 원인의 근본적 해결', 즉 김정은 체제를 타도하는 데까지 나가는 것은 쉽지 않을 것이다. 북한이 상대와 함께 죽자는 각오로 체제가 붕괴되는 동시에 한미동맹·미일동맹을 향해 잠수함 등으로 핵공격을 가할 위험성도 있기 때문이다. 그래서 이런 선택을 내리는 것에는 주저할 수밖에 없다.

북한은 한미동맹·미일동맹의 공세에 굴복하지 않겠다는 태도를 보이며 계속 전쟁을 치르겠다는 상대의 의지를 꺾기 위해 상황을 한층 더 고조시키는 결단을 내릴지도 모른다. 가령 핵을 사용하는 경우이다. 다만, 이 경우 핵 사용은 미국의 핵 보복을 부르지 않을 정도로 자제된 것일 가능성이 크다. 가령 '대기권 내 핵실험'이라는 명목으로 핵탄두를 탑재한 탄도미사일을 동해를 향해 발사하거나 핵폭탄 장치를 탑재한 공작선을 폭발시키는 경우를 생각해 볼 수 있다.[9]

결국 이렇게 상황이 고조되기 전에 한국·미국·일본이 '장래의 위험'과 '현재의 희생' 사이에 대한 인식을 계속해 일치시켜 나갈 수 있는지가 중요하다. 상황에 따라선 한미일 내부에서 '현재의 희생'을 중시해 휴전을 지향하는 그룹(혹은 단체)과, '장래의 위험'을 무겁게 보면서 계속 전쟁을 택하는 그룹으로 의견이 갈리는 등 같은 진영 내에서 보조가 흐트러지는 상황이 발생할 수도 있다.

당사국인 한국은 '장래의 위험'에 더 강하게 노출되기 때문에 간단히 굴복하는 경우를 생각하기 어려울 것이다. 하지만 한국 혹은 미국이 굴복한다면, 전쟁이 발생하기 전의 원상을 회복하지 못하는 '타협적 평화'가 현실화될 위험성이 있다.

일본이 전선에서 이탈하게 되는 경우에도 한미동맹에게 불리한 상황이 만들어지게 된다. 하지만 유의해 둬야 할 점이 있다. 주일미군의 직접전투작전행동에 관한 사전협의제도에 대해 규정한 '허터-기시 교환공문'(제1장 참조)에는 사전협의를 통해 일본이 일단 허가한 미군의 행동을 사후에 중지시키기 위한 규정이 없다.

일본은 1969년 11월 닉슨-사토 공동성명의 한국 조항과 사토 에이사쿠 총리의 내셔널 프레스 센터 연설에서 밝힌 바와 같이 한반도 유사사태가 발생할 경우 사전협의가 이뤄지면 기지 사용을

미일동맹이라는 거울

무조건 허용한다는 입장을 취할 것이다(아주 급박한 상태가 되면 [미국이] 조선밀약을 들고나오게 될 수도 있다). 이렇게 되면 미군은 일본의 기지에서 북한을 향한 직접공격작전행동에 나서게 된다. 미군이 이 출격을 중지하지 않는 한, 일본이 요청하는 단독강화를 북한이 받아들일 가능성은 낮다고 할 수 있다. 한반도 유사사태가 발생할 경우 일본의 운명과 한국의 운명 사이에 선을 긋는 것은 애초에 불가능한 셈이다.

대만 사태의 출구

이어, 대만 유사사태에 대해 검토해 보자. 중국이 대만 침공을 시작해 대만이 단독으로 대처하게 되는 상황에 몰리게 되면 둘 중에서 우세한 세력인 중국은 적은 '현재의 희생'으로 목적을 달성할 수 있다고 생각할 수 있다. 이 경우 중국의 기준으로 '분쟁 해결의 근본적 해결', 즉 대만 합병을 지향하게 될 가능성이 높아진다.

2022년 2월 시작된 러시아-우크라이나 전쟁에서 블라디미르 푸틴 러시아 대통령도 처음엔 같은 생각이었을 것으로 보면 이해하기 쉽겠다. 러시아는 2008년 8월 7일 시작된 조지아 침공이나, 2014년 3월 18일 강행한 우크라이나령 크림반도 합병 때 희생을 거의 치르지 않고 목적을 달성했다. 이런 경험으로부터 우크라이나가 서구 진영에 기울어지게 될 것이라는 강박관념이 섞인 '장래의 위험'을 매우 작은 '현재의 희생'만을 치르며 저지할 수 있다고 생각했다. [이런 판단 아래] 러시아 입장에서 봤을 때 '분쟁 원인의 근본적 해결', 즉 우크라이나 수도 키이우의 함락, 볼로디미르 젤렌스키Volodymyr Zelenskyy 정권의 타도, 우크라이나의 비무장화·중립화(우크라이나의 완전 속국화)를 계획한 것으로 보인다.

대만 유사사태는 대략 다음과 같이 전개될 것으로 보인다. 먼저 중국이 해군 함선을 동원해 대만을 해상봉쇄하고, 전략지원부대와 사이버 민병이 대만과 관계 각국의 중요 인프라를 표적 삼아 사이버 공격 등을 감행한다. 이어 로켓군*과 육해공군이 대만의 중요 군사시설에 대해 탄도미사일과 순항미사일을 사용해 공격을 가하고 강습양륙함, 대형 수송기, 수송 헬기 등을 동원해 착륙·상륙작전을 감행한다. 이어 특수부대를 동원해 대만 정부 수뇌부를 표적으로 하는 참수 작전에 착수할 것으로 예상된다.

여기서 대만이 굴복하면 사태는 끝난다. 그러나 대만이 철저항전을 선택해 미국에 관여를 요청하는 상황이 되면 '현재의 희생'을 최소화해 '분쟁 원인의 근본적 해결'을 한다는 중국의 계획이 빗나갈 가능성이 있다. 이것이 실제 우크라이나에서 발생한 일이었다.

우크라이나 입장에서 봤을 때 '현재의 희생'을 피하기 위해 러시아에 항복한다 해도 이후 '부차의 학살'**을 통해 확인할 수 있듯 잔학 행위에 노출될 수 있다는 '장래의 위험'이 너무 컸다. 대

---

* 중국의 로켓군(火箭軍)은 핵탄두·비핵탄두를 탑재한 탄도미사일, 장거리 순항미사일을 담당하는 중국의 군종이다. 육해공군과 별도로 편성돼 있다.

** 러시아-우크라이나 전쟁 발발 직후인 2022년 3월 키이우주의 소도시 부차를 점령했던 러시아군이 시민들을 살해한 사건. 일본 《교도통신》의 2025년 4월 1일 보도를 보면, 전체 희생자는 554명으로 추정된다. 부차시가 공개한 자료를 보면 2022년 2월 24일 침공 이후 3월 말까지 396명이 러시아군에게 살해당했고, 158명이 점령으로 인해 충분한 영향을 공급받지 못해 숨겼다. 희생자들의 평균 연령은 54세였다.

미일동맹이라는 거울

만 역시 중국에 병합돼 지금까지 발전시켜 온 자유와 민주주의를 빼앗길 가능성이 크고, 저항한 주체는 전쟁이 끝난 뒤 '반역자' 등의 이유로 중국 쪽에 의해 처벌될 위험이 있다.

미국도 대만이 병합되면 중국 해군 함선이 태평양에 자유롭게 진출하고, 중국 전략원자력잠수함의 사정권 내에 미국 본토가 들어갈 수 있다는 위험을 감수해야 한다. 일본 역시 이후 해상교통을 위협받게 된다. 무엇보다 중국의 대만 합병은 '전후 1905년 체제'의 붕괴를 의미한다.

미국이 대만 방위를 위해 군사개입해 미대 쪽이 우세한 세력이 되면 전쟁 종결을 위한 주도권이 미대 쪽으로 넘어온다. 미국은 먼저 경계·감시 등의 시위 행동을 통해 중국군의 철수를 이끌어 내려고 대만 주변에 항모 함대를 파견하는 압박에 나설 수 있다. 그리고 중국이 어떻게 대응하는지에 따라 대만에 대한 접근 유지와 일본의 난세이 제도 방어를 위해, 동중국해와 대만 동부 해협에서 해상 우세를 확보하기 위한 작전이나 대만해협을 건너오려는 중국 해상 부대에 대한 공격 등을 단계적으로 실시하게 될지 모른다.

이 기간에 일본의 관여 역시 서서히 깊어지게 될 수 있다. 미군이 일본 내 기지를 활용해 직접전투작전행동을 할 수 있게 허용하고, [현재 상황을] 중요영향사태로 인정해 해상자위대의 보급선을 서태평양의 공해에 파견해 미 이지스함에 대한 해상보급 등 후방지원 활동을 수행하게 된다. 나아가 이를 존립위기사태로 인정해 해상자위대의 소해 부대를 투입해 중국이 대만 주변에 부설한 기뢰를 제거하는 작전을 실시하거나, 일본의 반격 능력과 해상자위대의 잠수함 등을 활용해 중국 해상 부대를 공격하는 상황이 전개될지도 모른다. 중국이 핵 위협에 나설 경우엔 미국이 확장억지(제5장 참조)를 제공하겠다는 뜻을 명확히 할 수 있다. 이를 통해 중국에 위협을 가하는 동시에 대만과 일본을 안심시키게 된다.

일본이 어떤 대응을 하든 중국이 주일미군기지나 자위대 기지에 탄도미사일 공격을 가할 가능성도 있다. 또 중국이 대만의 일부라고 주장하는 센카쿠 열도나, 대만을 태평양 쪽에서 공격할 때 중요 거점이 되는 요나구니与那国섬과 이시가키石垣섬을 점령하게 될지도 모른다. 이는 모두 일본에 대한 무력공격사태에 해당한다.

중국과의 갈등에서 미일동맹·대만 쪽이 우세에 선다고 해도 이런 일련의 대응 조처를 취할 때 '분쟁 원인의 근본적 해결', 즉 중국공산당 체제의 타도를 [목적으로] 내걸기는 불가능하다. 말할 필요도 없이 그럴 경우 핵전쟁으로 발전할 수 있어 '현재의 희생'이 극대화되기 때문이다. 그에 따라 [중국과의 분쟁은] 어떤 식으로든 '타협적 평화'를 달성하는 데 머무르게 되며, 전쟁이 끝난 뒤에도 중국공산당 체제라는 '장래의 위험'과 공존할 수밖에 없다. 미국 전략국제문제연구소CSIS가 2023년 1월 묶어 낸 대만 사태에 관한 보고서를 봐도 미국이 중국 본토를 공격하면 사태를 너무 고조시키기 때문에 삼가야 한다는 제언을 담고 있다.[10]

그에 따라 [가장 바람직한] '타협적 평화'의 형태로 생각할 수 있는 것은 중국군을 격퇴해 대만섬을 점령하지 못하게 저지하고, 결국 전쟁 전과 같은 원상회복을 추구하는 것이다. CSIS의 보고서는 대만 유사사태에 관한 24개의 시나리오를 바탕으로 시뮬레이션을 실시한 결과 대부분의 경우 중국군이 대만섬 제압을 못 하도록 몰아갈 수 있다는 결론을 내고 있다. 가장 기본이 되는 시나리오에서 중국의 사상자는 지상에서 약 7000명, 해상에선 약 1만 5000명까지 늘어나고 이 과정에서 함선 138척, 항공기 155기를 잃게 된다는 결론이 나온다.

하지만 원상회복을 달성하는 것만으로도 미일동맹·대만 쪽은 적지 않은 '현재의 희생'을 치러야 한다. CSIS 보고서의 가장 기본이 되는 시나리오에서 미군 희생은 사망자 3200명이고 항모 2척을 포함한 함선 17척, 항공기 270기를 상실한다. 대만군에서는 약 3500명의 사상자가 나오고 [대만이 가진] 함선 전체인 26척과 항공기의 약 절반을 잃게 된다. 자위대도 함선 26척, 항공기 112기를 잃게 된다는 결과가 나온다.[11]

사사카와평화재단이 2023년 1월에 실시한 대만 유사사태에 대한 시뮬레이션에서도 [대만을 침공한] 중국군에 대한 군사물자 제공이 끊기고, 미일동맹에 대만 상공의 제공권을 빼앗기는 등 중국이 열세인 상태에서 2주 정도 만에 사태가 수습된다는 전망이 나왔다.[12] 중국 쪽에는 4만 명 이상의 인적 피해가 발생하고 항모 2척을 포함한 함선 156척, 전투기 168기, 대형 수송기 48기 등을 상실하는 것으로 나타났다.

같은 시뮬레이션에서 미군은 사상자 1만 700명에 더해 함선 19척, 항공기 400기를 잃고 대만군은 포로를 포함해 사상자 1만 3000명에 함선 18척, 항공기 200기를 상실한다는 결과가 나왔다. 일본 자위대도 호위함 등 함선 15척과 F-2·F-35 등 전투기 144기를 잃게 되고, 일본 내 기지도 공격을 받아 자위대원 2500명이 죽거나 다치고 민간인 역시 수백 명에서 1000명 이상이 죽거나 다치는 것으로 예측됐다.

'현재의 희생'이 늘어나면서 일본 내 여론은 동요하게 된다. 이런 상황에서 사태가 장기화되면 전쟁을 계속하려는 의지가 꺾일 것으로 예상된다. CSIS의 보고서는 대만 유사사태가 수습될 때까지 몇 달, 경우에 따라선 몇 년이 걸리고 이 기간에 일시적인 휴전이 되풀이될 가능성이 있다고 지적한다.[13] 이 기간에 센카쿠 열도, 요나구니섬, 이시가키섬 등이 중국군에게 점령될 수 있고 이를 탈환하려면 다시 '현재의 희생'을 각오해야 한다.

여기서도 한반도 유사사태 때와 마찬가지로 미국·일본·대만 간에 '장래의 위험'과 '현재의 희생'에 대한 인식을 계속 함께 유지해 갈 수 있는지가 매우 중요하다. 이 가운데 대만이 먼저 전선을 이탈하게 된다면 앞서 언급한 바와 같이 전쟁은 그 순간 끝나게 된다. 하지만 한국전쟁 때의 한국, 베트남전쟁 때의 남베트남과 같이 대만이 셋 가운데 가장 큰 '장래의 위험'에 직면하게 될 것이기 때문에 그럴 가능성은 높지 않다고 봐야 한다.

가장 우려되는 것은 대만은 계속해 싸우겠다는 의사를 밝히는데도 미국이 '현재의 희생'을 견디지 못해 '타협적 평화', 즉 중국이 대만을 제압하는 상황을 받아들이는 경우이다. 대만에 관해 '애치슨 라인'이 부활하게 되는 것이다. 이때 일본의 일부 영토가 중국군에 점령된다면, 자위대 단독으로 탈환하는 게 어려울 수 있다. 이 문제를 해결하려면 미국과 중국이 주도하게 될 휴전 교섭 때 의제에 넣어 달라고 하는 수밖에 없다. 중국이 일본의 영토로부터 철병에 합의한다 해도 [다른 대가를 얻어 내기 위해 이를] 교섭 카드로 이용할 가능성도 있다.[14]

거꾸로 일본이 먼저 전선에서 이탈하게 되면, 미군이 대만 방위 작전을 실시하는 게 어려워진다. 하지만 미군이 일본 내 기지를 계속 사용하는 한, 한반도 유사사태 때와 마찬가지로 일본이 단독강화를 하는 선택지는 사실상 없다고 봐야 한다.

대만 유사사태와 집단적 자위권

대만 사태를 어떻게 끝낼지 논의할 때 유의해야 할 사항 가운데 하나가 '하나의 중국' 원칙과 집단적 자위권 간의 관계를 어떻게 파악할지이다. 이 문제에 대해 일본 정부는 명확히 설명한 적이 없지만, 몇 가지 자료에 근거해 추론해 볼 순 있다.

국제법적으로 집단적 자위권을 행사할 때는 보호를 받는 대상(요청국)이 국가성을 확보하고 있다는 게 기본 전제가 된다.[15] 미국은 대만이 중국의 일부라는 중국 쪽의 주장에 대해 '인식한다 acknowledge'는 입장을 취하고 있다. 일본도 '이해하고 존중한다'는 견해를 밝혀 왔다. 대만이 국가가 아니라고 한다면, 대만은 집단적 자위권을 통해 지킬 수 있는 대상이 아니게 된다.

하지만 이 역시 제1장에서 살펴본 대로, 미일 양국은 모두 대만이 중국의 일부라는 중국의 주장을 '승인'한다고 분명히 밝히진 않고 있다. 게다가 미일은 대만해협 문제를 '평화적으로 해결'해야 한다는 기본 입장을 유지하고 있다. 중국이 대만을 무력으로 병합하려 할 경우 '이는 중국의 국내 문제'라는 중국의 주장을 인정하며 수수방관하진 않을 것이다.

그렇다면 이를 단순히 뒤집어 생각한다면 중국이 대만 침공을 감행할 경우 '대만이 중국의 일부'라는 중국의 주장에 대한 미일 양국의 입장에 변화가 생길 수 있다. 중국과 국교 정상화를 담당했던 구리야마 다카카즈栗山尚一 외무성 조약국장이 중일 공동성명에 대해 내놓은 주석 등을 보면, 대만해협 문제의 평화적 해결이라는 전제가 무너지면 일본이 대만을 국가로서 승인할 가능성을 배제하는 것은 아니라는 견해가 담겨 있다.[16]

또 일본 정부는 집단적 자위권을 통해 보호할 수 있는 국가로 "우리 나라와 외교관계를 맺고 있지 않은 국가가 포함될 수도 있다"고 밝히고 있다(2015년 7월 21일 정부 답변서). 집단적 자위권을 행사하는 전제로 대만과 국교를 수립할 필요가 있는 것은 아니라는 의미이다.

다만 일본 혹은 미일동맹이 대만의 '국가성'을 인정하는 형식으로 집단적 자위권을 행사한다고 선언하며 대만 사태에 개입한다면, 중국과 휴전에 합의하기 어려워진다는 문제가 발생한다. 대만을 지켜내는 데 성공한다 해도 중국은 대만의 '국가성'을 인정하는 모양새로 미일과의 휴전에 응하진 않을 것이기 때문이다. 그렇다고 미일이 한번 인정한 대만의 '국가성'을 취소하는 것 역시 간단한 문제가 아니다.

나아가 이 경우엔 휴전 교섭 때 대만의 지위가 미묘해진다. 참고로 베트남전쟁의 강화조약인 파리 평화조약 때는 미국과 북베트남뿐 아니라 남베트남과 북베트남을 지원하는 남베트남 내 반정부 조직인 '남베트남 해방인민전선NLF(속칭 '베트콩')'까지 참가했다. 이때도 참가자의 지위를 둘러싸고 분쟁이 발생했다(그로 인해 결국 2자회담인지 4자회담인지 불분명하게 원형 테이블을 놓은 채 당사자의

이름표나 깃발을 내걸지 않았다).[17]

[대만 사태가 발생한다면 베트남전쟁] 이상으로 '전후' 중국-대만 관계나 동아시아 질서에 끼치는 영향이 클 것이다.

또 하나의 가능성 있는 시나리오는 중국이 대만을 침공하면 미국은 대만관계법에 의거해 "대만에 대한 위협에 대항"하기 위해 행동에 나서고, 이 과정에서 미군이 중국군으로부터 피해를 입었다는 이유를 들어 개별적 자위권을 행사한다고 정리하는 경우이다. 그리고 일본은 이 사태를 중요영향사태로 인정해 미군을 후방지원하거나, 나아가 존립위기사태로 인정하면서 미군을 지키기 위해 집단적 자위권을 행사할 수 있다.

유사사태의 출구전략까지 생각할 경우엔 이렇게 하는 게 대만의 '국가성'을 인정할 때보다 휴전에 끼치는 영향이 적을 것이다. 다만, 이 경우 일본이 집단적 자위권을 행사하는 것은 미국이 군사개입을 한다는 것이 전제가 되어야 해 다소 상황 의존적인 면이 있음은 부정할 수 없다.

또 어떤 경우든 일본에 대한 무력공격이 발생한다면 이는 무력공격사태에 해당해 일본 단독으로 개별적 자위권을 행사할 수 있다.

이상의 점과 관련해 대만 유사사태의 경우엔 한미동맹이 이미 존재하는 한반도 유사사태와 다르게, 전쟁이 끝난 뒤 대만의 안전보장을 어떻게 해야 할지가 어려운 논점이 될 수밖에 없다. 침공으로 큰 피해를 입은 대만은 한국전쟁 때의 한국이나, 러시아-우크라이나 전쟁 때의 우크라이나와 같이 종전을 받아들이는 전제로 미국 등에게 전후 안전보장을 강하게 요구할 가능성이 높다.

이 경우 중국의 반발을 피할 수 없어 휴전 교섭이 난항을 겪을 것
으로 예상된다.

3.　미일동맹이 열세일 경우

선택지는 좁아진다

지금까지는 미일동맹이 우위에 서는 경우를 살펴봤으니 이제 반대로 열세에 서게 되는 경우도 살펴보기로 하자. 이 경우엔 안타깝게도 미일동맹이 취할 수 있는 선택지가 매우 좁아진다.

먼저 군사적으로 우세한 세력인 교전 상대[사실상 중국을 이름]가 '분쟁 원인의 근본적 해결'을 고집하면 미일동맹이 쓸 수 있는 수단이 제한될 수밖에 없다. 이라크전쟁에선 동지국 연합이 후세인 정권 타도라는 '분쟁 원인의 근본적 해결'을 추구했고, 이를 실현할 힘까지 갖추고 있었다. 그랬기 때문에 일단 전쟁이 시작된 뒤엔 후세인 체제가 동지국 연합에게 '타협적 평화'을 요구하는 게 불가능했다.

하지만 모든 전쟁이 이라크전쟁처럼 되는 것은 아니다. 가령 미일동맹이 불리한 세력이 된다 해도 이라크전쟁 때의 후세인 정권과 달리 우세한 세력인 교전 상대에게 어느 정도 저항할 순 있다. 그렇게 되면 상대방이 생각하는 '전쟁 원인의 근본적 해결과 타협적 평화의 딜레마' 사이의 균형점을 조금이라도 '타협적 평화' 쪽으로 옮겨 가게 할 수 있다. 균형점을 옮기는 것은 교전 상대가 감당해야 하는 '현재의 희생'을 키울 때뿐 아니라, 상대가 생각하는 미일동맹의 '장래의 위험'을 줄이는 것을 통해서도 가능하다.

교전 상대가 생각하는 미일동맹의 '장래의 위험'을 줄인다는 것은, 일본에 대한 미국의 방위 공약을 축소시키거나, 미일동맹의 방위력을 줄이거나, 혹은 미일 양국에 대한 내정 간섭에 해당할 수 있는 조건까지 받아들이는 것을 의미할 수도 있다. 최악의 경우엔 미일동맹을 파기하도록 하거나, 어쩌면 전후에 교전 상대의 세력권에 편입되는 것에 가까운 조건을 받아들이는 것까지 생각해 볼 수 있다.

반대로 교전 상대의 '현재의 희생'을 키우려면 자기 자신도 새로운 희생을 치른다는 각오를 해야 한다.

미일동맹과 같은 선진 민주주의 국가에선 사회가 감내할 수 있는 '손해 감수cost tolerance' 수준이 매우 낮을 수밖에 없다. '손해 감수'는 전쟁이 일어날 때 한 사회가 견뎌 낼 수 있는 손해의 정도를 이르는 말이다.[18] 손해 감수의 정도가 높은 경우, 즉 교전 상대보다 더 큰 손해를 받아들이고 참을 수 있는 각오가 돼 있는 사회는 그렇지 않은 쪽보다 더 강한 입장에 설 수 있다. 베트남전쟁 때 미국은 군사력에서는 북베트남을 앞섰지만, 손해 감수를 둘러싼 경쟁에서 패하고 말았다.[19] 그렇다면 자기 자신도 희생을 치르면서까지 교전 상대에게 더 큰 희생을 강요해 상대방을 '타협적 평화' 쪽으로 끌어가려는 전략은, 상대가 권위주의 국가인 경우 미일동맹에 불리하다고 결론 낼 수 있다.

또 미일동맹이 열세인 상황에선 교전 상대가 [어느 한쪽과] 단독강화를 끌어내기 위해 압박을 가하기 쉬운 환경이 만들어진다는 사실 역시 각오해 두는 편이 좋다.

가치와 환경

마지막으로 불리한 세력이 어떤 결단을 내렸었는지 과거의 예를 살펴보도록 하자. 제2차 세계대전의 초기 국면에서 영국은 나치스 독일에 대해 불리한 세력이었다. 하지만 미국의 참전 가능성에 희망을 걸 수 있었다. 또 '나치스가 지배하는 유럽'이라는 '장래의 위험'으로부터 민주주의라는 가치를 지켜 내기 위해 '현재의 희생'을 기꺼이 받아들였다.[20] 베트남전쟁 때 북베트남도 우세한 세력인 미국이 [이 전쟁이] 중국과 소련과의 전쟁으로 확대되지 않을까 우려하게 만드는 데 성공했다.[21] 또 '민족의 독립'이라는 가치를 내세워 앞서 언급한 '손해 감수'의 수준을 높게 유지할 수 있었다.

반대로 제2차 세계대전 때 일본은 소련중개책을 통해 [종전으로 나아가는] 환경을 자신들에게 유리하게 바꿔 보려 했지만 실패했다. 지켜야 하는 가치 역시 국체호지와 같은 애매한 개념밖에 제시할 수 없었다.

나아가 당시 일본과 제1·2차 세계대전 때 독일은 교전 상대인 연합국 사이의 불화를 기대했지만 이런 이간책은 성공하지 못했다. 이는 방책이라기보다 희망적 관측을 가진 것에 불과했다고 할 수 있다.

미일동맹 쪽이 불리한 세력이 되는 경우엔 미일이 지켜야 하는 가치가 현재의 희생을 감수할 만한 것인지 확인하는 게 중요하다. 또 제3자의 중개나 동맹 세력의 이탈과 같은 교전 당사자를 둘러싼 환경을 자신에게 유리한 형태로 바꾸는 게 가능할지를 희망적 관측을 배제한 채 냉정히 고찰해 볼 필요가 있다. 그런 뒤에 '현재의 희생'을 치르더라도 교전 상대에게 굴복하지 않을 것인지, 그게 아니라면 [지금까지 치른 희생을] '손절'하고 사태를 수습할 것인지를 결단해야 한다.

현실적으로는 한반도 유사사태 때 미일동맹이 불리한 세력이 되는 상황은 생각하기 어렵다. 다만 중국을 상대로 할 경우 미래에도 항상 미일동맹 쪽에 우세한 세력이 될 것이라고 장담하기 어렵다는 점에도 유의할 필요가 있다.

※ ※ ※

이번 장의 논의를 바탕으로 생각해 보면, 유사사태를 끝내는 방식에 정답은 없다는 것을 알 수 있다. '장래의 위험'을 제거하는 것을 중시한다면 '현재의 희생'을 치러야 하고, '현재의 희생'을 회피하려 한다면 '장래의 위험'과 공존해야 한다.

다만 그 과정에서 '현재의 희생'을 감수하기를 망설인 나머지 '장래의 위험'을 과소평가하는 안이한 타협을 하게 될 수 있다. 그렇게 되면 단기간에 [애써 이뤄 낸] 평화가 무너지거나, 반대로 '장래의 위험'을 과대평가해 불필요한 '현재의 희생'을 치르게 될

　　　　　　　　　미일동맹이라는 거울

수 있다. 이런 식의 전쟁 종결은 실패한 것이라고 할 수 있다. 그렇다면 [이런 상황을 피하기 위해 우리 공동체가] 무엇을 위해, 어디까지 희생을 감수할 것인지를 국민적 차원에서 논의해 갈 필요가 있다.

태평양전쟁 때 최고전쟁지도회의(총리대신, 외무대신, 육군대신, 해군대신, 참모총장, 군령부장으로 구성)는 종적으로 나뉜 조직의 이익을 대표하는 사람들의 모임에 지나지 않았고, 그래서 끝내 전쟁을 끝낸다는 의사결정을 내리지 못했다. 전쟁을 끝낸다는 의사결정은 천황의 성단聖斷(천황의 성스러운 결단)이라는 극히 곡예적인(비정상적인) 방식에 의해 이뤄졌다.* 여기서 쇼와 천황이 수행한 역할의 역사적 중요성을 부정하려는 것은 아니다. 하지만, 성단을 통해 종전을 결정했다는 것은 [당시 일본이] 천황의 판단 없이는 [국가의 운명과 관련된 중요한] 의사결정을 할 수 없었음을 의미한다. 국가적 위기 상황에서 [일본 정부 내에] 거버넌스(통치 기능)가 결여돼 있었음을 드러내 보여 주는 예가 아닐까 한다.

만약 [일본이] '다음' 위기를 겪게 된다면, 전쟁 종결이라는 어려운 결단을 내리는 주체는 민의를 체현한 정부여야 한다. 그때엔 국제정치의 현실보다 국내적인 합의 형성을 중시해 소련중개책을 택하는 것 같은 실패를 거듭하지 말고, NSC와 같은 안전보장에

---

* 일본 최고전쟁지도회의는 1945년 8월 6일과 9일 각각 히로시마와 나가사키에 원폭이 투하되고, 9일 새벽 소련이 만주 쪽으로 대대적인 침공을 개시했다는 사실이 전해진 뒤 더 이상 전쟁을 수행할 수 없다고 판단했다. 하지만 '항복의 조건'을 둘러싼 육군 쪽의 강경론에 막혀 포츠담 선언을 받아들인다는 결정을 내릴 수 없었다. 결국 제힘으로 항복을 결단하지 못한 최고전쟁지도회의는 천황에게 판단을 내려 줄 것을 요청한다. 히로히토 천황은 10일 새벽과 14일 오전 두 차례에 걸쳐 온건론을 주장하던 스즈키 간타로(鈴木貫太郎) 총리와 도고 시게노리(東郷茂德) 외무대신의 손을 들어줬다. 이로서 일본의 무조건 항복 방침이 결정됐다.

관한 내각의 통합 조정 조직이 출구전략을 논의하는 '사령탑'으로
제 역할을 다하는 게 중요하다.

또 출구전략을 염두에 둔 일본의 시각을 평소에 동맹국이나
관계국·지역과 공유해 두는 것도 필요하다.

뒤집어 생각해 보면, 출구전략에 대한 논의를 깊게 해 나가는
것 자체가 억지력 강화에 도움이 된다. 이를 위해서라도 미일동맹
의 억지력이 깨진 뒤의 문제는 생각하지 않아도 된다거나 혹은 생
각하고 싶지 않다는 식의 '일본적 시점'을 극복해 갈 필요가 있다.

제5장

확장억지: 열도와 반도, 미국의 핵전략

◆ ◆ ◆

지금까지 이 책에선 '제3자적 시점'에 서서 미일동맹과 관련한 다양한 쟁점인 기지 사용, 부대 운용, 사태 대처, 출구전략 등을 점검했다.

그런데 여전히 일국평화주의나 필요최소한론에 기초한 '일본적 시점'과 안전보장의 현실 사이의 괴리가 극적으로 큰 분야가 남아 있다. 핵무기를 통한 보호를 의미하는 '확장억지'이다. 이 괴리는 단순히 매우 크다는 수준이 아니다. 이 차이에 대해 파고드는 것 자체가 미일동맹의 최대 금기로 여겨저 왔다.

제2차 세계대전 말기인 1945년 8월 일본은 히로시마와 나가사키에 핵공격을 받았다. 그로 인해 일본에선 반핵 감정이 매우 커졌고 핵 폐기를 기원하는 목소리가 사회에 자연스럽게 정착돼 왔다. 나아가 핵을 "만들지도, 갖지도, 반입하지도 않는다"는 '비핵 3원칙'이 1971년 11월 24일 국회에서 결의돼 '일본의 국시国是'라고 할 수 있는 지위를 확보하고 있다.

이런 반핵 감정을 떠올려 보면, 예측 가능한 미래에 일본이 핵무장을 한다는 것은 분명 현실적으로 생각하기 어려운 일이다. 또 반핵 감정을 빼놓고 생각한다 해도, 이번 장에서 설명하는 것처럼 일본이 직접 핵무장을 하는 것은 합리성이 결여된 판단이라고 볼 수 있다. 그에 따라 비핵 3원칙 가운데 일본 자신이 핵을 제조·보유하지 않는다, 즉 "만들지도, 갖지도 않는다"는 두 원칙은 크게 문제가 되지 않는다.

여기서 논의의 쟁점이 되는 것은 '반입하지 않는다'는 세 번째 원칙이다. 일본이 비핵 정책을 유지한다는 것은 핵보유국인 동맹국 미국이 확장억지(핵억지)를 제공한다는 것과 [동전의 앞뒷면처럼] 하나의 세트가 되어 있다. '반입하지 않는다'를 둘러싸고 논란이 끊이지 않는 것은, 일본이 미국으로부터 확장억지를 제공받고 있는 현실과 이 원칙이 처음부터 '양립 가능한 것'이 아니었기 때문이다.

핵을 갖고 있는 상대에게 핵을 쏘면 상대가 핵으로 반격할 수 있기 때문에 애초 그런 공격을 하지 않는다. [핵을 쏘면 핵공격을 받는다고] 상대가 믿게 해 핵도 쏘지 않게 하는 것이 핵억지라는 개념이다. 냉전 시대부터 양대 핵 대국이었던 미국과 소련(러시아)은 먼저 상대의 핵공격을 받더라도 자신의 핵전력을 잔존시켜 확실히 보복을 가할 능력을 확보하고 있다. 그 때문에 어느 한쪽을 향한 최초의 핵공격이 이뤄지면 결국 서로를 확실히 파괴해 버리는 결과로 이어질 수밖에 없다. 이를 '상호확증파괴MAD, Mutual Assured Destruction'라고 한다. 상호확증파괴가 성립하는 상황에선 [상대뿐 아니라] 자국도 괴멸적 피해를 입게 된다. 이를 알면서도 핵공격을 걸어 오는 어리석은 사람은 없기(보통 없다고 생각할 수 있기) 때문에, 결과적으로 상호확증파괴를 담보해 두면 역설적으로 핵전쟁을 할 수 없는 상태가 만들어진다. 이렇게 합리적으로 생각해 볼 때 핵전쟁을 할 수 없는 상태를 '전략적 안정'이라고 부른다. 전략적 안정을 유지하는 것이 핵억지의 목적이라고 할 수 있다.

핵억지엔 여러 종류가 있지만 '누구를 지키는가'라는 기준에서 볼 때 두 가지 유형이 있다. 하나는 핵보유국이 자국을 지키기 위해 핵으로 상대를 억지하는 경우다. 이를 '기본억지'라고 한다. 그리고 또 핵보유국이 자신을 지키는 것뿐 아니라 동맹국을 지키기 위해 핵으로 상대를 억지할 수 있다. 이를 '확장억지'라고 한다. 핵억지를 통해 지키는 범위를 자국에서 동맹국으로 확장하고 있기 때문이다. 핵보유국을 동맹으로 둔 국가는 동맹국으로부터 확장억지를 제공받을 수 있다면, 직접 핵을 갖지 않는 비핵 정책을 취할 수 있게 된다.

확장억지를 [다른 말로] '핵우산'이라고도 부른다. '핵우산'이라는 말을 쓰면, 이지스함의 탄도미사일 대처 능력이나 패트리엇(PAC-3) 등에 의한 탄도미사일 방어시스템, 즉 날아오는 핵미사일을 요격시스템으로 쏘아 맞추는 것만 생각할지 모른다. 사실 그렇지만은 않다. 일본에 핵을 쏘면 일본이 직접 핵으로 반격하지 않더라도 미국이 반격해 준다고 상대가 믿기 때문에 일본은 핵공격을 당하지 않게 된다. 이런 의미에서 '우산'이라는 말을 사용하는 것이다.

미국이 일본에 확장억지를 제공한다고 약속하고 있기 때문에 "일본은 미국의 '핵우산'에 들어가 있다"는 표현을 쓴다. 확장억지를 제공하는 것은 미일안전보장조약에 따라 미국이 지고 있는 일본에 대한 방위 의무 가운데서도 가장 높은 수준의 보장이라고 할 수 있다.

확장억지가 미일동맹에서 차지하는 비중에 견줘, 전후 두 나라 사이에 핵의 위상에 관한 전략적 논의, 즉 일본에 대한 확장억지의 질을 높이려면 어떻게 할지를 둘러싼 논의는 거의 이뤄지지 않았다. 일본에 대한 확장억지의 질이라는 것은, 일본에 선제 핵공격을 가하면 미국의 핵반격으로 인해 허용할 수 없을 만큼 큰 피해를 입게 된다는 점을 상대가 믿게 하는 정도를 이른다.

미일동맹이 핵의 위상을 둘러싼 전략적 논의를 충분히 하지 못했던 것은 단순히 게을렀기 때문만은 아니다. [일본이] 애초 그런 논의 자체를 피해 왔기 때문이다. 이를 대신해 논의의 주요 주제가 되어 온 것은, 미국이 일본에 핵을 '반입하지 않는다'는 원칙을 어기면서 핵을 들여온 적이 있는지 검증하는 것이었다. 한 전직 외교관은 2008년 인터뷰에서 "정치의 초점은 핵전략에 대한 논의가 아니라 '일본 내 미군기지에 [정말] 핵무기가 없는지' [검증하는 데]에만 맞춰져 있었다"라고 말했다.[1] 이를 일본과 일본 밖에 선을 그어 일본 국내에 핵이 없으면 그걸로 만족한다는 '핵에 대한 일국평화주의'라고 부를 수 있진 않을까?

특히 미일 양국 정부가 비핵 3원칙에 위배되는, 이른바 '밀약'을 맺은 게 아니냐는 의혹이 끊이지 않았기 때문에 관심 역시 이에 집중돼 왔다. 이와 관련해 크게 두 가지를 언급할 수 있다. 첫째는 1960년 미일안전보장조약 개정 때의 '안보 핵 밀약', 둘째는 1972년 오키나와 반환과 관련한 '오키나와 핵 밀약'이다. 그리고 비핵 3원칙과 확장억지 사이에 존재하는 '모순'으로 인해 핵과 관련된 이런 '밀약'이 생겨나게 됐다는 점을 강조하는 목소리가 이어져 왔다.

이 책에선 [일본이 그동안 집착해 온] 핵 밀약 자체는 그렇게 중요한 주제가 아니라는 입장을 제시하려 한다. '제3자적 시점'에 서게 되면, 정말 중요한 것은 일본의 비핵 3원칙이 아니라 미국의 핵전략이라는 사실을 명확히 알 수 있기 때문이다. 일본을 포함한 극동에 핵탄두를 배치할지에 결정적인 영향을 끼친 것은 미국의 전체적인 핵전략 속에서 이런 전진 배치가 의미가 있는지에 대한 미국의 판단이었다. 결국 미국의 핵전략이 중요했던 것이다.

또 국지전에서 사용 가능한 저출력(위력이 억제된) 핵을 예전엔 '전술핵'이라고 불렀지만, 이 책에선 최근 연구 경향을 감안해 인용구가 아닌 곳에는 '비전략핵'이라는 호칭으로 통일해 부르겠다. 전략핵무기감축조약START 등 국제조약을 통해 명확히 정의된 '전략핵무기' 외엔 모두 이렇게 부르겠다는 의미다.[2] 이에 대칭되는 '전략핵'은 미국과 소련(러시아)이 도시 공격을 포함한 전면 핵전쟁 때 사용하는 높은 출력의 핵을 이른다.

비핵 3원칙과 확장억지

국시가 된 비핵 3원칙

비핵 3원칙의 기초가 된 논의는 1960년 미일안전보장조약 개정 때부터 시작됐다. 기시 노부스케 당시 총리는 1960년 4월 19일 국회에서 "일본은 핵무장을 하지 않으며 또 핵무기 반입도 허용하지 않겠다"라고 답했다.

기시 총리는 이어 "이번에 이를(미국이 일본에 핵 반입을 못 하게 하는 것) 확보하기 위해 현행 안전보장조약에는 없는 사전협의와 관련한 교환공문을 만들었다"고 말했다. 제1장에서 살펴본 것처럼 기시 정권 때 이뤄진 안전보장조약 개정을 통해 사전협의제도가 신설됐다. 미일은 1960년 1월 교환한 '허터-기시 교환공문'에서 미군이 일본 내 기지를 사용할 때 '몇 가지 경우'에는 일본 정부와 사전협의를 해야 한다고 정했다. 제1장에서 초점을 맞춰 살펴본 것은 극동유사사태 때 미군이 일본 내 기지로부터 직접전투작전 행동에 나서는 경우였다.

그와 함께 사전협의의 주요 주제로 교환공문에 명시된 것이

미군의 "장비와 관련된 중요한 변경"이다. 여기서 말하는 장비와 관련된 중요한 변경이란 미군이 일본 국내에 '핵을 반입'하는 경우를 뜻한다. 미일안전보장조약이라는 제도적 틀 안에서 미군이 일본에 핵 반입을 못 하도록 제약할 수 있다는 것이 일본인들이 사전협의제도에 품었던 기대 가운데 하나였다.

'[일본에 핵을] 반입하지 않는다'라는 방침은 오키나와 반환 교섭을 통해 한층 더 강화됐다. 제1장에서 설명한 것처럼 오키나와 반환 교섭 때 최대 쟁점이 된 것은 '핵을 빼고, 본토와 같은 수준으로'라는 문제였다. 1954년 9월 제1차 대만해협 위기가 발생한 직후인 그해 11월부터 미군은 오키나와에 비전략핵을 배치하기 시작했다. 이 핵무기는 중국을 비롯한 소련의 극동 지역과 북한을 사정권에 넣고 있었다. [1972년 5월] 오키나와가 반환될 무렵엔 약 1200발이 배치돼 있었던 것으로 전해진다. 반환 교섭 때엔 미국이 오키나와에서 핵을 없애자는 요구에 응할지 분명치 않았기 때문에 일본 정부가 어떤 태도를 취하는지가 중요한 쟁점으로 떠올라 있었다.

사토 에이사쿠 총리는 이런 상황 속에서 1967년 12월 11일 국회 답변, 또 1968년 1월 27일 시정 방침 연설을 통해 비핵 3원칙을 제창했다. 그리고 이 원칙에 기반해 오키나와 반환 교섭을 할 때엔 핵을 없애자('핵을 빼고')고 요구하겠다는 명확한 입장을 밝혔다. 반환 뒤 오키나와에도 본토와 같이 사전협의제도를 적용하는 것('본토와 같은 수준')과 함께 이 문제는 교섭에 임하는 일본 정부의 기본 입장이 된다.

미국은 교섭 과정에서 일본의 희망 사항을 받아들였다. 리처드 닉슨 대통령과 사토 총리는 1969년 11월 미일 정상회담을 통해 '핵을 빼고, 본토와 같은 수준으로' 오키나와를 반환한다는 원칙에 합의했다. 하지만 이후 사토 총리는 오키나와 반환협정에 대한 일본 국회 내 심의가 잘 진행되지 않자 사태를 타개하기 위한 방책을 모색하게 된다. 그 결과 앞서 언급한 대로 1971년 1월 24일 국회 결의를 통해 비핵 3원칙의 내용을 다시 확인하게 된다. [비핵 3원칙의 위상을] 총리의 선언에서 국회 결의로 격을 높인 것이다. 오키나와 반환협정은 같은 날 중의원에서 비준 동의를 얻었고, 1972년 5월 반환이 마침내 실현됐다.

하지만 사실 사토 총리가 갖고 있던 생각은 핵을 "만들지 않고, 갖지 않는다"는 '2원칙'일 뿐이었다. "반입하지 않는다"는 포함돼 있지 않았다. "반입하지 않는다"가 덧붙게 된 것은 여당인 자민당과 각료들이 '2개 원칙만으로는 어중간하다'고 지적했기 때문이었다.[3] 사토 총리는 1969년 10월 7일 우시바 노부히코牛場 信彦 외무성 차관과 도고 후미히코東鄕文彦 북미국장에게 "비핵 3원칙에 포함된 '반입하지 않는다'는 잘못된 선택이었다. 반성한다"고 말했다.[4]

확장억지의 제공

어찌 됐든 이렇게 해서 비핵 3원칙은 일본의 국시가 되었다. 동시에 일본은 미국의 '핵우산' 안에 들어가 [보호받길] 원했다. 이를 주도한 이가 비핵 3원칙을 국시로 만들었던 사토 총리 자신이었다.

사토 총리는 도쿄 올림픽이 진행 중이던 1964년 10월 16일 중국이 신장위구르자치구의 로프노르罗布泊, Lop Nor 핵실험장에서 고농축 우라늄을 사용한 첫 핵실험에 성공했다는 사실을 알고 경계감을 가질 수밖에 없었다. 사토 총리는 2개월 뒤인 12월 29일(사토 총리의 취임은 11월 9일) 에드윈 라이샤워Edwin Reischauer 주일 미국대사와 만나 "만약 상대가 핵을 갖고 있다면, 나도 갖는 것이 당연한 상식"이라고 말했다. 이 말에 라이샤워는 충격을 받았다.[5]

린든 존슨Lyndon Johnson 대통령과 사토 총리는 해가 바뀐 뒤인 1965년 1월 12~13일 정상회담에 나섰다. 미국은 13일 공동성명에서 미일안전보장조약에 따른 일본에 대한 방위 의무를 "준수할 결의가 있음을 재확인"했다. 사실 존슨 대통령은 12일 정상회담에서 사토 총리에게 확장억지에 대해 언급하며 "만약 일본이 방위를 위해 미국의 확장억지를 필요로 한다면, 미국은 서약을 지켜 그 방위력을 제공하겠다"고 약속했다.[6] 존슨 정권이 방위 의무를 재확인하는 것과 동시에 확장억지를 제공하겠다고 내밀하게 보장한 것은 일본이 중국의 핵무장에 자극받아 핵보유를 향해 나아가지 않도록 제동을 걸기 위해서였다.

일본이 미국의 '핵우산'에 들어가 있다는 사실을 정부가 국회에서 공식 인정한 것은 존슨-사토 회담 이후 1년이 지난 뒤였다. 시이나 에쓰사부로椎名悦三郎 외무대신은 1966년 2월 19일 미국의 핵 보복력이 전면 전쟁의 발생을 억지하는 극히 중대한 요소가 되어 있다면서 일본도 "이런 일반적 의미에서 핵우산 밑에 있다는 것을 부정할 순 없다"고 말했다. [말의 의미를] 애매하게 얼버무리는 내용이었다. 그러나 여기엔 지난해 미일 정상회담 때 존슨 대통령이 했던 발언이라는 명확한 근거가 있었다.

사토 총리는 핵 확산을 두려워하는 미국의 약점을 꿰뚫어 보고, 일본이 핵무장을 할 가능성이 있음을 언뜻 내비춰 '확장억지를 제공하겠다'는 약속을 얻어 내려 한 것이다. 이 무렵 사토 총리와 비슷하게 행동한 이가 한국의 박정희 대통령이었다. 박 대통령도 한국이 핵 개발에 나설 수 있다는 사실을 과시하면서 미국이 이를 인정할 것인지, 아니면 한국 방위에 계속 관여할지 선택해야 한다고 압박했다.[7]

미국은 대만도 핵 개발에 뛰어들진 않을까 우려했다. 하지만, 외교사를 연구하는 이가라시 다카유키五十嵐隆幸의 최신 연구에 따르면 장제스 총통의 뒤를 이은 장징궈蔣經國 정권은 1972년 12월께 핵에 대한 연구는 이어 가겠지만 실용화하진 않겠다는 결론을 내려 두고 있었다.[8]

미국이 일본에 확장억지를 제공한다는 사실을 처음 공식적으로 서약한 것은 1975년 8월 5일과 6일 이뤄진 제럴드 포드Gerald Ford 대통령과 미키 다케오三木武夫 총리의 정상회담을 정리한 공동 언론 발표를 통해서였다. 포드 대통령과 미키 총리는 이 문서에서 "미국의 핵억지력"이 "일본의 안전에 중요한 기여를 하고 있다는 점을 인식"한다고 밝혔다. 포드 대통령은 이어 미키 총리에게 미국은 "핵무기든 통상전력이든" 가리지 않고 일본에 대한 방위 의무를 계속해 가겠다고 확인했다.

일본 안전보장 정책 문서 속 확장억지의 위치

일본이 안전보장 정책 문서에서 핵에 대해 가장 처음 언급한 것은 1972년 10월 9일 책정된 '제4차 방위력 정비계획(4차방)' 때였다. 방위력 정비계획은 1957년 6월 14일 처음 만들어져 이후 네 번에 걸쳐 수정됐다(1차방은 3년 계획, 나머지는 5년 계획). 4차방은 이틀을 통해 만들어진 최후의 문서였다. 1976년부터 [이를 대체해] 방위계획대강이 작성되기 시작한다.

4차방에 처음 "핵의 위협에 대해선 미국의 핵억지력에 의존한다"는 내용이 포함됐다. 이 어구는 첫 방위계획대강인 1976년 대강과 이후 1995년 대강, 2004년 대강에도 그대로 계승된다.

2004년 대강은 탄도미사일 방어와 관련해 일본이 스스로 해야 하는 노력에 대해서도 언급하고 있다. 2010년 대강에는 "[일본의 안전보장을 위해선] 핵억지력을 중심으로 하는 미국의 확장억지가 불가결하고, 그 신뢰성의 유지·강화를 위해 미국과 긴밀히 협력해 간다"는 과감한 표현이 등장한다. 이 문구는 2013년 대강, 2018년 대강에 그대로 이어진다.

2013년 방위계획대강과 함께 만들어진 2013년 국가안전보장전략을 보면, 2010년 대강이 밝힌 생각을 그대로 따르면서 "미국이 제공하는 확장억지를 포함한 미일동맹의 억지력"이라는 표현을 쓰고 있다. 2022년 국가안전보장전략에는 "핵을 포함한 모든 능력을 통해 뒷받침되는 미국이 제공하는 확장억지 등 미일동맹의 억지력과 대처력을 한층 강화해 간다"는 내용이 들어갔다. 함께 작성된 국가방위전략에는 "핵억지력을 중심으로 하는 미국의 확장억지가 불가결"하며 "방위 목표를 달성하기 위한 우리 나라 자신의 노력과 미국의 확장억지 등을 서로 하나로 묶어 모든 사태로부터 우리 나라를 지켜 가겠다"는 구절이 포함됐다. '미일동맹의 억지력'이라는 말을 사용해 비핵 정책을 유지하면서도 일본의 역할을 확대해 가겠다는 뜻을 드러낸 것이라고 평가할 수 있다.

[이제 미일 가이드라인을 살펴보자.] 가이드라인을 만들기 이전, 즉 미일 공동계획밖에 없었던 시기엔 핵 사용에 관한 언급이 이뤄지지 않았다.9 1978년 가이드라인이 만들어지면서 "미국은 핵억지력을 유지한다"고 했지만, 약한 표현에 머물렀음을 알 수 있다.

1997년 가이드라인에도 "미국은 (일본을 방위한다는) 서약을 달성하기 위해 핵억지력을 유지하겠다"는 정도의 표현에 그쳤다. 이에 비해 2015년 가이드라인에는 미국은 "앞으로도 계속 핵전력을 포함한 다양한 종류의 능력을 통해 일본에 대한 확장억지를 제공할 것"이라는 서약이 담겼다. 확장억지를 제공하겠다는 뜻을 확실히 밝힌 것이다.(표 5-1)

일본은 이렇게 미국의 핵을 "반입하지 않는다"는 내용을 포함한 비핵 3원칙을 내거는 동시에 미국이 제공하는 확장억지를 받아들여 왔다. 하지만 일본 정부가 설명해 온 혹은 일본 여론이 받아들일 수 있는 "반입하지 않는다"는 원칙과 확장억지는 양립하기 쉽지 않았다. 결국 둘 사이에 충돌이 발생하게 된다.

이 문제가 노출된 사례로 주목받아 온 것이 이른바 '밀약' 문제이다. 대표적인 사례가 이른바 '안보 핵 밀약'과 '오키나와 핵 밀약'이다. 오랫동안 미일 사이에 이 두 개의 밀약이 존재하는 게 아

안전보장정책문서	확장억지
1972년 제4차방위력정비계획	"핵의 위협에 대해선, 미국의 핵억지력에 의존한다."
1976년 방위계획대강	"핵의 위협에 대해선, 미국의 핵억지력에 의존한다."
1978년 가이드라인	"미국은 핵억지력을 유지한다."
1995년 방위계획대강	"핵의 위협에 대해선, 미국의 핵억지력에 의존한다."
1997년 가이드라인	"미국은 그(일본 방위) 서약을 달성하기 위해 핵억지력을 유지한다."
2004년 방위계획대강	"핵의 위협에 대해선, 미국의 핵억지력에 의존한다." 탄도미사일 방위와 관련해선 일본 자신의 노력에 대해서도 언급
2010년 방위계획대강	"핵억지력을 중심으로 하는 미국의 확장억지는 불가피하며 그 신뢰성을 유지·강화하기 위해 미국과 긴밀히 협력해 간다."
2013년 국가안전보장전략	"핵억지력을 중심으로 하는 미국의 확장억지는 불가피하며 그 신뢰성을 유지·강화하기 위해 미국과 긴밀히 협력해 간다.", "미국에 의한 확장억지의 제공을 포함한 미일 동맹의 억지력"이라는 표현도 사용
2013년 방위계획대강	위와 같음
2015년 가이드라인	미국은 "앞으로도 계속 핵전력을 포함한 모든 종류의 능력을 통해 일본에 대해 확장억지를 제공한다."
2018년 방위계획대강	위와 같음
2022년 국가안전보장전략	"핵을 포함한 모든 능력에 의해 뒷받침되는 미국의 확장억지 제공을 포함해 미일 동맹의 억지력과 대처력을 한층 강화한다."
2022년 국가방위전략	핵의 위협에 대해선 "핵억지력을 중심으로 하는 미국의 확장억지가 불가피"하며 "방위목표를 달성하기 위한 우리나라 사신의 노력과 미국의 확장억지 등이 잘 어우러지며 어떤 상황에서도 우리 나라를 지켜낼 것이다."

[표 5-1] 안전보장정책문서에 나오는 확장억지 관련 언급의 변화

니냐는 지적이 이어져 왔다. 미군이 일본에 핵을 '반입'하는 행위는 일본 정부와 사전협의 대상이 된다. 전자[안보 핵 밀약]를 둘러싼 의혹의 핵심은 핵을 탑재한 미 함선이 일본에 일시 기항할 때 이를 사전협의 대상으로 삼지 않기로 약속했다는 것이고, 후자

[오키나와 핵 밀약]는 [1974년 오키나와를 반환하며 없애 버린] 핵을 섬에 재반입할 때 사전협의를 거치지 않기로 밀약을 맺었다는 것이다.

2.　　　　　**안보 개정과 '핵 밀약'**

핵 탑재 미 함선의 일시 기항

미군은 미일안전보장조약에 근거해 일본 내 기지를 사용할 수 있다. 이 경우 당연히 필요한 장비품(무기)도 일본에 반입할 수 있다. 하지만 일본 국내에 자유롭게 반입할 수 없는 무기가 있다. 바로 핵이다.

앞서 언급한 대로 미군이 일본에 핵을 반입하는 것은 1960년 1월 허터-기시 교환공문에 따른 '장비에 있어 중요한 변경'에 해당된다. 그에 따라 일본 정부와 사전협의를 해야 한다. 미국은 지상 배치 혹은 일본의 육지에 하역하는 형태로는 멋대로 핵을 반입할 수 없다.

여기서 논쟁의 초점이 되는 것은 '핵을 탑재하고 있는 미 해군 함선이 일본에 일시 기항할 때에도 사전협의가 필요한지 여부'이다.

뿌리 깊은 반핵 감정을 가진 일본에선 핵을 탑재한 미국 함선은 비록 일시 기항하는 것이라 해도 자국 항구에 자유롭게 드나들 수 없다는 입장을 취해 왔다. 일시 기항이라 해도 '허터-기시 교환공문'에서 말하는 장비의 중요한 변경, 즉 핵의 '반입'에 해당되기 때문에 사전협의 대상이 된다는 주장이다. 기항 중이거나 일본 영토를 통과할 때 핵을 실제 사용하는지 여부는 중요하지 않다. 그리고 일본 정부는 미국이 이전에 단 한 번도 일시 기항에 대해 사전협의를 요청한 경우가 없었기 때문에 핵을 탑재한 미국 함선이 일본에 기항한 적이 없다는 식으로 설명해 왔다.

하지만 미국은 이 문제를 그렇게 받아들이지 않았다. 항구는 일본의 영역 내에 있다고 해도 바다를 통해 세계와 이어져 있는 곳이고, 그래서 외국 배가 일상적으로 드나들 수 있다는 입장을 취한 것이다. 배는 바다를 통해 국가를 넘나들며 항구에서 항구로 이동한다. 특히 세계 최대 해군인 미 해군 함선의 행동 범위는 매우 넓고, 이 가운데 핵을 탑재한 함선도 포함돼 있다.

즉, 핵을 탑재한 함선이 일본의 항구에 입항할 때만 특별히 도중 어딘가에 이를 내려놓고, 출항 뒤 다시 싣는다는 것은 상식적으로 생각할 수 없는 일이라고 판단했다. 게다가 이 함선은 일본의 항구에 잠시 들른 것일 뿐 핵을 육지에 내려놓는 것도 아니다. 미국이 이런 생각을 가졌다는 것은 진 라로크Gene La Rocque 미 해군 퇴역 제독이 1974년 9월 10일 남긴 증언을 통해서도 확인할 수 있다.

[일본의 요구를 받아들여] 핵을 탑재한 채로 일본에 기항할 때마다 사전협의에 나서는 것은 쉽지 않은 일이다. 미국은 핵과 관련해 위치를 분명히 밝히지 않는 '긍정도 부정도 하지 않는다 NCND, Neither Confirm Nor Deny'는 정책을 취하고 있다. NCND 정책

을 통해 소련에게 '미 해군이 보유한 600척의 함선 모두에 핵이 실려 있을 수 있다'는 것을 전제로 작전계획을 짜야 하는 부담을 지울 수 있기 때문이다.[10]

미국의 NCND 정책과 핵을 탑재한 미 함선의 자유로운 일시 기항을 허용하지 않겠다는 일본의 방침은 모순을 일으킨다. 사전협의 유무에 의해 특정 함선이 핵을 탑재하고 있는지가 판명되기 때문이다.

NCND 정책과 모순되기 때문에 사전협의를 할 수 없다면, 핵을 탑재하고 있다는 의혹이 있는 모든 미 함선의 기항을 불허하는 대안을 생각해 볼 수 있다. 그러나 이 경우엔 미일동맹 자체가 성립할 수 없다. 미국과 앤저스동맹을 맺고 있는 뉴질랜드는 1985년 1월 31일 이후 핵무장 혹은 원자력으로 추진하는 미 함선의 자국 입항을 거부했다. 이후 미국과 동맹관계가 사실상 정지 상태에 빠지고 말았다.

즉, 일본은 사전협의 대상이 되는 핵의 '반입'에 대해 실제 하역이 이뤄지는 경우뿐 아니라, [하역 없는] 일시 기항까지 포함된다고 생각해 왔다. 하지만 미국은 실제 핵을 일본에 하역하는 경우만을 '반입'이라고 인식해 왔다. [미국의 기준에 따르면] 일시 기항은 '반입'이 아닌 잠시 '들른 것'에 불과한 것이다. 실제로 지금까지 핵을 탑재한 미 함선이 여러 차례 일본에 기항한 것으로 보인다. 물론 사전협의는 이뤄지진 않았다.

이 얘기만 들으면 "아니! [일본 정부가] 핵을 탑재한 미 함선의 일시 기항은 사전협의 대상이 아니라는 데 동의하고 말았다. 미일 간에는 역시 밀약이 존재한다"라고 생각하는 독자도 있을 것이다. 그렇지 않다. 결론부터 말하자면, 그런 의미의 '안보 핵 밀약'은 존재하지 않는다. 더 정확히 말해 '밀약'이 있었는지 여부는 아마도 이 문제를 바라보는 관찰자의 평가에 따라 달라진다고 할 수 있다.

무슨 말일까? 1960년 미일안전보장조약을 개정할 때 미일 모두 핵 '반입'의 정의와 관련해 쌍방 간에 해석차가 존재한다는 사실을 어렴풋이 느끼고 있었다. 알면서도 굳이 차이를 분명히 드러내지 않은 것이다. 결과적으로 일시 기항이 사전협의의 대상인지에 대한 미일의 해석 차가 그대로 방치되게 된다.

국가 간 교섭에서 이렇게 중대한 문제를 해결하지 않고 방치했다는 것은 쉽게 받아들이기 힘든 일일지도 모른다. 하지만 생각해 보기 바란다. 당신이 회사가 기대를 걸고 추진하는, 수십 년 만에 한 번 있을까 말까 한 큰 거래의 당사자라고 해 보자. 복잡한 현안 문제가 많아 실패를 여러 번 거듭했던 어려운 거래였다. 마침 리더십 있는 사장이 등장하고, 유능한 데다 이쪽 사정을 잘 이해해 주는 사람이 상대 쪽 담당자로 임명되는 우연이 발생했다. 몇 년에 걸쳐 갖은 고생을 하며 다양한 지혜를 짜낸 끝에 겨우 거래가 성사되기 일보 직전에 다다른 상태이다. 여기서 다시 실패하면 다음 기회는 없을지도 모른다. 그런 때 수많은 현안 가운데 아주 지엽적이고도 지엽적인 문제 하나가 불거져 해결의 기미가 보이지 않는다. 그렇다고 해서 이 거래 전체를 파탄 낼 것인가?

1960년에 안전보장조약을 개정한 것은 1951년 체결한 옛 조약이 미일 간의 대등성을 보장하지 못하는 문제를 안고 있었기 때문이다. 이를 해소해야 했다. 옛 조약은 일본이 미국에 기지를 제공해야 할 의무를 진다고 규정하고 있었지만, 미국이 일본을 방위해야 할 의무가 있는지에 대해선 분명히 밝히지 않았다. 또 극동 유사사태 때 미군이 일본의 기지를 사용해 직접전투작전행동에 나서는 것 등에 대해 일본의 발언권을 보장하는 제도적 틀이 마련돼 있지 않았다. 그렇기에 조약을 개정해 미국이 일본을 방위할 의무를 진다는 점을 명확히 하고, 사전협의제도를 도입한 것이었다. 이 밖에도 여러 부분이 개정됐다.

미국이 일본을 방위할 의무를 지고 있다는 점을 명확히 한 것만 해도 엄청나게 어려운 일이었다. 사전협의제도의 도입도 비슷했다. 그뿐이 아니라 사전협의제도의 내용을 세밀히 교섭해 미군이 일본에 핵을 반입할 경우(하역해 들여온다는 의미)엔 협의 대상으로 삼는다는 것에도 합의할 수 있었다.

조약 개정 교섭 때 일본의 핵심 담당자였던 이는 도고 후미히코 외무성 미국국 안전보장과장과 후지사키 마사토藤崎萬理 조약국 참사관이었다. 이들은 새 조약의 조인을 눈앞에 둔 단계에서 핵을 탑재한 미 함선이 일시 기항하는 경우가 문제 될 수 있다는 사실을 깨달은 듯하다.[11] 도고 과장 등이 이를 언급하자 다카하시 미치토시高橋通敏 조약국장은 "이런 커다란 조약 개정을 해냈다는 만족감, 이제 이것으로 끝났다…… 이제 십자가에 매달려 형벌을 받다

죽어도 상관없다……"는 기분에 젖어 버리고 말았다.[12] 그래서 내부 회의에서 도고 과장 등에게 이렇게 말했다. "조약은 99% 완성돼 있다. 이제 와 다시 되돌아갈 수 없다. 이 정도로 충분한 것 아닌가."

분명 이 문제를 파고들었다면, 일시 기항도 사전협의 대상에 포함시키라는 일본 야당과 여론의 요구와 미국의 NCND 정책 등이 충돌하면서 미일 사이에 최종합의가 이뤄지지 않고 조약 개정 자체가 무산될 수도 있었을 것이다. 미일 양국 정부 모두 그것만은 피하고 싶었다.

앞서 핵을 탑재한 미 함선의 일시 기항 문제에 대해 "국가 간 교섭에서 이렇게 중대한 문제"라는 표현을 썼다. 하지만 이는 사후에나 깨닫게 되는 역사의 지혜일지 모른다. 지금 우리는 조약 개정을 통해 미국이 일본에 대한 방위 의무를 진다는 점을 명확히 했다는 사실이나 사전협의제도가 존재한다는 사실 등을 당연하게 생각하고 있다. 하지만 안전보장조약 개정을 위해 교섭하던 당시 당국자들은 그렇지 않았다. 핵을 탑재한 미국 함선이 일시 기항하는 것을 사전협의 대상으로 할지 등은 지금까지 [교섭을 통해] 얻어 낸 것들에 비하면 아주 사소한 문제였다. 혹은 지금 이것을 해결하지 못한다고 교섭 그 자체를 결렬에 이르게 할 만큼 큰 가치가 있는 문제는 아니라는 생각을 마음 한구석에 품고 있었다.

해석의 괴리가 명확해지다

한편, 일본 국회에선 핵을 탑재한 미 함선의 일시 기항도 사전

                     미일동맹이라는 거울

협의 대상이 되는지에 대한 야당의 격렬한 추궁이 이어지고 있었다. 정부는 처음에는 애매한 답변으로 대응했지만 부처 간의 정보 공유가 충분하지 않고, 마침 내각 교체(기시 정권에서 이케다 하야토 정권으로)가 이뤄지는 문제도 있어 핵을 탑재한 미 함선의 일시 기항도 "사전협의의 대상이 된다"고 명확히 말해 버리게 된다.

아카기 무네노리赤城宗徳 방위청 장관은 1960년 4월 19일 국회에서 일시 기항도 사전협의의 대상이 된다고 답했다. 외무성이 사전에 방위청에게 [이 문제를 둘러싼 복잡한] 사정을 설명하지 않았기 때문이었다.[13] 또 이케다 정권 때인 1963년 1월 미국이 공격형원자력잠수함인 '노틸러스Nautilus'의 일본 기항을 일본에 요청하면서(사전협의의 형태로 요청한 게 아님)*, 야당이 반발하는 사태에 이르게 된다. 그러자 이케다 총리는 그해 3월 국회에서 핵 탑재 잠수함의 "일본 기항을 허락하지 않겠다"고 답변했다.

그러자 미국이 반응을 보이기 시작한다. 미국은 일시 기항은 '반입'이 아니라고 생각하고 있었기 때문이다. 일본이 '사전협의 대상이 된다'고 분명한 입장을 밝히면, 미국 역시 '사전협의 대상이 아니다'라고 딱 잘라 말할 수밖에 없게 된다. 라이샤워 주일 미국대사는 4월 3일(미국 쪽 사료에 따르면 4일) 오히라 마사요시大平正芳 외무대신을 아침 식사에 초대해 미국 쪽의 해석, 즉 일시 기항은 사전협의의 대상이 아니라는 사실을 분명히 전달한다.[14] 라이샤워 대사는 회담 후 오히라 대신이 미국의 얘기를 이해했다고 본국에

---

* 미국은 1961년 미일 외교장관 회담을 통해 미국이 만든 세계 첫 핵추진잠수함(SSN)인 노틸러스의 일본에 기항을 요구했다. 미국이 일본 기항 허가를 요청한 것은 잠수함에 탑재한 원자로의 안전성 문제 등 환경적 이유 때문이었다. 수년에 걸친 교섭 끝에 1964년 11월 나가사키현 사세보(佐世保)에 입항이 이뤄졌다.

보고했다.[15] 하지만 오히라는 미국의 해석에 대해 동의한다고까지는 말하지 않았다.

결국 우시바 외무성 사무차관과 조약 개정 때 안전보장과장이었던 도고 북미국장이 1968년 1월 26일 라이샤워의 후임인 알렉시스 존슨Alexis Johnson 대사와 협의에 나섰다. 이 자리에서 양국 간의 해석 차이가 명확해졌다. 그렇다고 미국이 이제 와 핵을 탑재한 자국 함선의 일본 일시 기항을 사전협의 대상으로 삼을 순 없는 일이었고, 일본 역시 [지금까지 해 왔던] 국내적인 설명을 바꿀 수 없었다.

결국 존슨-우시바·도고 회담이 이뤄진 이튿날인 27일 도고 국장은 극비로 "장비의 중요한 변경에 관한 사전협의의 건"이라는 제목이 붙은 메모를 작성했다.[16] 이른바 '도고 메모'라고 불리는 것이다. 도고 국장은 메모에서 "이 건은 미일 양쪽 모두에게 각각 정치적·군사적으로 움직이기 힘든 문제이며, 그렇기 때문에 미국도 우리도 더 깊이 들어가지 않고 지금에 이르게 됐다"고 밝혔다. 그러면서 일본 국내에 강한 반핵 감정이 존재한다는 사실을 고려하면, 당분간 "현재의 입장을 유지하는 수밖에 다른 방법이 없다"고 결론 냈다. 즉, 실제 현실과 다르다는 사실을 알면서도 '일시 기항은 사전협의 대상'이라는 국내적 설명을 계속할 수밖에 없다고 제언한 것이다.

[하지만 좀 더 이른 시점에 이 문제를 해결할 수도 있었다.] 도고 국장 등 외무성에서 1960년 아카기 답변이나 1963년 이케다 답변 등이 나오게 된 시점에 일시 기항에 대해 이렇게 분명히 답하는 것은 '곤란한 일'이라는 생각을 왜 하지 못했던 것일까라는

                                        미일동맹이라는 거울

의문이 남는다. 외무대신의 답변이 아니기 때문에 내 소관이 아니라고 생각했을 수도 있다.

어찌 됐든 일본 정부는 이후에도 사실과 다르다는 것을 알면서도 '일시 기항도 사전협의 대상'이라는 설명을 이어 가게 된다. 동시에 외무성은 역대 총리나 외무대신에게 극비리에 도고 메모를 보여 주면서, 이 문제를 둘러싼 실제 사정에 대해 설명했다.

민주당 정권 시절 미일 간의 '밀약' 문제를 조사하기 위해 외무성이 설치한 "이른바 '밀약' 문제에 관한 전문가 위원회('밀약' 문제 전문가 위원회)"는 2010년 3월 9월 보고서를 제출했다. 이 위원회엔 좌장인 기타오카 신이치를 포함해 고노 야스코河野康子, 사카모토 가즈야坂元一哉, 사사키 다쿠야佐々木卓也, 하타노 스미오波多野澄雄, 하루나 미키오春名幹男 등 6명의 전문가가 참석했다.* 위원회는 이 보고서의 일시 기항 문제를 다룬 장에서 '안보 핵 밀약'이라고 불려 온 이 문제의 실체를 '암묵의 합의'라는 말로 표현했다.[17]

미일안전보장조약을 개정할 때 두 나라는 핵의 '반입'이 무엇을 뜻하는지 꼼꼼히 정하지 못했다. 일본 정부는 그럼에도 '일시 기항도 사전협의의 대상이 된다'고 딱 잘라 설명해 버렸디. 미일 간에 이 문제를 둘러싼 해석에 괴리가 있다는 것이 명확해진 뒤에도 일본 정부는 이를 알리지 않고 같은 설명을 되풀이해 왔다. 그것이 이 문제의 대략적인 전체 모습이다. 즉, 미일 양 정부는 '핵을 탑재한 미국 함선이 일본에 일시 기항하는 것을 사전협의 대상으

---

* 간담회 참가자들의 직함은 다음과 같다. 기타오카 신이치(좌장) 도쿄대학 명예교수, 고노 야스코 호세이대학 교수, 사카모토 가즈야 오사카대학 교수, 사사키 다쿠야 릿쿄대학 교수, 하타노 스미오(좌장대리) 쓰쿠바대학 교수, 하루나 미키오 나고야대학 교수.

로 삼지 않겠다'고 명확히 약속하고 이를 몰래 문서로 만들진 않았다. 이 점에서 [제1장에서 설명한] 조선밀약과 큰 차이가 있다.

'토의 기록'의 성격

이쯤에서 이 문제에 대해 잘 아는 이들은 '토의 기록'이라는 문서를 비밀문서로 볼 수 있지 않느냐는 의문을 품을 수 있을 것이다. 이에 대해 설명해 보자. '토의 기록'은 조약 개정 때 미일 양국 정부가 작성했던 비공개 문서를 말한다. 이 가운데 '2항C'라는 구절에 이런 내용이 담겨 있다. 사전협의는 미군과 그 장비의 일본 배치, 미군기의 일본 착륙, 미 해군 함정의 일본 영해 진입·항만 입항에 관한 "현행 절차에 영향을 주는 것이라고 해석하지 않는다."

이때까지 적용되던 옛 조약 체제 아래서는 미 함선이 핵을 탑재했는지 밝히지 않더라도 일본의 항구에 입항할 수 있었다. 만약 '토의 기록' 2항C가 말하는 '현행 절차'가 이를 말하는 것이라면, 핵을 탑재한 미 함선이 일본에 일시 기항하는 것을 사전협의 대상에서 제외하기로 했다고 말할 수 있다. 그런 이유로 이 '토의 기록'의 2항C가 '안보 핵 밀약'의 본체라는 지적이 이어져 왔다.

하지만 '토의 기록' 2항C를 미일 양국 정부 간의 밀약을 적은 문서라고 볼 수 없다. 조약을 개정할 때 '토의 기록' 2항C에 대해 미국이 주장하는 해석을 받아들이는 형태로 정부 간 합의가 이뤄진 게 아니기 때문이다. 그렇다면 2항C는 미국이 '일시 기항은 사전협의의 대상이 아니다'는 자기주장의 근거로 삼는 조항에 불과

미일동맹이라는 거울

한 것이라고 해야 한다.

실제로 1968년 도고 메모는 2항C에 대해, [일본 쪽은] 미 함선의 기항이나 미군기의 일본 착륙 등과 관련해 그동안 해 온 대로 입항료나 착륙료를 부과하지 않는다는 의미로 이해하고 있었고, 존슨-우시바·도고 회담까지는 "'일시적으로 들르는 것[일시 기항]'에 관한 것이라고 생각하지 않았다"라고 설명하고 있다. 일본은 [1960년 4월] 라이샤워-오히라 회담 때에는, 미국이 일시 기항은 사전협의의 대상 밖이라고 주장하는 근거가 무엇인지 잘 이해하지 못하고 있었다. 이것이 '토의 기록' 2항C를 이른다는 사실을 [1968년 1월] 존슨-우시바·도고 회담을 통해 처음 알게 된 것이다.

미일안전보장조약 개정 당시에 미국의 교섭 창구였던 더글러스 맥아더 2세 주일 미국대사는 훗날 일시 기항에 관한 미국의 해석을 기시 총리와 후지야마 외무대신에게 분명히 전달한 것으로 기억한다고 증언했다.[18] 이 말이 사실이고 또 이 증언에 최대한 무게를 둔다면 [이 문제와 관련해] 밀약적인 성격이 전혀 없다고 말하긴 힘들지 모른다.*[19] 하지만, 이 사안과 관련해 [밀약이라고 단정할 만한] 합의 문서는 존재하지 않는다. 양쪽 간의 의사소통과 관련해 어떤 요건을 만족해야 '밀약'이 성립했다고 볼 수 있는지는 관찰자 각자가 평가해야 할 문제가 아닐까 한다.

---

* 맥아더 2세 대사가 기시 총리나 후지야마 대신에게 분명히 미국의 뜻을 전달한다면, 이들이 관련 내용을 감춘 게 된다. 그런 의미에서 밀약성이 조금은 있다는 의미다.

일시 기항 문제가 묻는 것

조지 부시 대통령(아버지)은 냉전 종결 후인 1991년 9월 27일 미군이 지상에 배치해 둔 비전략핵을 모두 없애고, 이를 함선·항공기에 탑재하는 것도 중단하겠다고 밝혔다. 그에 따라 핵을 탑재한 미 함선이 일본에 기항하는 일도 사라지게 됐다. 현재 [핵무기를 실은] 오하이오급 전략원자력잠수함SSBN은 일본엔 기항하지 않는 형태로 운용된다.[20] 일시 기항을 둘러싼 문제는 이미 지나간 현안이라고 할 수 있다.

하지만 일시 기항을 둘러싼 미일 간의 견해 차이가 해소된 것은 아니다. 이후 미국이 핵 정책을 변경해 일본에 기항하는 공격형원자력잠수함SSN에 비전략핵을 탑재하게 된다면 어떻게 할 것인가?

가령 트럼프 정권이 해양발사형 순항미사일SLCM-N을 함선에 배치하는 것을 검토한다고 해 보자. SLCM-N은 해양발사형이기 때문에 지상배치형과 달리 취약성이 낮다. 즉, 발사하기 전에 적의 공격을 받아 파괴되기 어렵다. 또 저출력[저위력]이기 때문에 사용 제한 기준을 낮출 수도 있다. 고출력핵을 쓰는 것은 사실상 불가능하기 때문에 이 선택지[고출력핵을 사용하는 선택지]밖에 없는 경우와 비교해 볼 때 그렇다는 의미다. 이런 이유로 SLCM-N을 배치해 억지력이 높아진다는 견해가 있을 수 있다. SLCM-N을 탑재한 공격형원자력잠수함을 일본에 기항하게 할지 여부는 미국이 이를 어떻게 운용하느냐에 달린 문제다. 그밖에 유사사태가 발생할 때 핵을 탑재한 미국의 항공기가 일본에 일시

착륙하게 될 수도 있다.[21]

이 문제와 관련해 미일 '밀약' 문제의 조사를 주도했던 민주당 정권의 오카다 가쓰야 외무대신은 2010년 3월 17일 국회에서 이렇게 답변했다. "긴급사태가 발생하고, 만약 핵의 일시적 기항을 허용하지 않으면 일본의 안전을 지킬 수 없는 상황이 생겨났다고 해 보자. 이때 정권은 자신들의 운명을 걸고 결단을 내린 뒤 국민 여러분께 [핵의 반입을 수용하자고] 설명해야 한다." 이 오카다 답변의 취지는 이후 자민당 정권에도 계승됐다.

지금까지 살펴본 대로 미국은 핵을 탑재한 미 함선이 사전협의 없이 일본에 일시 기항하는 게 당연하다고 생각하고 있다. 이에 견줘 일본, 특히 야당과 여론은 이를 허용하지 않으려 한다. 일본 정부는 이 둘 사이에 존재하는 격렬한 긴장 관계 사이에 끼어 어쩔 줄 몰라 하는 중이다. 이런 상황 속에서 일본 정부는 일시 기항도 사전협의의 대상이며, 미국이 이를 요청한 적이 없기 때문에 핵을 탑재한 미 함선이 일본에 기항한 일은 없었다는 '픽션'을 말해 왔다. 실제 이 설명에 납득한 이는 많지 않을 것이다.

일본 국내에서도 의혹을 남긴 이런 픽션을 소련 등 동구권에서 받아들였을 리가 없다. 실제 미하일 고르바초프Mikhail Gorbachev 소련 공산당 서기장은 1985년 3월 14일 나카소네 야스히로中曽根康弘 총리와의 회담에서 "미국의 함선이 핵을 싣고 일본에 기항하고 있다"고 비난했다.[22] 이어 고르바초프는 "오키나와에 핵무기가 있다"고 말했다. 아이러니하게도 일본 야당뿐 아니라 연구자와 저널리스트 등이 이 문제를 물고 늘어지고, 그에 따라 정부의 설명이 사실이 아니라는 점이 분명해지면서 결과적으로 동구권에 대한 억지력이 높아진 측면이 있었다고 할 수 있다.

어쨌든 '안보 핵 밀약'이라 불리는 문제는 비핵 3원칙과 확장억지 사이의 모순을 드러냈다고 할 정도로 호들갑스러운 문제는 아니었다고 할 수 있다. 오히려 여기서 문제로 지적할 수 있는 것은 핵보유국과 해양을 기반으로 하는 동맹관계를 맺고 있고 확장억지라는 혜택을 향유하면서도, 세계를 향해 열려 있는 항구라는 장소에 동맹국의 핵을 실은 함선이 일시 기항하는 것까지 '반입'의 기준 안에 포함시켜 이를 거절하려 해 온 일본인의 태도가 아닐까 한다.

3.   오키나와 반환과 핵 밀약

오키나와 '핵 빼고' 반환

핵 밀약이라는 의심을 받는 또 다른 사례는 '오키나와 핵 밀약'이다. 앞에서 언급했듯 일본으로 반환되기 전 오키나와에는 미국의 비전략핵이 배치돼 있었다. 일본은 반환 교섭에서 '반입하지 않는다'를 포함한 비핵 3원칙을 명확히 제시하며 오키나와에서 '핵을 빼도록' 요구했다. 그 결과 미국은 기본적으로 일본의 요구를 수용하는 형태로 1969년 11월 '닉슨-사토 공동성명'을 발표했다. 오키나와를 '핵을 빼고, 본토와 같은 수준'으로 반환하기로 합의한 것이다.

미국은 사토-닉슨 회담이 이뤄지기 6개월 전인 1969년 5월 28일 작성한 국가안전보장회의NSC 문서를 통해 일정한 조건 아래서 오키나와에서 핵을 철거하겠다는 방침을 결정해 두고 있었다.[23] 그런데도 닉슨 대통령은 교섭의 최종 단계에 이르기까지 일본에게 자신들의 속내를 보여 주지 않았다. 핵을 거래 대상으로 삼아 일본으로부터 당시 미국 시장을 석권하고 있던 섬유 제품에 대한 수

출 규제를 얻어 내려 했기 때문이었다(결국 오키나와 반환 합의 이후 섬
유 문제가 암초에 오르게 되지만 이 책에선 다루지 않겠다).

어찌 됐든 닉슨-사토 공동성명이 나온 뒤인 1972년 5월 오키
나와가 일본에 반환되면서 이 섬에서 핵이 철거됐다. 또 오키나와
내 미군기지에 대해서도 본토와 같이 사전협의제도가 적용되게
된다.

공동성명에서 '핵을 뺀다'는 합의 내용을 규정한 것은 제8항
이다. 이 항은 다음과 같이 구성돼 있다. 먼저 일본의 총리(사토)가
"핵무기에 대한 일본 국민의 특수한 감정 및 이를 배경으로 하는
일본 정부의 정책에 대해 자세히 설명"했다. 이에 대해 미국 대통
령(닉슨)은 "깊은 이해"를 밝혔다. 그리고 미국 대통령은 "사전협의
제도에 관한 미국 정부의 입장을 해치지 않는 범위에서 오키나와
의 반환을 앞의 일본 정부의 정책에 부합하는 방식으로 수행하겠
다는 뜻"을 총리에게 약속했다.*

이 구절을 자세히 분석해 보자. 사토는 일본은 피폭국이기 때문
에 핵에 대해선 특수한 감정을 갖고 있다는 점을 설명하면서 이를
배경으로 한 일본 정부의 정책, 즉 비핵 3원칙에 대해 자세히 설명
했다. 이에 대해 닉슨은 깊은 이해를 표명했다. 그리고 비핵 3원칙

---

* 닉슨·사토 공동성명의 해당 부분(8항)의 원문은 다음과 같다. "The Prime Minister described
in detail the particular sentiment of the Japanese people against nuclear weapons and the
policy of the Japanese Government reflecting such sentiment. The President expressed
his deep understanding and assured the Prime Minister that, without prejudice to the
position of the United States Government with respect to the prior consultation system
under the Treaty of Mutual Cooperation and Security, the reversion of Okinawa would
be carried out in a manner consistent with the policy of the Japanese Government as
described by the Prime Minister."

　　　　　　　　　　　　　　　　　　　미일동맹이라는 거울

에 "배치背馳되지 않도록", 오키나와 반환을 실시하겠다고 약속하고 있다. '배치'라는 말은 잘 쓰이지 않는 일본어인데 어긋나는 것, 반대하는 것이라는 의미다. 공동성명의 영문본에서는 이 부분이 "in a manner consistent with"라고 되어 있다. 직역하면 "합치하는 방법으로"라는 뜻이다.

미국은 '반입하지 않는다'는 원칙을 포함해 일본의 비핵 3원칙에 반하지 않는 방식으로 오키나와를 반환한다고 밝혔다. 이 구절을 통해 미국이 '핵을 뺀' 반환을 약속했다는 결론을 끌어낼 수 있다.

다만 제8항에는 일본뿐 아니라 미국의 주장도 들어 있다. 이는 '비핵 3원칙에 배치되지 않는'이라는 문장 전단에 있는 "미일 안전보장조약의 사전협의제도에 관한 미국 정부의 입장을 해치지 않는"이라는 구절이다. 미일 안전보장조약의 사전협의제도에 관한 미국의 입장이라는 것을 이 문맥과 관련해 풀어 설명하면 다음과 같다. '오키나와를 반환할 때 핵을 일단 철거는 하겠지만, 만약 나중에 다시 반입할 필요가 생기면 미국 정부는 일본 정부에 대해 사전협의를 요청할 수 있다.' 여기서 말하는 '반입'이란 미일 간에 '반입'인지 '잠시 들르는 것'인지를 놓고 정의가 분명히 내려지지 않았던, 핵을 탑재한 미 함선의 일시 기항 때와는 다르다. 육지에 내려놓겠다는, 즉 논의의 여지가 없는 '반입'을 이르는 것이다.

공동성명의 영문본을 보면, 해당 구절에 "without prejudice to"라는 표현을 쓰고 있다. 영문 계약서 등에서 "권리를 해치지 않는다"라는 뜻으로 쓰이는 표현이다. 즉, 미국은 이를 통해 일본의 비핵 3원칙에 어긋나지 않겠다고 했고, 또 핵을 재반입하는 경우에는 사전협의를 요청하겠다고 했다. 그러면서 사전협의를 통과할 경우 재반입할 수 있다는 미일 안전보장조약상의 권리까지 포기하겠다는 것은 아니라는 점 역시 분명히 하고 있다.

그렇다면 미국이 오키나와에 핵을 재반입하겠다며 사전협의를 요청할 때 일본은 어떻게 반응할 것인가? 이에 대해 공동성명 제8조는 침묵하고 있다. 즉, 그때 일본 정부의 답변은 승낙일 수도 있고 거부일 수도 있다.

닉슨-사토 공동성명 제8항은 일본 외무성이 부릴 수 있는 모든 기교를 쏟아부어 원안을 만든 뒤 미국의 동의까지 이끌어 낸 고심의 산물이었다. 이것이 오키나와에서 핵을 철거하는 문제와 관련한 미일의 기본 방침이자, 두 나라가 정식으로 합의한 모든 것이었다.

비밀 '합의의사록'

하지만 [오키나와의] 핵 문제에 대해선 닉슨-사토 공동성명 제8조와 별도로 닉슨 대통령과 사토 총리가 서명하고도 공개하지 않은 [또 하나의] 합의 문서가 있었다.

사토 총리는 오키나와 반환 교섭에 임하면서 외무성을 통한 공식 외교 루트와 별개로 미국 정부에 보내는 밀사를 준비해 두고 있었다. 외무성에도 사실을 숨긴 채였다. [그가 이런 선택을 한 것은] '핵을 뺀' 채 오키나와 반환을 이뤄 내는 게 쉽지 않다고 생각했기 때문이었다. 밀사로 선택된 이는 국제정치학자였던 와카이즈미 게이若泉敬 교토산업대학 교수였다.

와카이즈미는 비밀리에 헨리 키신저Henry Kissinger 미 백악관 국
가안전보장담당보좌관과 회담을 거듭했다. 그리고 일정한 합의에
도달해 이 내용을 문서로 정리했다. 그 문서가 '합의의사록'이라
불리는 것이다.

오키나와 반환 교섭의 공식 하이라이트는 백악관에서 닉슨 대
통령과 사토 총리가 공동성명안에 합의한 순간이었다. 하지만 얘
기는 거기서 끝나지 않았다. 악수를 마친 닉슨 대통령은 사토 총
리에게 캘리포니아주 샌클레멘테San Clemente에 있는 자택의 사진
을 보여 주겠다고 했다. 기자들 앞에 서 있던 두 인물은 잠시 후
닉슨 대통령의 개인 집무실 안쪽으로 모습을 감췄다. 그리고 두
정상은 작은 방 안에서 사전에 와카이즈미 교수와 키신저 보좌관
이 합의해 둔 합의의사록에 사인했다. 사토 총리는 방에서 나온
뒤 미국 담당자로부터 봉투에 담긴 합의의사록 문서를 넘겨받았
다. 그리고 이를 슬며시 주머니 안으로 집어넣었다.[24]

사토가 숨진 지 20년이 지난 1994년 와카이즈미 교수는 오키
나와 반환과 관련해 공식 발표된 공동성명 외에 별도의 비밀 합의
의사록이 존재한다는 사실을 자신의 자서전《다른 방책이 없었다
고 믿으려 한다他策ナカリシキ信ゼムト欲ス》를 통해 처음 공개했다. 일
본 정부는 이 자서전이 나온 뒤에도 계속 합의의사록의 존재를 부
정했다. 하지만 [민주당 정부가 설치한 위원회 활동에 의해] 미일
'밀약' 문제에 대한 조사가 이뤄지던 2009년 이 문서가 사토 총리
의 사저에 남아 있었다는 사실이 밝혀졌다. 결국 와카이즈미 교수
의 기록이 사실이었음이 증명된 것이다.

합의의사록에는 다음과 같은 취지의 내용이 적혀 있다. 미국

정부는 매우 중대한 긴급사태가 발생할 경우 일본 정부와 사전협의를 거쳐 핵을 오키나와에 재반입하거나, 이곳을 통과할 수 있는 권리를 원하게 될 것이다. 그런 경우 미국 정부는 일본 정부로부터 '호의적 회답'을 기대한다. 일본 정부는 긴급사태 때 미국 정부가 원하는 여러 '요건'을 이해하고 있으며, 그런 사전협의가 이뤄질 경우에는 "지체 없이 이런 요건을 맞추게 될 것이다."

여기서 '요건'이라는 것은 오키나와에 핵을 반입하기 위해 미국 정부가 일본 정부에 사전협의를 요청하면 "허용하겠다"고 답하겠다는 것을 의미한다. 합의의사록에 따르면 미국이 핵 반입을 요청하면 일본 정부는 지체 없이 요건을 만족시켜야 한다. 즉, 곧바로 허용한다는 회답을 내려야 하는 것이다.

이 비밀 합의의사록에 적혀 있는 내용과 공표된 닉슨-사토 공동성명 제8조를 나란히 읽으며 비교해 보자. 공동성명에 따르면, 미국이 오키나와에 핵을 재반입하려 할 때엔 일본 정부와 사전협의를 해야 한다. 그때 일본 정부가 승낙할지 거절할지는 상황에 따라 달라지게 된다. 이에 반해 합의의사록을 보면 유사사태가 발생해 미국이 오키나와에 핵을 재반입하기 위한 사전협의를 요청하면 일본은 승낙하겠다고 미리 약속해 두고 있음을 알 수 있다.

그렇다면 미국은 유사사태가 발생할 때 사실상 자유롭게 핵을 오키나와에 재반입할 수 있게 된다. '핵을 뺀' 반환 합의는 이런 공개되지 않은 약속을 전제로 만들어졌던 것이다.

오키나와 밀약을 둘러싼 논점

이 문제를 둘러싼 논점은 크게 두 가지다. 하나는 공표하지 않은 합의의사록의 내용이 공동성명 제8조에 비춰 어느 정도의 의미를 갖는지이다.

'밀약' 문제 전문가 위원회 보고서를 보면, 오키나와 핵 밀약 문제를 다룬 장에서 합의의사록을 '꼭 밀약이라고 볼 순 없다'는 결론을 내리고 있다.[25] 일본 입장에서 합의의사록의 내용을 살펴볼 때, 공표된 닉슨-사토 공동성명 제8조의 내용을 크게 넘어서는 부담을 지기로 약속했다고 판단할 수 없다는 이유에서다.

와카이즈미가 합의의사록의 존재를 공표한 뒤 오키나와 반환과 관련해 밀사 루트로 어떤 교섭이 이뤄졌는지에 [여론의] 관심이 집중되게 된다. 다만, 외교 루트를 통한 교섭을 통해 공동성명 제8항이라는 결실을 맺었다는 점 또한 중요하다. '밀약' 문제 전문가 위원회 보고서는 바로 이 점에 대해 주의를 환기시키고 있다.

한편, 합의의사록에 있는 "지체 없이 이런 요건을 만족시킨다"라는 표현은 닉슨-사토 공동성명에는 존재하지 않는다. 공동성명 제8항에 담긴 "미일안보조약의 사전협의제도에 관한 미국 정부의 입장을 해치지 않는다"는 약속에서 한 발 더 나아간 것이라고 평가할 수 있다. 공동성명 제8항만으로는 유사사태가 발생할 때 미국이 오키나와에 핵을 재반입하기 위해 사전협의를 요청할 경우 일본 정부가 이를 거부하지 않겠다고 약속했다고 해석할 수 있는지 의견이 엇갈릴 수밖에 없다. 적어도 일본 정부는 그렇게 설명하지 않아 왔다.

만약 공동성명 제8항을 "지체 없이 이런 요건을 만족시킨다"라
는 뜻으로 해석할 수 있다고 해 보자. 미군의 장비에 관한 중요한
변경에 대해 논의하는 사전협의를 해 보기도 전에 허용하겠다고
사전에 약속하는 것은 허터-기시 교환공문의 내용을 변경한 것이
라고 볼 수 있다.[26] 이 교환공문은 새 안보조약과 한 덩어리로 국
회 승인을 얻은 것이기 때문에 그 내용을 바꾸려면 국회 표결이
필요할 가능성이 높다.[27] 하지만, 실제로 [일본 정부는] 그런 설명
을 하거나 관련된 절차를 밟은 적이 없다. 조선밀약(조선의사록) 때
와 마찬가지로 외부에 공표되는 문서를 통해 허터-기시 교환공문
의 내용을 변경하는 결단을 내리기는 어려웠을 것이다.

이런 점을 생각해 보면, 합의의사록은 공동성명 제8항을 넘어
서는 내용을 약속한 것이라고 보는 게 옳다. 또 [앞에서 설명한]
핵을 탑재한 미 함선의 일시 기항이라는 문제와 달리 이번엔 합의
의사록이라는 명확한 합의 문서가 존재한다. 그래서 사토 총리가
유사사태가 발생할 경우 오키나와에 핵을 재반입하는 사전협의를
할 때 "지체 없이 요건을 만족시킨다"고 닉슨 대통령에게 약속한
것은 '밀약'이라고 평가할 수밖에 없다.

또 다른 논점은 합의의사록이라는 문서 자체의 효력을 어디까
지 인정할 것인가이다. 이 점에 대해서는 외교사가 나카시마 다쿠
마中島琢磨가 가장 설득력 있는 주장을 하고 있기 때문에 이 책에서
도 이를 따르려 한다.[28]

분명 국회 표결은 물론 각의 결정도 거치지 않았으며(일본의 행
정권은 총리대신이 아닌 내각에 귀속된다) 외교 사무의 책임 관청인 외무
성이 아는 바도 없이 이뤄진 약속을 국가 간의 공적 합의로 받아

들일 수 있을까? 이를 받아들이는 것은 쉽지 않은 게 사실이다. 그렇지만 합의의사록에 국가를 정식으로 대표하는 사토 총리와 닉슨 대통령의 서명이 있다는 점을 잊어선 안 된다. 미국 입장에서 본다면, 국회나 각의를 거치지 않았다는 사실이나 외무성도 몰랐다는 것은 어디까지나 일본 내부 사정에 지나지 않는다. 일본을 정식으로 대표하는 총리대신 본인의 서명이 들어 있는 이상 일본이 국가로서 행한 약속이 된다. 그 때문에 적어도 사토 총리 본인이 재임하고 있던 때엔 합의의사록의 효력이 있었다고 봐야 할 것이다.

하지만 사토 총리는 닉슨 대통령과의 회담 이후 합의의사록을 개인 사유물인 것처럼 집으로 가지고 돌아갔다. 총리 관저나 외무성에 정식으로 맡기지도 않고, 최종적으로는 자택의 책상 서랍 안에 집어넣은 채 다음 총리인 다나카 가쿠에이田中角栄에게도 인계하지 않았다. 사토 총리가 퇴진한 1972년 6월 17일 이후에도 합의의사록에 효력이 있느냐고 묻는다면, 불명확하다고 말할 수밖에 없다. 하지만 여기에 대해서도 미국은 일본을 향해 이 문서의 효력은 사토의 후계 내각에도 미친다고 주장할 순 있을 것이다. 미국은 합의의사록을 정부에서 보관하고 있는 것으로 보인다.

이상의 두 가지 논점에서 출발하는 한층 더 깊숙한 논의도 이뤄지고 있다. 예를 들어 이 밀약을 근거로 오키나와에 핵을 재반입한다면, 미일 간 신뢰 관계에 타격이 있을 수밖에 없다. 이런 점을 감안하고서도 합의의사록에 효력이 있다고 주장할 것인가.[29] 혹은 만약 합의의사록이 없었다면 오키나와 반환 합의는 이뤄지지 못했을 것인가.[30] 이런 얘기들은 오키나와 반환을 미일 양국 외교의 틀 안에서 바라볼 때 제기할 수 있는 중요한 논점들이다.

한편, 오키나와 밀약을 한국과 대만과의 관계 등 극동 지역 전체를 바라보는 틀 안에서 파악해 볼 수도 있다. 지난 1장에서 살펴봤듯 한국과 대만은 미일 간에 진행되는 오키나와 반환 교섭의 진행 상황에 대해 강한 관심과 우려를 갖고 있었다.

핵과 관련해서도 마찬가지였다. 마셜 그린Marshall Green 미 국무부 차관보는 닉슨-사토 합의가 이뤄진 당일인 1969년 11월 21일 김동조 주미 한국대사에게 일본이 오키나와를 돌려받은 뒤에도 유사사태가 발생하면 핵 반입을 허용하게 될 가능성이 있다고 말했다.[31] 또 가네야마 마사히데金山政英 주한 일본대사도 24일 박정희 대통령에게 유사사태가 발생하면 오키나와에 핵을 재반입할 가능성이 있음을 내비쳤다.[32] [그런 의미에서] 합의의사록에 대해선 "미일이 한국에 신뢰감을 주고 한일, 한미 관계를 이간시키지 않겠다"는 의지를 담은 문서라는 평가도 있다.[33] 이는 대만에 대해서도 그대로 들어맞는 얘기다.

이 책에서는 이런 견해에 더해 다음과 같은 것을 지적하려 한다. 즉, 이 오키나와 밀약 자체는 일시 기항 문제와 달리 밀약이라고 할 수 있는 것이다. 하지만 이 문제가 미국의 핵전략에 기초한 확장억지의 전체적인 구도 속에서 얼마나 중요한 위치를 차지하고 있었을까? [다음 절에선 이에 대해 살펴보도록 하자.]

4.　　　　미일동맹과 핵무기

미국 핵전략의 변화

이른바 '안보 핵 밀약'이라고 불리는 사안은 비핵 3원칙과 확장억지 사이의 모순을 드러낼 만큼 야단스러운[중요한] 문제는 아니라고 앞서 언급했다. 하지만 '오키나와 핵 밀약'은 핵을 육지에 올려놓는, 말 그대로 '반입'에 관한 밀약이기 때문에 비핵 3원칙과 확장억지 사이의 모순을 일정 정도 드러낸 문제라고 봐도 지장이 없다.

하지만 미국이 일본에게 확장억지를 제공한다는 [미국 핵전략의] 전체적인 구도 속에서 보자면, 오키나와 밀약조차도 그다지 핵심적인 주제는 아니라고 평가할 수 있다. 이렇게 말할 수 있는 것은 일본이 내세우는 비핵 3원칙과 관계없이, [미국이 가진] 확장억지 자체의 논리에 의해 [미국 정부가] 오키나와에서 핵을 철거하는 결정을 내렸다고 볼 수 있기 때문이다.

미국이 이 무렵 오키나와에서 핵을 철거한 것은 이 섬에 배치돼 있던 지대지 순항미사일 메이스-B^{Mace-B}가 구식화됐기 때문이 아니었다. 비슷한 시기(1969년 4월) 서독에서 메이스-B를 대체하는 지대지 단거리 미사일 퍼싱Pershing이 도입된 것에서 알 수 있듯[34] 동아시아에서도 같은 조처를 취할 수 있었다. [하지만 미국은 핵을 철거하는 결정을 내리게 된다.][35]

이쯤에서 오키나와에서 핵을 철거한 이유를 '일본적 시점'만이 아니라 미국의 핵전략 자체가 변한 것이라는 '제3자적 시점'을 통해 살펴보도록 하자.

대량보복전략과 일본·오키나와

냉전 초기인 1950년대 미국이 택한 핵전략은 '대량보복전략'이라고 불리는 것이었다. 동구가 서구를 침공한다면, 핵이 아닌 통상전력을 사용하는 경우라고 해도 곧바로 대량의 핵미사일을 비처럼 쏟아부어 보복하는 전략이라고 설명할 수 있다. 대량보복전략은 동서 양 진영이 대치하는 주전선이었던 유럽에서 소련을 중심으로 하는 바르샤바 조약기구가 서유럽을 침공하지 못하게 억지하는 데 효과적이라는 판단에 따라 아이젠하워 정권이 도입했다.

'단일통합작전계획SIOP-62'은 아이젠하워 정권 말기에 작성되고 케네디 정권이 계승한 대량보복전략에 기초한 미국의 핵전쟁 계획이다. 이 문서에는 다음 같은 전율할 만한 묘사가 등장한다.[36] 대량보복은 미국이 소련·중국·동유럽의 1000곳 이상 공격 지점에 약 3000발의 핵을 발사하는 것으로 수행된다. 그 결과 소련인과 중국인 약 2억 8500만 명이 죽고, 약 4000만 명이 부상을 입게 된다. 동유럽에서도 수백만 명 단위의 사상자가 나오는 것은 물론 서유럽에서도 방사선 낙하물이 떨어지는 등의 피해를 입게 된다.

만약 대량보복이 실제로 시행된다면 14세기 몽골제국 시대에 유라시아 전체가 페스트에 의해 괴멸된 일조차 별 게 아니었다고 생각하게 될 것이다.

당시는 [미국의] 대륙간탄도미사일ICBM인 미니트맨Minutemen이나 잠수함발사탄도미사일SLBM인 폴라리스Polaris 등 장거리 전략핵미사일의 제조·배치가 막 시작된 초창기였다.[37] 그로 인해 대량보복 때 사용하게 되는 핵은 비전략핵이었다. 사정거리가 짧았기 때문에 적대국에 가까운 지역에 전진 배치해 둘 필요가 있었다. 예를 들어 서유럽에서는 1955년 서독에 처음으로 핵이 배치됐다.[38]

동아시아에서도 사정은 비슷했다. 한반도 유사사태나 대만 유사사태를 염두에 두고 중국을 표적으로 하는 비전략핵을 전방에 배치하는 작업이 진행됐다. 한국전쟁의 휴전이 시작된 것은 1953년 7월이었고, 1954년 9월 제1차 대만해협 위기가 발생했다. 앞서 언급했듯 제1차 대만해협 위기가 한창 진행되던 그해 12월 미국의 행정권 아래 있던 오키나와에 핵이 반입됐다. 오키나와에 반입된 19개 종류의 핵 가운데[39] 메이스-B의 사정거리는 2300km였다. 중국의 베이징·충칭·시안·다퉁·장춘이나 북한의 평양, 극동 러시아의 블라디보스토크 등이 사정권 안에 포함됐다. 오키나와에 배치된 핵탄두는 1974년 반환이 이뤄질 무렵까지 1200발에 달했다.

1958년 초부터는 한국과 대만에도 비전략핵이 배치되기 시작했다(이밖에 괌과 필리핀에도 배치됐다). 한국에는 원자포, 지대지 로켓탄, [지대지 미사일인] 어네스트존Honest John, 폭탄, 핵폭탄 자재, 지대지 순항미사일 마타도어Matador 등이 배치됐다. 대만에는 마타도어가 배치됐다.[40] 이런 가운데 그해 8월 제2차 대만해협 위기가 발생했다.

미국이 극동 지역 내에 이렇게 핵을 배치해 두고 있었다는 사실을 뒤집어 생각해 보면, 일본 본토에 핵을 반입하지 않고도 대응 태세를 갖출 수 있었다는 뜻이 된다. 대량보복용 비전략핵을 극동 지역에 전방 배치한다고 할 때 오키나와·한국·대만에 가져다 둘 수 있다면, 굳이 일본 본토에까지 넣어 두지 않아도 되는 것이다.

핵의 용도와 관련해서도 미국은 극동 전체를 생각하고 있었다. 실제 오키나와에 배치된 핵은 일본 유사사태보다 한반도 유사사태를 염두에 둔 것이었다.[41]

유연반응전력과 오키나와

하지만 1960년대에 접어들면서 미국의 핵전략 자체가 대량보복전략을 폐기하는 쪽으로 변화하게 된다.

이런 움직임이 시작된 것은 이 전략의 결함을 지적하는 목소리가 나오면서부터였다. 소련이 서유럽을 통상전력으로 공격하는 상황에서 미국이 대량보복전략에 기초한 핵 보복을 가하면, 상대도 한층 더 큰 보복에 나설 수 있었다. 이는 미국 본토가 핵공격에 노출될 수 있음을 뜻하는 것이었다. [물론 이를 위해선 소련이 장거리 미사일 발사 능력을 갖추고 있어야 했다.] 이런 가운데 소련은 1957년 10월 4일 인공위성 스푸트니크Sputnik를 쏘아 올리는 데 성공한다. 이를 통해 서구에 장거리 미사일의 성능을 [획기적으로] 향상시켰다는 인상을 지울 수 있었다.

그렇다고 한다면, 시곗바늘을 다시 뒤로 돌려 보자. 미국은 자신들의 국토가 잿더미가 될 수 있다는 것을 알면서도, 소련의 서유럽 침공을 막기 위해 핵을 사용하는 대량보복에 나설 수 있을까? 당연히 의문이 생길 수밖에 없다. 만약 크렘린[러시아 대통령궁]도 같은 의심을 갖게 된다면, 미국이 가진 핵전략의 신빙성이 떨어지고 그만큼 억지가 기능하기 어려워진다.

이런 이유로 케네디 정권 이후엔 '유연반응전략'이 등장하게 된다. 대량보복전략은 동구가 통상전력을 사용해 침공했을 때에도 대량의 핵을 써 보복하는 것이다. 이에 견줘, 유연반응전략은 '에스컬레이션 사다리(단계적으로 전쟁이 확대되는 사다리)'를 오르내리는 전략이라고 할 수 있다. [이를 설명하면 다음과 같다.] 즉, 상대의 통상전력에는 핵이 아닌 통상전력으로 대항한다. 통상전력끼리의 대응에서 분쟁이 수습된다면 좋겠지만, 대결이 고조된다면 이후엔 비전략핵을 사용한 국지적 핵전쟁의 단계로 옮겨 간다(이외에도 여러 단계가 있다). 그리고 사다리를 계속 올라가게 되면 전략핵과 전략핵이 정면 대결하는 상황 즉, 상호확증파괴에 이르게 된다.

이렇게 첫 군사적 충돌로부터 미소의 공멸이라는 최후의 순간까지 여러 단계를 설정해 두면 소련이 서유럽을 침공할 경우 미국이 보복에 나서 줄 것이라는 신뢰성이, 이전 대량보복전략 때보다 높아질 것이라고 기대할 수 있다. 이렇게 [미국의 핵전략이] 대량보복전략에서 유연반응전략으로 변했다는 사실은 전방에 배치된 비전략핵의 역할에도 영향을 끼치게 된다.

유연반응전략을 택할 경우 동구가 통상전력으로 서구에 대한 침공을 시작하면, 서구 역시 핵이 아닌 통상전력으로 대응한다. 바꿔 말하면, 동구가 처음부터 핵을 쓰지 않는 한 서구도 초반엔 핵을 쓰지 않는 것이다. 이렇게 처음엔 사용할 일이 없는 무기를 적대국과 가까운 지역에 전방 배치해 두면 개전 초기에 적의 먹잇 감이 될 뿐이다. 결국 상대방의 공격에 취약한 핵은 오히려 후방 으로 내려 배치해 두는 게 좋다는 결론에 이르게 된다. 그렇다면 오키나와에서도 핵을 철거하는 것이 합리적인 판단이 된다.

하지만 또 다른 선택지가 있다. 유연반응전략을 적용하는 경우 라도 '단계적으로 전쟁이 확대되는 사다리' 내에 통상전력 대결과 전략핵 대결 사이에 '비전략핵 대결'이라는 단계를 넣어 두는 게 바람직하다고 생각할 수도 있다. 이렇게 하면 통상전력 대결이 단 숨에 전략핵 대결로 나아가지 않을 수 있게 된다. 그렇다면 앞서 논의와 정반대로, 적대국의 근접 지역에 비핵전력을 전방 배치해 두는 게 역시 더 낫다는 결론이 나오게 된다.

실제 1969년 4월까지 미 합동참모본부는 오키나와에서 핵을 철거하면, 혹시 있을지 모를 핵전쟁을 지역 수준에서 억누를 능력 이 저하되지 않을까 우려했다.[42] 당시 알렉시스 존슨 주일 미국대 사도 이렇게 말했다. 폴라리스 잠수함에 의한 전략핵 공격을 실시 하면, 핵에 의한 대응이라는 악순환이 발생해 최악의 사태로 쉽게 발전할 수 있지만, 유연반응전략을 통해 비전략핵으로 소규모 대 응을 하면 최악의 사태를 피할 수도 있다. "이를 통해 [상대방의]

 미일동맹이라는 거울

공격 수준에 비례하는 반격이 가능해진다. 그렇기 때문에 오키나와에 핵무기를 배치해 두는 것은 여전히 전략적 중요성을 갖는다고 할 수 있다."43

정리해 보자. 대량보복전략을 핵전략으로 채택할 경우엔 적대국과 가까운 지역에 대량보복용 비전략핵을 전방 배치해 두는 게 효과적이다. 하지만 유연반응전략을 택할 때엔 핵을 후방으로 물릴 수 있다. 그리고 후방으로 물릴지 여부에 대한 판단은, 첫 번째 공격 때는 사용하지 않을 비전략핵을 적대국과 가까운 곳에 전방 배치할 경우 생길 취약성에 대한 우려를 중시할지, 아니면 '단계적으로 전쟁이 확대되는 사다리' 안에 비전략핵을 사용하는 단계를 넣어 둘 때 얻을 효과를 중시할지에 따라 달라지게 된다.

오키나와에서 핵이 철거된 전략적 이유

미국이 일본 본토의 대체지였던 오키나와에 배치해 둔 비전략핵을 철수시킨 것은 유연반응전략 아래서 '단계적으로 전쟁이 확대되는 사다리' 안에 비전략핵 사용 단계를 넣었을 때 얻는 효과를, 비전략핵을 전방 배치할 경우 생길 취약성에 대한 우려만큼 중시하지 않았기 때문이다. 그 배경에는 적어도 다섯 가지 이유가 있었다고 할 수 있다.

첫째로 애초 [미일동맹 쪽의] 통상전력이 우위에 있었기 때문이다.

유럽의 상황을 살펴보면 바르샤바 조약기구가 통상전력에서, 미국을 중심으로 하는 나토보다 우위에 있었다. 바르샤바 조약기구군이 서유럽으로 침공해 오는 것을 억지하려면 서구가 가진 핵의 존재가 꼭 필요했다.

이에 견줘 아시아·태평양에서는 한국과 오키나와에 배치된 미군 지상병력과 제7함대 등 해군력을 고려할 때 서구 쪽이 우위에 있었다. 통상전력으로 침략해 오는 동구 세력을 억지하는 데 있어 유럽만큼 핵이 필요하지 않았던 셈이다. 안보전문가인 무라노 마사시村野将가 지적하듯 아시아·태평양 지역에 배치된 미국의 핵은 동구 쪽이 통상전력의 우위를 핵으로 상쇄해 보려는 시도를 억지하기 위한 용도였다.[44] 전쟁이 난다면 육상전이 벌어지게 되는 유럽과 달리 이 지역에선 바다로 둘러싸인 일본으로 상륙해 들어오는 적을 막는 형태의 싸움이 될 가능성이 크다. 핵으로 이들을 격퇴해야 하는 상황이 발생할 가능성이 높다고 할 수 없다.[45]

둘째, 전략핵만으로도 충분히 중국을 억지할 수 있다고 생각했기 때문이다.

1960년대에 들어서면 미국은 본토에 수백여 발의 차세대 대륙간탄도미사일ICBM을 배치하고 소련과 중국을 표적 아래 넣어 두는 태세를 갖추게 된다. 또 잠수함발사탄도미사일SLBM이 작전에 투입돼 괌에 폴라리스 미사일을 탑재한 잠수함과 B-52 전략폭격기가 배치된다.[46] 중국은 1964년 10월에 핵실험에 성공했지만, 핵전력은 H-6 폭격기 등을 주요 투발 수단으로 하는 등 원시적인 수준에 머무르고 있었다.[47] 소련처럼 미국과 상호확증파괴를 통해 전략적 안정을 구축하는 단계까지는 이르지 못했다.

그렇다면 미국과 중국이 통상전력으로 대결한다 해도, 비전략핵이 맞붙는 단계로 긴장이 쉽게 고조되진 않을 것이라 예상할 수 있다. 중국이 극동에 비전략핵을 사용한다면 미국은 전략핵으로 보복할 수 있지만, 중국은 미국을 타격할 충분한 수단을 갖지 못했기 때문이다.

하지만 미국에게 전략핵으로 보복할 수 있는 능력을 갖춘 소련이 중국에게 확장억지를 제공하게 되면 얘기는 달라진다. 그러나 1960년대 미소 대립이 거세지면서 그럴 가능성은 사라지게 된다.

셋째, 결과적으로 중소 대립의 이면이라 할 수 있겠지만, 미국이 중국과 화해를 고려하기 시작했기 때문이다.

미국과 중국이 화해하게 되면 양국이 핵으로 응수하는 상황이 발생할 가능성은 줄어든다. 오키나와에 비전략핵을 배치해 둘 필요성 역시 한층 더 낮아지게 된다. 오키나와에서 비전략핵을 철거하는 것은 미국의 공격 목표로부터 중국을 제외한다는 것을 의미하고, 나아가 미국이 중국과 화해를 원하고 있음을 보여 주는 최고의 메시지가 될 수 있었다.[48] 국제정치의 세계에선 때에 따라 군사력을 어떻게 배치하는지가 언어 이상의 의사소통 수단이 된다.

넷째, 오키나와에서 핵을 철거한다 해도 한국과 대만이라는 대체지가 존재했기 때문이다.

실제 1969년 4월까지 미 국무부나 국방부의 관료 조직인 국방장관실Office of the Secretary of Defense과 국제안전보장국은 오키나와에서 핵을 철거해도 한반도 유사사태에 끼치는 영향은 매우 한정적일 것이라고 분석했다. 이들이 그렇게 판단할 수 있었던 것은 제7함대가 가진 핵과 한국 국내에 배치된 핵이 있었기 때문이다.[49] 대만의 핵폭탄은 1972년 2월 미중 화해가 이뤄진 뒤인 1974년 7월까지 모두 철거된 데 반해,[50] 한국에 배치됐던 핵은 결국 냉전이 끝날 때까지 그대로 유지됐다(1991년 12월 18일 철거 완료).

그리고 다섯째가 되어 겨우 등장하는 것이 오키나와 핵 밀약이다.

"미국은 오키나와로부터 일단 핵을 철수했지만, 밀약에 따라 재반입하는 게 가능해졌다"는 얘기는 비핵 3원칙과 어긋나고, 또 '밀약'이라는 합의 방식에 문제가 있다는 것 역시 분명한 사실이다. 이런 이유로 센세이셔널한 주목을 받기 쉽다. 하지만 이제와 돌이켜 볼 때 정말로 주목을 기울여야 했던 것은 확장억지를 제공하는 미국의 핵전략이 대량보복전략에서 유연대응전략으로 변했다는 사실이라고 할 수 있다. 그로 인해 전방 배치된 비전략핵의 취약성에 대한 우려가 생겨나고, 그에 따라 미국은 오키나와에서 핵을 철거하게 된다.

그러나 앞서 살펴본 것처럼 유연반응전략 아래에서도 '단계적으로 전쟁이 확대되는 사다리'에 비전략핵을 사용하는 단계를 넣어 두기 위해, 오키나와에 계속 핵을 배치해야 한다는 논의 역시 설득력을 유지할 수 있었다. 오키나와 핵 밀약은 아시아·태평양에서 서구가 통상전력의 우위에 있었고, 미국이 전략핵을 활용해 중국을 억지할 수 있으며, 미국이 중국과 화해를 염두에 두고 있었을 뿐 아니라, 한국·대만 등 핵을 둘 대체지가 있었다는 사실과 함께 이런 주장[오키나와에 계속 비전략핵을 배치해야 한다는 주장]이 설득력을 갖기 힘들게 하는 하나의 '부분적 이유'에 불과했다. 밀약에만 눈을 빼앗기지 말고, 전체적인 구도를 바라볼 수 있는 시점이 중요하다.

오키나와 가데나 기지에 배치된 미 공군 제18전술전투항공단은 섬이 반환된 후에도 핵공격이라는 임무를 유지하고 있었다. 만약 오키나와에 비전략핵을 재반입하게 된다면, 그 핵은 한국(및 필리핀, 괌)에서 들여올 예정이었다. 더 구체적으로 말하면, 가데나 기지에 배치돼 있는 F-4D 전투기에 탑재되는 핵탄두는 한국 등의 기지에 저장돼 있었다. 긴급사태가 발생했을 땐 이것을 가데나로 공수해 올 수 있었다.[51]

미일 간의 핵문제에 대해 탁월한 취재와 연구를 해 왔던 저널리스트 오타 마사가쓰太田昌克는 미국이 일본에 확장억지를 제공하는 것은 "결코 일본 방위만 의식한 것이 아니라 한반도와 대만 등 군사적인 불씨를 안고 있는 동아시아 전체를 방위하는 시각에서 생겨난 군사정책"이라고 지적했다.[52] 미일동맹과 한미동맹은 역시 밀접한 관계에 있으며, 확장억지라는 분야에서도 '극동 1905년 체제'를 지탱해 왔던 것이다.

핵 위험지대로 변한 일본 주변

일본과 확장억지의 관계를 생각할 때 예전부터 지금까지 일반인들의 사고를 지배해 온 것은 비핵 3원칙의 존재였다고 할 수 있다. 그러나 이런 '일본적 시점'에 과도하게 집착해선 곤란해지는 시대가 다가오고 있다. 최근 들어 일본 주변은 세계에서 가장 위험한 지역으로 변하고 말았는데 이는 핵과 관련해서도 정확히 들어맞는 얘기다.[53]

중국은 신형 ICBM DF-41을 개발 중이고, SLBM에 있어서

도 JL-2(사정거리 약 7200km로 추정)를 탑재하기 위한 진晉급 SSBN
을 운용하고 있는 것으로 추정된다. 핵전력의 근대화·다양화·확
대를 향해 나아가고 있는 것이다. 2035년까지 적어도 1500발의
핵탄두를 보유하려 한다는 분석도 나온다. 중국은 이런 핵전력을
통해 미국에 대한 확장억지를 확보하고, [자신들이 열세에 있는]
통상전력을 보완하면서 국제사회에서 발언력을 키우려 하는 것으
로 짐작된다.

북한은 2024년 3월 현재까지 6차례 핵실험을 했고, 최근에도
탄도미사일 발사를 거듭하고 있다. 이미 핵을 소형화·탄두화하는
데 성공해 탄도미사일에 싣고 공격할 수 있는 능력을 손에 넣은
것으로 추정된다. 북한이 핵능력 향상을 꾀하는 것은 장거리 탄도
미사일을 손에 넣어 미국에 대한 핵억지력을 획득하고, 김정은 독
재 체제의 유지·생존을 꾀하며, 한반도 유사사태가 발생했을 때
비전략핵을 사용하겠다는 협박이 효과를 발휘할 수 있도록 하기
위해서다.

냉전 때부터 핵 대국이었던 러시아도 극동 지방에 핵전력을
유지하고 있다. 러시아는 극동에 해상 발사형 순항미사일인 칼리
부르Kalibr를 탑재할 수 있는 함선 배치를 추진하고 있다.

만약 미국이 확장억지를 제공하지 않는다면, 비핵 정책을 유지
하고 있는 일본은 지금까지와 달리 전혀 안심할 수 없는 삶을 살
게 될 것이다.

이런 가운데 2022년 2월 시작된 러시아의 우크라이나 침략은
일본에게도 큰 충격을 안겼다. 러시아는 침략의 초기 단계부터 노
골적인 핵 위협을 가했다. 이는 서구가 우크라이나를 지원하기 위

                                          미일동맹이라는 거울

해 직접적 군사개입에 나서는 것을 주저하게 만드는 커다란 이유가 됐다.

동아시아의 상황을 돌아보면, 일본에게 우려와 위협이라고 할 수 있는 중국·북한·러시아 모두가 핵보유국이다. 이들 국가는 유사사태가 발생하면 핵 위협을 가할 수 있다. 그럴 경우 미국이 우크라이나 때처럼 동아시아에서도 직접 군사개입을 꺼릴 수 있다는 우려의 목소리가 일부에서 흘러나오고 있다.

비핵 3원칙의 반동: 핵무장론·핵반입론

그렇다고 해서 일본이 바로 핵무장을 해야 한다고 주장하는 것은 아니다. 유일한 피폭국가라는 정체성에 더해 국내의 강력한 반핵 감정 등으로 인해 반대의 목소리가 커질 수밖에 없다는 이유 때문만은 아니다. 일본이 핵무장을 한다면 핵비확산조약NPT을 위반하는 게 되고, 그에 따라 국제사회로부터 제재를 받게 된다. 이는 일본 외교에게 무시할 수 없는 손실이 될 것이다.

또 일본의 국토는 좁고 인구가 밀집돼 있다. 즉, '전략적 종심성'*이 부족하기 때문에 애초 핵을 보유하는 게 적합하지 않다고 볼 수 있다. 면적이 광대하고 내륙 깊은 곳에 영토를 보유한 대국과 핵공격을 주고받는다고 해 보자. 상대는 허용 가능한 수준의 희생을 입는 데 그치지만, 일본이란 국가는 첫 단계에서 결정적인 타격을 입고 파괴돼 버릴 수 있다. 일본이 독자적으로 전략적 안

---

*　적대국과 마주한 전선과 수도 등 국가의 핵심 지역 사이의 공간적·시간적 거리.

정성을 확보하는 것은 전략상·지정학상 어렵다고 할 수밖에 없다.

일본이 직접 핵무장을 하는 것은 현실적 대안이 아니다. 하지만 동시에 미국이 제공하는 확장억지가 실제 기능할지에도 일말의 불안감이 스친다. 러시아가 우크라이나를 침략한 직후인 2월 27일 국민적 수준에서도 그런 심리가 작동했던 것일까. 아베 신조 전 총리는 이날 '핵 공유'라는 말을 언급하며 주목을 끌게 된다.*

나토에는 분명 [아베 총리가 언급한] 핵 공유 제도가 갖춰져 있고, 미국은 이 틀에 따라 비전략 핵탄두인 B-61을 유럽 동맹국에 배치해 두고 있다.54 하지만 나토에서 말하는 핵 공유는 일반적으로 생각하는 것처럼 핵보유국과 그 동맹국이 핵을 '공유'하는 것이 아니다.

독일 등 유럽 내 미국의 동맹국**의 입장에서 보자면, 나토가 핵을 사용하면 그 핵은 유럽에서 사용하는 것이고 상황에 따라 자국 내에서 쓰일 수도 있다. [핵 사용이라는] 이 무거운 결단을 미국과 동맹국이 공유하며, 유럽 동맹국의 비행기가 미국의 B-61을 탑재하고 핵공격을 실시한다는 게 나토식 핵 공유의 의미이다.55

나토의 핵 공유 제도 속에선 유럽의 동맹국이 핵 사용을 요청해도 미국이 거부할 수 있다. 거꾸로 미국이 핵 사용을 결정했을 때 유럽 동맹국이 거부하면 미국은 이 제도의 틀 밖에서 자신이 보유한 핵을 사용하면 된다.56 애초 미국이 핵을 사용할 때 그 수

---

* 아베 전 총리는 이날 《후지TV》의 한 방송에 출연해 핵 공유(뉴클리어 쉐어링)에 대한 질문을 받자 "일본은 핵확산조약의 가맹국이고 비핵 3원칙을 지켜 왔지만 세계의 안전을 어떻게 지켜 나갈 것인지라는 현실에 대한 논의를 터부시할 필요는 없다"고 답했다.

** 나토식 핵 공유에 참여하는 유럽 주요국은 벨기에, 독일, 이탈리아, 네덜란드, 튀르키예 등 5개국이다.

단은 기본적으로 ICBM이나 SLBM이고, 동맹국에 배치된 B-61을 쓸 가능성은 낮다고 봐야 한다. 애초 핵 공유라는 제도는 앞서 밝힌 것처럼 무거운 결단을 공유한다는 의미에 더해, 유럽에 있는 미국의 동맹국들이 자국에 배치된 핵무기에 대해 함께 공동계획을 만들고 공동훈련을 할 수 있다는 것에 장점을 느꼈기 때문에 만들어질 수 있었다.

이렇듯 나토의 핵 공유 제도는 나토의 독자적 문맥 안에서 성립하는 제도이다. 이를 그대로 이식한다고 일본이 이전보다 더 안전해졌다는 느낌을 얻을 수 있는 것이 아니다. 일본은 자신의 영역 밖에서 이뤄지는 작전 수행을 위해 미국의 핵을 항공자위대의 F-35에 탑재해 사용한다는 사실에 대해, 나토 가맹국들이 느끼는 것 같은 의미를 끌어내지 못할 것이다. 그렇다면 핵 공유라는 제도적 틀을 평가할 때 중요한 질문은 결국 (핵에 관한 공동계획이나 공동훈련을 별도로 떼어 놓고 생각할 때) 일본의 국토 안에 미국의 핵을 들여놓는 게 확장억지의 신빙성을 높이는 데 합리적인지 아닌지라고 할 수 있다.

앞서 언급한 대로 미국은 지금까지 일본 본토에 핵을 배치하지 않았다. 또 배치해 뒀던 오키나와에서도 1972년까지 모두 철거했다. 미국이 일본에서 '핵을 빼는' 반환에 응했던 것은, 유연반응전략을 선택할 때 만들어 두는 게 좋을 수도 있는 '비전략핵 사용'이란 단계가 굳이 없어도 괜찮다고 판단했기 때문이다. 오키나와에 비전략핵을 전방 배치해 생기는 취약성을 더 걱정한 것이다. 이렇게 판단하게 된 배경으로 꼽을 수 있는 것은 다시 말하자면 통상전력의 우위, 전략핵에 의한 억지, 미중 화해, 대체지의 존재,

그리고 오키나와 밀약 등이었다.

분명 최근 들어 이런 배경이 모두 변화하고 있다. 통상전력·핵전력 등 모든 분야에서 중국에 대한 미국의 압도적 우위가 흔들리고 있다. 미중은 격렬한 경쟁·대립의 시대로 돌입하고 말았다. 대만과 한국에선 이미 미국의 핵이 철거됐고, 오키나와 핵 밀약이 지금에 와 갖는 의미도 명확하지 않다.

그럼에도 역시 비전략핵을 전방 배치했을 때 생겨나는 취약성 문제는 여전히 그대로 남아 있다. 좁은 섬나라인 일본 국토의 특성을 생각할 때 핵을 보관하는 탄약고, 지하 사일로(미사일을 격납하는 건물)와 같은 고정식 발사대나 이동식 발사기TEL(미사일 탑재·발사가 가능한 차량) 등을 적대국의 감시로부터 숨기기 힘들다. 결국 이런 시설들은 취약성을 노출하게 될 가능성이 높다.[57]

그렇다면 오키나와를 포함한 일본에 미국의 비전략핵을 지상에 전진 배치하는 것보다 괌 등을 포함한 후방에 전략핵을 배치해 두는 게 여전히 더 합리적이라는 결론에 도달하게 된다. 구체적으로 미국은 전략핵인 미니트맨 ICBM을 배치 중이고, 오하이오급 탄도미사일핵잠수함SSBN에 트라이던트 D-5 SLBM을 탑재해 놓고 있다. 이 전력이 현재 억지력으로 기능하고 있다.[58]

이렇듯 지금 당장 핵 공유를 하거나 일본에 핵을 전진 배치할 필요가 있다고 볼 순 없다. 하지만 이는 비핵 3원칙에 비춰 볼 때 받아들일 수 없다는 게 아니라 [일본이 놓여 있는] 전략적·지정학적 상황을 고려할 때 그다지 합리성이 높다고 할 수 없다는 의미이다. 이를 혼동해선 안 된다. 전략적·지정학적 시점을 빼놓고 비핵 3원칙을 사고의 중심에 놓게 되면, 상황이 달라질 경우 그 반동

                                    미일동맹이라는 거울

에 의해 안이하게 핵무장론이나 핵반입론으로 휩쓸려 가게 될 수 있다.

※ ※ ※

비핵 3원칙은 분명 히로시마와 나가사키가 핵으로 유린됐다는, 견디기 힘든 국민적 경험과 기억을 배경으로 만들어진 것이다. 결코 가볍게 볼 수 있는 게 아니다.

하지만 비핵 3원칙을 사고의 중심에 앉혀 두는 '일본적 시점'에 너무 집착하게 되면, 일본의 평화에 기여하는 확장억지를 둘러싼 큰 틀의 구도를 잘 보지 못할 수 있다. 일본 국토에 미국의 핵이 없는 것은 비핵 3원칙 때문만이라고 할 수 없다. 객관적으로 볼 때 일본에 핵이 없었으면 좋겠다는 절실한 희망이, 미국이 제공하는 확장억지의 작동 방식에 의해 달성되고 있다고 봐야만 한다. '핵의 일국평화주의'에 과도하게 집착하게 되면, [사정이 바뀐 뒤엔] 거꾸로 공포를 이기기 위해 어떻게든 핵무장을 시도하거나 일본과 사정이 다른 나토의 [핵 공유라는] 제도를 그대로 이식해 들여오자는 쪽으로 논의가 흘러가게 된다. 이와는 다른 전략적·지정학적 합리성을 가진 논의를 더 깊게 해 나갈 필요가 있다.

그런 의미에서 미일이 확장억지를 둘러싼 깊은 의사소통을 해 나가는 게 중요하다. 최근 들어 그런 노력이 점점 현실화되고 있다. 실제 2010년 2월 18일부터 확장억지의 유지·강화를 논의하기 위한 '미일확장억지협의EDD'가 정례화됐다.

그리고 이 틀을 통해 잠수함발사형 토마호크 대지 순항미사일

TLAM-N의 퇴역 문제에 대한 미일의 의견을 일치시키는 작업 등이 이뤄져 온 것으로 보인다. 미국은 1991년 함선에서 핵을 떼어 내기로 한 뒤 TLAM-N을 공격형 잠수함에 재배치했다. 이 미사일의 능력을 유지시키기로 한 것이다.[59] 하지만 결국 2013년까지 퇴역시키겠다는 결정을 내렸다. 그러자 오카다 가즈야 외무대신은 2009년 12월 24일 힐러리 클린턴 국무장관에게 TLAM-N의 퇴역이 일본에 대한 확장억지에 끼치는 영향을 설명하고 싶다는 뜻을 전했다.[60] 2500km라는 짧은 사정거리를 갖는 TLAM-N을 탑재한 공격형 잠수함이 일본 근해에 배치돼 있으면 상대방이 볼 수 있고, 나아가 이는 저출력 [비전략핵]이기 때문에 '단계적으로 전쟁이 확대되는 사다리'를 세밀하게 설정할 수 있다고 생각한 것이다.[61] 하지만 TLAM-N은 기술적 문제가 너무 크다는 설명(전개 지점에서 표적까지 지형 데이터를 입력하는 게 어렵다는 점 등)을 듣고 일본 쪽도 납득한 것처럼 보인다(결국 TLAM-N은 2013년에 퇴역했다).

이런 상황 속에서 일본은 자신의 독자적인 정책으로 제2장에서 살펴본 대로 반격 능력을 갖기로 결정했다. 핵을 정점으로 하는 억지 체계 속에서 생겨나게 된 [중일 간의] 미사일 격차를 메운다는 의미라고 할 수 있다.

미국과는 제2장에서 언급했던 인도·태평양군과 지휘권 조정 문제를 놓고 대화하는 것뿐 아니라 핵 작전의 지휘권을 쥐고 있는 전략군과도 의사소통을 해야 한다.

또 미국이 일본에 제공하는 확장억지가 극동 지역 전체 안에서 어떤 위치를 차지하는지 파악할 필요가 있다. 먼저 한국과 관련해 바이든 정권은 2022년 10월 27일 발표한 핵 정책 보고서인 '핵 태세 검토NPR'에서 핵과 관련된 미일 양국 간 협의를 한미일 3개국 간 협의로 확대할 가능성에 대해 언급했다. 바이든 대통령과 윤석열 대통령은 그다음 해인 2023년 4월 26일 핵에 관한 '워싱턴 선언'을 발표했다. 이 선언문엔 미국의 SSBN을 한국에 파견하는 것과 양국이 핵 계획을 논의하는 '핵 협의 그룹'을 신설하는 내용 등이 포함됐다. SSBN의 한국 파견 자체는 군사적 합리성이 크다고 할 순 없지만(일부러 취약성을 노출할 필요는 없다), 극동 지역에 대한 미국의 '확장억지'를 강화해 가는 게 과제인 것은 여전하다.

이와 관련해 확장억지에 관한 한일의 입장이 늘 같다고 할 순 없다는 지적도 있다. 안전보장 전문가인 앤드루 크레피네비치Andrew Krepinevich는 북한이 일본을 핵으로 공격할 때 양국이 다른 태도를 보일 가능성에 대해 언급했다. 일본은 미국에 보복을 요청하겠지만, 한국은 그럴 경우 다음엔 우리가 당할지 모른다는 우려 때문에 북한에 유화적인 태도를 요구하게 될 것이라 예측한 것이다.[62] 만약 그런 입장 차이가 발생할 여지가 있다면 평소에 한국·미국·일본이 확장억지에 대한 정보와 인식을 공유해 두는 게 필요하다.

나아가 대만 문제가 남는다. 미국은 미대동맹이 해소된 뒤엔 대만도 자신의 핵우산 안에 들어가는지 분명한 언급을 한 적이 없다.[63] 제2장에서 본 부대 운용에 대한 논의와 마찬가지로 확장억지와 관련된 문제에서도 대만의 위치를 어떻게 설정할지는 어려운 과제라 할 수 있다.

핵으로 가득 찬 동아시아에서 미국이 일본에 확장억지를 제공하겠다고 한 약속을 유지·강화해 가기 위해서도 미일동맹의 틀 속에서 핵이 담당하는 역할을 금기처럼 여겨선 안 된다. 결국 미국의 핵전략 안에서 일본이 어떤 위치를 차지하고 있는지, 또 극동 지역 전체에서 확장억지가 어떻게 작동하고 있는지를 큰 틀에서 바라볼 수 있는 '제3자적 시점'을 통해 실상을 이해하는 게 점점 더 중요해질 것이다.

나가는 말

안전보장 현실과의 괴리

지금까지 미일동맹과 관련된 다섯 개 중요한 분야인 '기지 사용' '부대 운용' '사태 대처' '출구전략' '확장억지' 등에 대해 살펴봤다. 또 각각의 주제에 대해 일본 쪽의 희망이나 사정에 기초한 '일본적 시점'과, 일본 이외 국가들의 견해도 고려하며 현재 상황을 역사적 배경 혹은 지역 전체의 구도 속에서 조망해 보는 '제3자적 시점'을 비교했다. 이를 통해 일본인들의 생각과 안전보장의 현실 간에 놓인 괴리를 점검했다고 할 수 있을 것이다. '일본적 시점'의 배경에 존재하는 것은 '일국평화주의'나 '필요최소한론' 등의 논리였다.

첫째, 기지 사용과 관련해선 일국평화주의에 따라 일본이 자신과 관계없는 외국의 전쟁에 말려들지 않도록 하는 게 중요했다. 이를 실현하기 위해 극동유사사태가 발생할 경우 미군이 일본 내 기지를 사용하는 것에 제약을 가하려 했다. 그러나 미일동맹은 '극동 1905년 체제'라는 지역 질서를 지탱하는 '미일·한미 양 동맹'이란 안전보장 시스템상의 기능 중 하나라고 할 수 있다. 즉, 극동유사사태를 "일본과 관계없는 외국의 전쟁"이라고 볼 순 없는 것이다.

둘째, 부대 운용 특히 지휘권 조정과 관련해선 일국평화주의와 필요최소한론에 기초해 지휘권의 독립 자체가 목적인 것처럼 여겨져 왔다. 하지만 실제 현실을 보면, 미일동맹의 지휘권 조정 방식은 극동 지역 전체 내의 미군의 지휘체계, 특히 한미동맹의 지휘권과 사령부 기능이 어떻게 작동하는지와 밀접히 관련돼 있음을 알 수 있었다.

셋째, 사태 대처와 관련해서도 마찬가지였다. 극동유사사태, 중요영향사태, 존립위기사태, 무력공격사태에 대해 대처하는 제도적 틀이나 사고방식은 일국평화주의나 필요최소한론과 연관돼 있었다. 하지만 '제3자적 시점'에 서게 되면, '일본적 시점'에 서서 생각하는 것과는 다른 시나리오로 사태가 전개될 가능성이 있다는 점에 유의해야 한다.

넷째, 출구전략은 전후 일본이 한동안 관심을 두지 않고 지나쳐 왔던 분야이다. 애초 전쟁이 터지면 안 된다는 것은 맞는 얘기다. 그렇다고 해서 전쟁이 터진 뒤 이를 어떻게 끝낼지 고민할 필요가 없다는 것은 말이 되지 않는다. 그리고 유사사태의 출구[전쟁의 종결 방식]를 생각할 때에는 무엇을 위해, 어디까지 희생을 감수할 것인지를 국민 수준에서 논의해 둘 필요가 있다.

마지막으로 확장억지와 관련해선 '핵의 일국평화주의'라고 할 수 있는 비핵 3원칙이 오랫동안 [일본인의] 사고의 중심에 놓여 왔다고 할 수 있다. 하지만 객관적으로 보면 [일본 안에 핵을 두고 싶지 않다는] 이런 희망은 미국이 제공하는 확장억지의 작동 방식에 의해 허용돼 왔다고 할 수 있다. 이런 사실에 대해서도 관심을 가져야 한다.

일본적 시점의 귀결

그럼에도 불구하고 '일본적 시점'과 '제3자적 시점'의 괴리를 극복하는 것은 쉬운 일이 아니다. '일본적 시점'을 극복하지 못한 채 한반도 유사사태나 대만 유사사태가 발생한다면 어떻게 될까? 자칫하면 다음과 같은 일들이 벌어지게 될 수도 있다.[1]

사례① 말려들 수 있다는 주장

미일동맹은 한반도가 한국전쟁의 불꽃에 휩싸여 있는 가운데 탄생했다. 한국전쟁 전체 기간에 걸쳐 주일미군기지는 한국을 지키는 데 기여했고, 1953년 휴전 후에는 북한이 한국을 재침공하지 못하도록 억제하는 역할을 해 왔다고 할 수 있다. 하지만 휴전이 이뤄진 지 70년 이상 세월이 지났는데도 한반도의 분단과 긴장은 여전히 해결되지 못하고 있다.

이런 가운데 북한과 한국 사이에 지금까지 여러 차례 거듭돼 왔던 우발적인 소규모 충돌이 발생했다. 그러자 김정은 체제는 분쟁을 더 고조시키기로 하고, 장사정포와 단거리 탄도미사일로 한국군·주한미군의 거점을 공격했다.

한미연합군은 한반도에서 반격 작전을 시작했다. 미군은 반격을 가하는 거점을 한국 영토 내로 한정할 생각이 없다. 미사와와 가데나 등 일본 기지에서 북한에 대한 직접전투작전행동을 취할 준비에 돌입했다. 북한의 한국 침공에 의해 미일안전보장조약 제6조가 규정하고 있는 "극동 내 국제평화 및 안전"이 손상을 입게 된 것이다. 이 조항에 따르면, 미군은 일본 내 기지를 사용할 수 있다.

그러나 미군이 일본 기지로부터 북한을 겨냥한 직접전투작전행동에 나설 경우엔 일본 정부와 사전협의를 해야 한다. 이 틀에 따라 미국 정부는 유사사태가 발생하자마자 일본 정부에 2+2 회의를 온라인으로 긴급 개최할 것을 요구했다. 그리고 2+2 회의 석상에서 미일동맹이 결성된 뒤 처음으로 사전협의가 이뤄졌다. 미국은 당연히 일본 정부에 즉답을 요구했다. 일본은 곧바로 긴급하게 NSC와 임시각의를 개최했다. 동맹국으로서 회답을 결정해야 하는 상황에 이른 것이다.

일본은 어떻게 답할 것인가?

일본은 1969년 닉슨-사토 공동성명을 통해 "한국의 안전보장은 일본 자신의 안보에 있어 긴요"하다는 사실을 인정했다. 또 사토 에이사쿠 총리는 내셔널 프레스 클럽 연설에서 한반도 유사사태가 발생할 경우 주일미군의 직접전투작전행동에 대해 일본은 "긍정적으로 또한 신속히" 태도를 결정할 것이라고 약속했다. 즉, 일본은 이런 경우 사전협의에서 예외 없이 '허용하겠다'는 결정을 내릴 것이라는 기대를 받아 왔다. 1960년대 미국에 발행한 약속어음에 대해 마침내 입금해야 할 시기가 도래한 것이다. 이 약속어음이 실제로 현금화된 적은 지금까지 단 한 번도 없었다.

이때 북한의 〈조선중앙방송〉이 일본이 사전협의를 통해 미국

   미일동맹이라는 거울

의 기지 사용을 허용한다면, 한국뿐 아니라 일본도 공격 대상에 넣겠다고 위협해 온다. 심지어 말로만이 아니라 실제로 준중거리 탄도미사일과 장거리 항속미사일을 일본의 배태적경제수역EEZ 안에 떨어뜨린다. 또 일본 열도를 넘어가는 미사일을 두 발이나 쏘아 올린다. 말 그대로 심리적 공갈을 걸어오는 것이다.

북한의 공갈을 받은 뒤 일본의 일부 정당, 주요 언론, 저명한 지식인들이 우리와 관계없는 외국의 전쟁에 말려들게 될 수 있다면서 기지 사용을 거부해야 한다고 목소리를 높인다. 총리 관저나 국회 주변에서 대규모 반대 데모가 발생한다. 미군의 기지 사용을 허용하지 않는다면, 일본이 이 전쟁과 무관한 상태로 있을 수 있다고 믿는 듯한 모습이었다.

[남의 전쟁에] 말려들면 안 된다는 주장이 일본 사회 전체를 석권하는 가운데, 정부는 이런 목소리를 무시할 수 없게 된다. 결국 [기지 사용을 허용해야 하는 이유를] 진지하게 설명해야 할 필요를 느끼게 된다. 그러는 만큼 미국이 볼 때 사전협의 절차가 점점 더 늦어지고 만다. 실은 '일본이 말려들 수 있다'는 논리에 빠져드는 것 자체가 북한이 노리는 것이었다. 일본은 처음부터 북한에 간파당하고 있었던 것이다.

애초 사전협의제도는 아직 미일이 패전국과 승전국 관계에 있을 때 양국 간의 대등성을 확보하기 위한 도구로 만들어진 것이다. 이제 이 제도는 적대국이 역으로 써먹을 수 있는 형태로 변해버리고 말았다.

최종적으로 일본 정부가 허용하겠다는 답변을 내놓는다. 이것이 결정적인 한 수가 되어 한반도 유사사태가 종식되는 흐름으로 가게 된다. 하지만 미국의 한국 방어작전이 예상 밖으로 길어져 한미연합군의 사상자 수도 예상 범위를 넘어서고 말았다.

미국 국내에서는 "한국 방위는 일본의 안전에 직결되는 문제인데, 왜 일본은 미군에 비협력적인가"라는 비난 여론이 끓어오른다. 그와 동시에 미일동맹에 대한 불신감이 높아진다. 미 의회에서도 "이래서는 주일미군기지를 사용하는 것을 전제로 해 왔던 대만 방위도 불가능하다"는 의견이 늘어난다. 미국이 극동에 대해 해 왔던 방위 공약 자체를 재검토하자는 움직임도 가속화된다. 일부에선 [미국의 방어선에서 한반도와 대만을 제외하는] "애치슨 라인"으로 돌아가야 한다는 목소리마저 들려오기 시작한다.

사례② 즉시정전론

1972년 중국과 화해 이후 미일동맹은 대만해협 문제는 평화적으로 해결되어야 한다는 입장을 취해 왔다. 그러나 중국은 대만을 무력 통일하겠다는 가능성을 배제하지 않았다.

예전부터 우려했던 대로, 중국 국가주석이 대만 침공을 결단했다. 중국은 미군 등의 개입을 저지하기 위해 먼저 대만을 해상봉쇄하고 그와 동시에 전략지원부대와 사이버 민병 등을 활용해 대만과 관계 각국의 중요 인프라를 표적으로 사이버 공격을 감행했다. 그런 뒤 대만의 중요 군사시설을 겨냥해 로켓군·육해공군이 탄도미사일·순항미사일로 공격을 가했다. 이어 강습양륙함·대형 수송기·운송 헬기 등 해상전력·항공전력을 동원해 착륙 작전을 실시했다. 이에 더해 특수부대는 대만 정부 수뇌부를 표적으로 삼는 '참수 작전'을 시도하게 된다.

이에 맞선 미국은 처음엔 경계 감시 등 시위행동을 통해 중국군의 철수를 이끌어 내려 한다. 이를 위해 대만 주변에 항공모함 함대를 파견했다. 하지만 효과가 없자 미군은 대만에 대한 접근을 유지하고 난세이 제도와 센카쿠 열도를 지켜내기 위해 동중국해와 대만 동부 해역에 대한 해상 우세 확보 작전을 개시했다. 이 과정에서 [중국 본토에서] 대만해협을 건너려는 중국 해상부대에 공격을 가했다.

이렇게 해서 전후 일본에 최대의 시련이 찾아온다. 일본은 NSC 주도 아래 미국과 사전협의에 나선다. 그에 따라 미군이 주일미군기지로부터 직접전투작전행동을 취할 수 있도록 허용했다. 이어 이 사태를 사상 첫 중요영향사태로 인정하고 해상자위대의 보급함을 서태평양의 공해상에 파견했다. 이들은 미 이지스함에 대한 해상보급 등 후방지원 작전에 나서게 된다. 이어 미군의 요청에 따라 이 사태를 존립위기사태로 인정했다. 이후 각의 결정을 거쳐 자위대에게 첫 번째 방위 출동 명령이 내려졌다. 중국이 대만 주변에 부설한 기뢰를 제거하기 위해 해상자위대의 소해 작전 부대를 투입한 것이다.

중국은 바로 그날 오후 주일미군기지·자위대 기지를 향해 탄도미사일 공격을 가했다. 일본 정부는 곧바로 이를 무력공격사태라고 인정했다. 하지만 벌써 주일미군·자위대 기지 주변의 민간인 등을 합쳐 1000명 이상이 죽거나 다치는 큰 피해가 발생했다. 일본 국내 여론은 엄청나게 동요한다. 흔들리는 여론은 점점 확산된다. 이어 즉시 전쟁을 끝내고 외교적 해결을 시도해야 한다는 주장이 들판의 불길처럼 확산되기에 이른다.

지금까지 일본은 만에 하나 억지가 깨지는 상황이 발생하면 그다음은 어떻게 해야 할지에 대해 깊이 고민하지 않았다. 그렇기 때문에 유사사태의 출구를 찾을 때 '즉시 정전, 외교적 해결'이 아닌 다른 그림을 그릴 수 없었다. 그러는 사이 중국군은 대만의 태평양 쪽에서도 공격에 나서는 작전에 착수했다. 그를 위해 중요 거점인 요나구니섬·이시카키섬을 공격하고 점령했다. 영토를 잃은 일본은 즉각 탈환 작전 준비에 들어간다.

다음 날 미국·일본·대만 당국자들이 '대만 총통이 타이베이를 탈출해 도쿄 시로가네다이白金台에 망명정부를 세우기로 했다'는 구상을 논의했다는 정보가 유출된다. 일본 방송국이 전하는 [시민들의] 가두 인터뷰에서 "더 이상 엮이고 싶지 않다"는 목소리가 쏟아진다.

한편, 미군의 공격으로 중국군은 괴멸적 피해를 입고, 중국 국가주석은 대만 침공작전을 이어 가는 게 불가능하다고 판단한다. 미국 역시 항공모함 2척을 상실하고, 전사자 수가 3000명이 넘게 된다. 이때 이란이 다시 시리아와 이라크에 주둔 중인 미군에 대한 공격을 활발하게 벌이며 중동 정세가 다시 긴박해진다. 어쩔 수 없이 분위기는 휴전으로 기울게 된다. 대만은 공격을 이어 가야 한다고 주장하지만, 미중 두 나라는 비밀리에 휴전회담을 위한 접촉을 개시하게 된다.

하지만 일본 입장에서 본다면, 여전히 요나구니섬·이시가키섬이 중국군에게 점령돼 있는 상태이다. 이미 중국과 휴전을 위한 접촉을 시작한 미국은 요나구니섬·이시가키섬 탈환 작전에 소극적 태도를 보인다. 어쩔 수 없이 자위대 단독으로 작전을 짜게 된다. 하지만 자위대원의 예상 사망자 수가 보도되자 탈환 작전은 큰 지지를 얻지 못하게 된다.

NSC는 자위대 통합작전사령부가 보고한 탈환작전계획을 승인하는 것을 단념한다. 국제사회도 "일본이 그렇다면야"라면서 상황을 지켜보기만 한다. 점령된 국토를 탈환하는 것은, 곧 시작되는 미중이 주도하는 휴전회담의 의제 가운데 하나에 포함된다. 일본은 반환이 이뤄진다는 확신을 갖지 못한 채 협의의 결말을 지켜볼 수밖에 없게 된다. 하지만 "어떤 결말이라도 좋으니, 어쨌든 전쟁이 빨리 끝났으면 좋겠다"는 목소리가 일본에서 대세를 점하고 있다는 사실을 중국은 잘 알고 있다. 당연히 양보할 기색을 보이지 않는다.

사례③ 핵무장·반입론

대만 유사사태가 발생하면 일본은 주일미군기지의 사용 허가, 중요 영향사태 인정, 존립위기사태 인정 등으로 관여 수준을 높여가게 된다. 그때마다 중국 외교부 대변인은 "일본이 대만의 분리주의에 가담하면 심각한 결과를 초래하게 될 것"이라며 군사적 공갈을 이어 간다.

그러던 중 중국공산당 간부가 "일본이 적대행위를 중지하지 않는 한 중국은 보유하고 있는 다양한 무기를 즉시 투입할 용의가 있다"는 얘기를 입에 담는다. 우크라이나 침략 때 러시아처럼 중국도 노골적인 핵 위협을 가한 것이다. 중국이 보유하고 있는 핵탄두를 탑재할 수 있는 DF-21 등 준중거리 탄도미사일은 일본을 사정거리 내에 두고 있다. 일본은 큰 충격을 받게 된다.

일본이 전후 핵에 대해 취해 온 태도를 한마디로 줄이면, 비핵 3원칙에서 확인할 수 있듯 국토 안에 일본의 핵은 물론이고 미국의 핵도 들여놓을 수 없다는 것이었다. '핵 위협을 받는다'는 상상치도 못한 사태에 직면하게 된 일본 내에선 벌집을 쑤셔 놓은 것 같은 큰 소동이 벌어진다.

[다행히] 현실 속의 대만 유사사태는 중국이 일본에 핵을 사용하는 최악의 사태까지는 이르지 않고 수습되어 갔다. 하지만 중국의 핵 위협을 받았고, 또 통상 탄두라고는 하지만 실제 탄도미사일에 의한 피해를 입었기 때문에 전쟁이 끝난 뒤 일본 내에선 매우 뜨거운 핵 논쟁이 전개된다.

핵 논의는 크게 두 가지 논점으로 모아진다. 첫째는 중국의 대일 핵공격은 물론 그에 대한 미국의 보복에 의해 커다란 참사가 발생할 수 있기 때문에 일본이 두 번 다시 이런 공포를 맛보지 않도록 핵 근절에 최선을 다해야 한다는 것이었다. 이런 입장을 취한 이들은 핵이 모두 없어질 때까지 두 번 다시 핵보유국을 자극하면 안 되고, 앞으로도 계속 비핵 3원칙을 견지해야 한다고 주장한다.

하지만 핵 위협을 받은 뒤 일본 여론에 큰 변화가 일어난다. 또 다른 입장인 비핵 3원칙을 폐기하자는 목소리를 지지하는 이들도 급격히 늘어난 것이다. 이들은 일본이 스스로 핵무장을 하거나, 미국의 핵을 반입해야 한다고 주장한다. 소셜미디어SNS에는 "#지금이야말로 핵무장"이라는 해시태그가 넘쳐나기 시작한다. 핵 반입과 관련해선 나토의 핵 공유 방식과 한미동맹 같은 미 전략원자력잠수함의 정기 기항 등이 하나의 모델로 주목을 받았다.

일본이 핵에 대해 기본적으로 취해 온 태도가 비핵 3원칙이었기 때문에 무슨 얘기를 해도 이 원칙에 대한 찬반이 논의의 초점으로 굳어지게 된다.

한편, 핵무장론이나 핵반입론은 군사적 합리성이 크지 않기 때문에 그보다는 미국의 확장억지 강화나 해양발사형 순항미사일의 함선 재탑재 등과 같은 구체적인 안을 갖고 미국과 협의하는 게 중요하다는 의견도 있었다. 하지만 이런 논의는 전문가들 사이에서 이뤄진 채 끝나고 말았다. 결국 일본의 핵 논의는 비핵 3원칙에 대한 찬반 논쟁을 다람쥐 쳇바퀴 돌듯 거듭하는 데에서 그치고 만다. 확장억지를 제공하는 미국은 이 모습을 냉담한 눈으로 응시할 뿐이었다.

미일동맹관의 버전업

이상에서 본 세 기지 케이스는 어디까지나 유사사태가 발생하면 벌어질 수 있는 시나리오 중 하나의 예, 혹은 사고실험에 불과하다. 하지만 너무나도 '있을 법한' 전개라고 느끼는 독자들도 있을 거라 생각한다.

'일본적 시점'은 일본 사회에 깊이 뿌리내려 있고 그 영향을 벗어나기 어렵다. 이를 극복하는 것은 쉽지 않은 일이다. 그렇다 해도 이런 시점과 안전보장의 현실과의 괴리는 진지하게 생각해야 하는 중요한 논점이다.

안보 정책은 국가 간의 상호작용을 전제로 하는 것이다. 그런 이상 일국평화주의나 필요최소한론에 기초한 '일본적 시점'에 과도하게 집착하면, 결국 '나만 옳다는 독선'으로 이어져 현실과 괴리가 생겨난다. 그로 인해 미일동맹이 기능할 수 없게 돼 거꾸로 일본의 안전에 위험을 불러오게 된다. 이것이야말로 본말전도라 할 수 있을 것이다.

요즘처럼 힘에 의한 일방적 현상변경이 버젓이 통용되는 지정학적 경쟁 시대엔 미일동맹이 지역과 세계에 '열린 동맹'의 역할을 해야 한다. 그 중요성이 더 커지고 있다.

아시아·태평양 지역에서 미국의 동맹 네트워크가 '허브 앤 스포크'형의 모습을 취하게 된 것은 제2차 세계대전에서 일본과 적대했던 국가들이 전후에도 여전히 일본을 위협이라고 생각했기 때문이다. 일본도 지역 안전보장에 관여하는 문제에 대해 소극적 자세를 유지해 왔다. 이는 모두 시대에 뒤떨어진 생각이라고 할 수 있다.

실제 최근 아시아·태평양에서는 허브 앤 스포크형 동맹망을 기본으로 하면서도 조약상 동맹국이 아닌 국가들 사이의 안보 협력 관계가 깊어지고 있다. 전통적인 '극동 1905년 체제'에 포함되는 한국과 대만, 미국과 함께 '미일인호 전략대화QUAD(쿼드)'를 구성하는 오스트레일리아와 인도, 영국(예전에 제2차 영일동맹 협정을 통해 '극동 1905년 체제'를 승인했다)과 미일안전보장조약상의 '극동'에 포함되는 필리핀 등이 이 대상국에 포함될 수 있다. 이런 국가와 지역을 동지국으로 삼아 '다국간형 네트워크화'를 추진해 나갈 필요성이 생겨나고 있다. 이를 통해 할 수 있는 협력으로는 우주·사

미일동맹이라는 거울

이버·전자파와 같은 여러 신영역을 대상으로 하는 정보공유와 운용 면의 조정 등이 포함된다.

　이런 노력을 해 나가는 데 있어 우리는 미일동맹에 대한 관점을 버전업해 '일본적 시점'과 안전보장의 현실과의 괴리를 메우기 위한 노력을 거듭해 가야 한다. 이것을 해낼 수 있는지 여부가, 지정학적 경쟁의 시대에 우리 앞에 놓여 있는 역사의 분기점이라고 할 수 있다.

저자 후기

2022년 여름이었다. 도쿄 아자부다이麻布台에 자리한 외무성의 외교사료관을 방문했다. 이 무렵 기간 한정으로 개최되고 있던 옛 미일안전보장조약 원본의 특별전시전을 둘러보고 싶었다.

당시 관람한 전시물 가운데 옛 안전보장조약 이상으로 인상에 남은 것이 있었다. 일본의 전권 대표였던 요시다 시게루 총리가 1951년 9월 7일 샌프란시스코 강화회의에서 낭독했던 강화조약의 수락 연설 원고였다. 이 둥글게 말린 종이는 당시 외국 언론으로부터 '화장실 휴지'라는 야유를 받았다고 한다. 자세히 들여다보니, 연설문 안에 요시다가 세계를 향해 전하려 했던 문장이 들어 있었다. "일본은 패전 이후 오랫동안 쌓아 올린 것들을 잃고 해외 영토와 자원을 접수당했습니다. 이제 이웃 나라들에게 군사적 위협이 될 정도의 근대적 군비에 나설 만한 힘이 전혀 없습니다." 이 구절을 다시 본 순간, 70년이라는 세월의 무게가 온몸을 통해 묵직하게 울리는 것 같은 느낌이 들었다.

이때까지만 해도 아직 얄타 체제적인 전후 질서관이 완전히 사라지지 않고 있었다. 전후 재출발하게 된 일본이 전쟁 전처럼 군국주의에 휩쓸리는 일이 다시는 없을 거라는 서약이 국제평화를 위해 중요하다고 생각하는 시대의 분위기가 남아 있었던 것이다.

제국 일본이 아시아 침략을 저지름으로써 자신은 물론 전 세계에 파괴적인 결과를 가져왔다는 기억이 아직 생생하게 남아 있던 시대였다. 그렇기 때문에 요시다 총리는 강화에 임하면서 현재 일본은 더 이상 지역의 위협이 되지 않을 것이라고 열심히 변명을 늘어놓아야 했다. 전쟁을 통해 지역에 깊은 상흔을 남긴 일본이 국제사회에 복귀하면서 자국의 군사력에 대해 요시다 같은 설명을 내놓는 것 자체는 부자연스러운 일이라고 할 수 없다.

나아가 당시 일본과 미국은 신뢰할 수 있는 동맹이 아니라 여전히 패전국과 승전국의 관계였다. 그렇기 때문에 강화 이후 일본은 자신이 미국의 식민지 같은 신세가 되지 않도록 일본과 일본 밖 사이에 선을 그어 두는 게 좋겠다고 생각했다. 당시 사정을 생각해 보면, 이 역시 어느 정도 이해할 수 있다.

하지만 강화가 이뤄진 지 이미 70년 이상의 세월이 흘렀다. 일본은 국제사회로부터 신임을 얻었고, 미일 간의 신뢰 관계 역시 깊어졌다. 사정이 이런데도 일본이 여전히 제 스스로 손을 묶어 가며 일본과 일본 밖 사이에 선을 긋는 것을 안보 정책의 주요 관심사로 생각한다면, 실제 현실과 어긋남이 생기진 않을까? 자국의 희망이나 사정만으로 평화를 이뤄 내겠다는 것은 아닐까? 저녁 무렵 아자부다이를 뒤로 하면서 그런 생각이 뇌리를 맴돌았다.

이 책은 이러한 문제의식에 기초해 미일동맹의 잘 드러나지 않는 부분에 일부러 빛을 비춰 보려는 시도였다. 본격적인 군사전략론은 아니지만, 역사적 시각 속에서 미일동맹을 둘러싼 중요한 정치적 논점들이 잘 드러나도록 노력했다. 미일동맹이나 일본의 안전보장에 대해 더 잘 이해하고 싶은 분들에게 이 책이 조금이라도 참고가 되었으면 하는 바람이다. 이 의도가 실제 달성됐는지는 독자들의 판단에 맡기려 한다.

이쯤에서 이 책을 내게 된 배경에 대해 잠시 소개해 둔다. 지금까지 미일외교사, 방위정책사, 전쟁종결론에 관해 학술논문·학술서나 교양신서를 집필하고 학회에서 발표하는 것을 주된 연구 활동으로 삼아 왔다. 그러면서 최근 들어선 이따금 텔레비전이나 신문 등 미디어를 통해 의견을 전하거나 강연하는 기회도 얻게 됐다. 이런 새로운 활동을 해 나가는 가운데 필자의 발언을 접한 여러분들이 "대만 유사사태의 출구는 어떻게 생각하면 좋을까"와 같은 질문을 쏟아 내거나 칭찬과 꾸지람을 포함한 여러 반응을 보여주셨다. 또 미디어 관계자분들과 대화하며 내 생각이 더 깊어지는 경우도 있었다.

그런 가운데 그동안 받았던 여러 질문에 대한 필자 나름의 문제의식이나 견해를 제대로 형식을 갖춰 답할 수 없을까 생각하게 됐다. 또 지금까지 손대 왔던 여러 주제 가운데 핵무기 등 (그동안) 미처 다루지 못한 중요한 주제들도 있었다. 하지만 지금까지 다섯 권의 단독 저서를 썼고, 스스로의 범용한 머리에서 짜낼 수 있는 것은 다 짜냈다는 느낌이었다. 도무지 또 새로운 책을 쓰기 위한 구체적인 계획을 세울 상황이 아니었다.

그러던 때 "아닙니다. 아직 짜낼 수 있는 게 있어요"라는 말을

                                               미일동맹이라는 거울

해 준 것이 신초센쇼新潮選書 편집부의 베테랑 편집자 나카시마 데루히코中嶋輝尚 씨였다. 그리고 나카시마 씨와 그가 소개해 준 니시무라 히로카즈西村博一 신초사 편집장과 여러 번 회의를 거듭했다. 그 결과 미일동맹을 테마로 삼아 2022년 안보 3문서, 사태 대처, 출구전략, 확장억지 등을 주제로 먼저 잡지 기고를 시작하게 됐다. 이 둘의 격려 덕분에 기고를 그럭저럭 계속해 나갈 수 있었다. 이때 쓴 원고를 재편집하는 작업을 거쳐 이 책을 세상에 선보일 수 있게 됐다.

이 책의 간행 작업은 나카시마 씨가 주도했고, 신초센쇼의 산베 나오타三邊直太 편집장도 귀중한 조언을 해 줬다. 신초사는 미시마 유키오三島由紀夫나 가이코 다케시開高健 등 이름난 문호 등이 썼다고 하는 가구라자카神楽坂 사옥에 있는 집필용 시설을 준비해 주는 등 많은 배려를 해 줬다. 신초사와 일을 계속 같이할 수 있는 계기를 만들어 주신 분은 시노다 히데아키篠田英朗 선생이다. 깊이 감사드린다.

나는 연구자로서 무엇을 하고 싶은가. 애초 무엇을 위해 연구자의 길을 선택했는가. 어렴풋이 알고는 있었지만, 이에 대해 명확히 언어화된 문서로 적힌 답과 만나게 된 것은 대학원을 졸업하고 본격적인 연구자가 된 지 10년 정도 지난 뒤의 일이었다. "나는 학자가 되고 나서 책을 쓰고 싶어진 게 아니다. 책을 쓰고 싶어서 학자가 된 것이다." 마음속으로 본받고 있던 호소야 유이치細谷雄一 선생이 《요미우리신문》에 기고한 칼럼의 한 부분이다. 호소야 선생은 이 칼럼에서 한 발 더 나아가 다음과 같이 적었다. "책을 쓴다는 것은 스스로의 우주를 만드는 것이다." 당시엔 황홀한 마음으로 읽은 글이었지만, 이번 집필을 하며 이 말에 다시 한번 큰 격려를 받았다.

원고와 관련해선 이치마사 스케유키一政祐行 선생, 스기우라 야스유키杉浦康之 선생, 야마구치 신지山口信 선생, 아사미 아사키浅見明咲 선생이 초고를 읽고 귀중한 지도를 해주셨다. 또 우메모토 데쓰야梅本哲也 선생, 도쿠치 히데시德地秀士 선생, 쇼지 준이치로庄司潤一 선생, 몬마 리라門間理良 선생, 고타니 데쓰오小谷哲男 선생, 쓰루오카 미치토鶴岡路人 선생, 이가라시 다카유키五十嵐隆幸 선생, 사하시 료佐橋亮 선생, 이시하라 유스케石原雄介 선생으로부터 유익한 조언을 받았다. 아카기 간지赤木完爾 선생, 스즈키 가즈토鈴木一人 선생, 진보 겐 선생이 해 주신 말을 통해서도 큰 격려를 받았다. 여기서 다시 감사의 뜻을 전하고 싶다.

이 책을 쓰던 중 필자의 소중한 은인 중 한 분인 야마모토 요시노부山本吉宣 선생이 숨을 거뒀다. 2006년부터 2008년까지 (재)평화·안전보장연구소/(독)국제교류기금미일센터 '안전보장연구장학프로그램'에서 야마모토 선생의 가르침을 받았다. 일본 국제정치학계의 대가이면서도 절대 거만한 적이 없으셨다. 하지만 가르침을 주실 땐 날카롭고 엄격해 연구자로서는 물론 인격적으로도 깊이 존경했었다. 이 프로그램을 수료한 뒤 얼마 지나지 않아 연구 보고를 할 기회가 있었다. 발표를 끝낸 필자 옆에 다가오셔서 웃는 얼굴로 "한 사람의 연구자로 성장했구나"라고 말해 주신 것을 잊지 못한다. 또 이 책을 탈고할 무렵 간사이 시절부터 여러 신세를 졌던 이오키베 마코토五百旗頭真 선생도 돌아가시고 말았다. 필자가 일본방위학회 이노키 마사미치猪木正道상의 정상正賞(본상)

을 수상할 때 기념 보고 모임에서 인사를 드린 것이 마지막이 될 줄은 꿈에도 생각하지 못했다. 이오키베 선생이 지금까지 학문과 사회에서 이뤄 내신 비교할 수 없는 공헌에 심심한 감사의 뜻을 올리고 싶다. 두 선생님께 이 책을 보여 드릴 수 없다는 사실에 탄식할 뿐이다. 진심으로 두 분의 명복을 빈다.

지금 세계를 돌아보면 러시아-우크라이나 전쟁은 언제 끝날지 기약할 수 없고, 한반도·대만해협의 긴장은 풀리지 않고 있으며, 중동에선 이스라엘-가자 분쟁이 새로운 혼란을 불러일으키고 있다. 매일 뉴스로 전해지는 인간 사회의 잔학함·어리석음에 암담한 생각이 들기도 하지만, 그렇기 때문에라도 앞으로 펼쳐질 시대의 평화는 어떤 모습이어야 할지, 일본의 안전보장은 어떻게 확보할지, 독자 여러분들도 함께 생각해 주시면 감사하겠다.

마지막으로 필자의 인생에 큰 행복을 가져다준 둘도 없는 가족인 아내와 세 자녀에게 감사의 마음을 전한다.

2024년 3월

지지와 야스아키

일본의 안전보장 정책에 대해 본격적으로 관심을 갖게 된 것은《한겨레》의 도쿄 특파원 시절인 2014년께부터였다. 돌이켜 생각해 보면, 이 무렵 일본은 커다란 '정체성의 변화'를 겪고 있었던 게 아닌가 한다. 패전을 극복하고 평화 국가로서 새출발한 일본 사회를 지난 70여 년 가까이 지탱해 오던 '전후 평화주의'의 시대가 저물고, '중국의 부상'과 '북한의 핵 개발'이라는 지정학적 도전에 맞서기 위해 일본이 스스로 군사력 강화에 나서야 한다는 이른바 '적극적 평화주의'의 시대가 도래한 것이었다. 이 흐름을 주도한 이는 일본 헌정사상 '최장수 총리'로 역사에 이름을 남긴 아베 신조(재임 기간 2006년 9월~2007년 9월, 2012년 12월~2020년 9월) 전 총리(이하 아베 총리로 표기)였다.

아베 총리는 '적극적 평화주의'를 실현하려면 일본 안보의 '기축'이 되는 미일동맹을 강화해야 한다는 명확한 생각을 갖고 있었다. 이를 위해 반드시 넘어야 할 벽은 '집단적 자위권을 행사하는 것은 위헌'이라고 판단해 온 일본의 오랜 헌법 해석을 바꾸는 것이었다. 아베 전 총리는 2013년 9월 25일 미국 허드슨 연구소 초청 강연에서 자신이 앞으로 무엇을 하려는지에 대해 다음과 같이 말했다.

"일본 근해에서 미국 이지스함이 일본 이지스함과 함께 (적국의) 미사일 발사에 대비하고 있습니다. 그런데 적 항공기가 미군 함정을 공격합니다. 일본 함정이 (이를 막을) 능력이 있다고 해도 도와줄 수가 없습니다. 그렇게 하면 집단적 자위권을 행사하는 게 돼 위헌이기 때문이지요."

'이대로 머물러선 미일동맹이 존립할 수 없다. 일본이 미국을 도와 함께 싸워야 한다. 그렇지 못한다면 일본의 미래는 어두워진다.' 아베 총리는 그렇게 결심했던 것이다.

'평화 국가 일본'의 모습을 근본적으로 뜯어고치려는 이 구상에 대해 일본 사회는 격렬히 저항했다. 일본 시민들은 '(헌법) 9조를 부수지 마 총결집행동 실행위원회' 등의 모임을 만들어 국회를 둘러싸는 '포위 집회'를 열었고, 대학생들을 중심으로 한 젊은 이들은 '실즈SEALDs,(자유와 민주주의를 위한 학생긴급행동)' 등의 단체를 만들어 "아베와 야메로安倍はやめろ(아베 총리는 사임하라)!"라고 외쳤다.

하지만 이런 저항은 큰 효과를 발휘하지 못했다. 일본 정부는 2014년 7월 1일 '일본은 집단적 자위권을 행사할 수 없다'고 역대 정부가 수십 년 동안 내려 왔던 헌법 해석을 일방적으로 수정했고, 이듬해인 2015년 8~9월엔 이를 법제화하는 안보법제 재·개정 작업을 밀어붙였다. 자민당은 9월 17일엔 참의원 특별위원회 의장석을 물리력으로 점거한 뒤 야당 의원들을 몸싸움으로 제압하고 법안을 '날치기' 통과시키는 만행을 저지르기도 했다. 분이 풀리지 않는 표정으로 "이런 가결은 인정할 수 없다. 이것이 가결이라면 민주주의는 죽은 것"이라 호소하던 후쿠야마 데쓰로福山哲郎 민주당(현 입헌민주당) 의원의 성난 표정을 지금도 잊지 못한다.

그래서였나. 당시 썼던 기사의 제목을 보면, 일본 사회의 급격한 변화를 음울한 눈으로 지켜보던 한국인 기자의 강한 정념을 느낄 수 있다. 〈일, 70년 이어온 '안보 틀' 근간 흔들며 국제분쟁 개입 길 터〉(2014년 5월 16일 자 12면) 〈일본, 69년 만에 전쟁 가능한 나라 됐다〉〈사라진 안전핀…일, 중국과 무력충돌 긴장 고조〉(2014년 7월 2일 자 1·3면), 〈"전쟁법안 안돼…아베 그만둬라" 일본 국회 에워싼 성난 시민들〉(2015년 8월 31일 자 16면), 〈자민당, '인의 장막' 치고 땅땅땅…야당 "민주주의 죽은 날"〉(2015년 9월 18일 자 5면). 2015년 8월 30일엔 일본 기준으로는 엄청나다는 말로도 모자란 12만 명의 인파가 일본 국회 앞에 몰려들었다. 당시 시민들은 인도를 벗어나 일부 차도를 점거하기도 했는데, 3년 반 동안 도쿄 특파원을 하며 그런 광경을 본 것은 그때가 처음이자 마지막이었다. 일본 언론들 역시 1960년 안보 투쟁을 방불케 하는 집회였다고 놀라움을 감추지 못했다.

하지만 일본 시민사회의 저항은 딱 거기까지였다. 이후에도 저항운동은 이어졌지만 대체적인 여론은 중국 견제를 위해선 일본의 군사적 역할을 늘려야 한다는 아베 총리의 판단에 동의하고 있는 것처럼 보였다. 이는 미국의 생각이기도 했다. 버락 오바마, 도널드 트럼프 1기, 조 바이든 행정부 등 역대 미국 정부는 '미일동맹을 강화해 중국의 위협에 맞서야 한다'는 일본의 구상에 적극

호응했다. 미일은 2015년 4월 미일 가이드라인(방위협력지침)을 개정해 미일동맹을 극동의 평화·안정을 지키는 '지역 동맹'에서, 전 세계의 평화와 안전에 기여하는 '글로벌 동맹'으로 강화했다. 아베 총리는 2016년 8월엔 한 발 더 나아가 '중국 포위'를 염두에 둔 세계 전략이라고 부를 만한, '자유롭고 열린 인도·태평양FOIP'이라는 개념을 내놓게 된다. 미국은 이후 이 구상을 사실상 그대로 수용해 자체적인 인도·태평양 전략을 발표하게 된다.

2020년 9월 막을 내린 아베 정권의 뒤를 이은 것은 스가 요시히데 정권(2020년 9월~2021년 10월)과 기시다 후미오 정권(2021년 10월~2024년 10월)이었다. 특히 기시다 총리는 자민당 내 대표적인 '리버럴 파벌'인 고치회宏池会 출신이자 피폭지인 히로시마를 지역구로 둔 온건한 인물이었다. 하지만 일본의 안보 정책은 '아베 이전'으로 돌아가지 않았다. 오히려 그 반대였다. 기시다 총리는 2022년 2월 24일 우크라이나 전쟁이 시작되자 그해 6월 10일 아시아안전보장회(샹그릴라 대화) 등에 참석해 "우크라이나는 내일의 동아시아일지도 모른다. 이런 사태를 막으려면 스스로를 지키기 위한 억지력과 대처력을 강화해야 한다"고 말했다. 이 말대로 그는 2022년 12월 16일 이른바 '안보 3문서'를 개정해 일본의 방위예산을 5년 안에(2027년까지) 국내총생산GDP의 2%로 올리고, 상대국의 영토를 직접 타격할 수 있는 이른바 '반격 능력'을 갖추기로 결정했다. 아베 총리의 안보 법제 개정 땐 들불처럼 일어났던 일본 시민의 저항 움직임은 더 이상 눈에 띄지 않았다.

일본이라는 '국가의 정체성'이 변해 가는 이 급격한 정세 변화 속에서 한국만 외따로 떨어져 서 있을 순 없는 법이었다. 2023년 8월

18일 한미일 세 나라 정상은 "공동 안보에 영향을 주는 지역적 도전·도발·위협에 신속히 협의"하고 "연 단위로 훈련을 다영역에서 실시"하기로 정한 '캠프 데이비드' 합의에 이르게 된다. 그 결과 2024년 여름부터 '프리덤 에지freedom edge'라는 이름이 붙은 3개국의 연합훈련이 시작됐다. 미국을 중심으로 각각 따로 움직이던 한미동맹과 미일동맹(이 책의 표현을 빌리자면 '한미·미일 양 동맹')이 마침내 한미일 3개국의 틀로 협력해 나갈 수 있는 의미심장한 토대가 마련된 것이었다.

하지만 이런 일본의 변화, 그리고 이에 휩쓸려 들어가는 한국의 움직임을 바라보는 한국 사회, 특히 진보 진영의 생각은 복잡할 수밖에 없었다. 그렇다 해도 중국의 부상과 미국의 상대적 쇠퇴라는 구조적 위기 상황 속에서 유독 일본에게만 가혹한 잣대를 들이대며 '다시 전쟁할 수 있는 나라가 됐다'고 비난만 퍼부을 순 없는 노릇이었다. 한국인 입장에서 일본의 군사 대국화를 우려하는 것은 당연한 일이겠지만, 언제부터인가 일본 내에서 진행 중인 안보 정책의 변화를 객관적이면서 알기 쉽게 한국 사회에 소개하고 싶다는 생각을 품게 됐다.

이런 생각을 해 오던 차에 주목하게 된 이가 이 책의 저자인 지지와 야스아키 방위연구소 전사연구센터 국제분쟁사연구실장이었다. 지지와 실장은 제43회 이시바시 단잔石橋湛山상을 수상한 《전쟁은 어떻게 종결됐는가》(2021), 《전후 일본의 안전보장》(2022) 등의 저서로 일본에서도 큰 주목을 받고 있는 중견 연구자다. 특히 전쟁 종결이라는 난제를 '분쟁 원인의 근본적 해결'과 '타협적 평화' 사이의 균형 속에서 파악하는 그의 독특한 접근 방식(이 책의

4장에 자세히 소개돼 있다)은 '우크라이나 전쟁을 어떻게 끝낼 수 있을까'라는 문제를 놓고 고민을 이어 가던 일본 사회에 큰 반향을 일으키게 된다.

몇 해 전 《아사히신문》에 실린 전쟁종결론에 대한 전면 인터뷰(2022년 8월 13일 자 9면)를 읽고 호기심이 생겨 그의 책을 여러 권 구입해 읽게 됐다. 이후 기회가 된다면 지지와 실장의 책을 한국 사회에 번역해 소개하고 싶다고 막연히 생각하게 됐다. 마침 2025년 초 미일동맹에 대한 그의 새 책이 나왔다는 소식을 듣고 큰 고민 없이 한겨레출판 쪽에 책을 번역해 소개하고 싶다는 의향을 전했다. 출판사 쪽에선 흔쾌히 제안에 응해 줬다.

처음엔 앞으로 한미일 3각 군사협력에 대한 요구가 많아질 테니 한국 사회가 일본 보수 주류의 안보관이 무엇인지 정확히 이해할 수 있게 됐으면 좋겠다는 정도의 가벼운 마음을 품고 번역에 임했다. 한미동맹과 미일동맹은 태생부터 미국을 매개로 하나로 묶인 '쌍둥이 동맹'이지만, 두 동맹의 성격과 작동 원리에 대한 한국 사회의 이해는 그다지 높다고 할 수 없다. 이 책을 통해 일본인들이 지난 70여 닌 동안 미일동맹을 유지해 오며 어떤 고민을 하고 시행착오를 겪었는지 들여다보는 것만으로도 적잖은 의미가 있겠다고 생각한 것이다. 이를 '남의 문제로서의 미일동맹 이해'라는 말로 표현할 수 있을 것 같다.

하지만 2기 트럼프 행정부가 들어서며 모든 게 변했다. 전후 70여 년 동안 유지되어 온 '자유주의적 국제질서'가 무너져 내리기 시작한 것이다. 그동안 한일 두 나라의 번영을 이끌었던 자유무역 체제와 미국과의 동맹관계가 동시에 흔들리기 시작했다. 정세가 예상보다 더 빨리 변하기 시작한 것이다.

이를 이해하려면 미국이 2025년 12월 4일 공개한 〈국가안보전략NSS〉과 2026년 1월 23일 공개한 〈국가방위전략NDS〉을 자세히 살펴봐야 한다. 이 두 문서를 잘 분석해 보면, 앞으로 한미동맹과 미일동맹이 '근본적 변화'를 겪게 될 것임을 어렵지 않게 알아챌 수 있다. 먼저 트럼프 행정부는 〈국가안보전략〉을 통해 "미국이 (지브롤터해협에서 하늘을 이고 있는 그리스 신화 속) 아틀라스처럼 세계 질서를 홀로 떠받치는 시대는 끝냈다"고 선언했다. 미국이 앞으로 '핵심적 국가 이익'을 협소하게 파악해 군사력을 제한적으로 사용하고, 이 경우에도 동맹에 상당한 부담을 떠넘길 것임을 예상할 수 있다.

미중 갈등의 최전선에 놓여 있는 대만과 관련해선 "대만해협에서 어느 한쪽의 현상 변경 시도도 지지하지 않는다" "(이 지역에서) 군사적 우월성을 유지함으로써 갈등을 억지하는 것이 우선 과제이다" "제1열도선에서 침략을 거부하기 위해 군사적 역량을 구축하겠지만 미군 홀로 이를 떠맡을 수 없다. 동맹국들은 더 적극적으로 나서고, 집단 안보collective defense를 위해 더 많은 비용을 지출하며, 그보다 더 중요하게는 더 많이 행동해야 한다"고 적었다. 동맹국들이 더 많이 나서고 더 지출하고 더 행동해야 한다고 했으니, 한일은 대만의 현상 유지를 위해 지금보다 더 많은 기여를 요구받게 될 것이다.

〈국가방위전략〉에선 여기서 한 발 더 나아가 두 나라에 좀 더 명확한 '군사적 역할'을 부여했다. 한국이 떠맡게 된 것은 일단 '북한 억지'에 대한 1차적 책임이다. 미국은 한국의 군사적 역량에 대해 "북한을 억제할 수 있는 1차적 책임을 질 능력이 있다"고 평가한 뒤 자신들은 앞으로 "결정적이지만 더 제한된 지원"만을 하게 될 것이라고 밝혔다. 미국이 '제한된' 지원만 한다는 것은 앞으로 주한미군의 역할·규모를 크게 줄이고, 한국군에 대한 전시 작전통제권도 곧 돌려줄 것임을 강하게 암시하는 것이다. 동시에 '결정적' 지원은 이어 간다고 했으니, 핵을 통한 확장억지는 당분간 유지할 것으로 보인다.

그대신 한국 방어라는 역할에 묶여 있던 주한미군은 '전략적 유연성'을 발휘해 대중 견제에 나서게 된다. 제이비어 브런슨Xavier Brunson 주한미군사령관은 2025년 11월 17일 주한미군 누리집에 올린 글에서 동아시아의 지도를 동쪽 방향을 향해 위로 들면 한반도와 관련한 "완전히 다른 전략적 지형이 드러난다"며 "주한미군은 원거리에서 증원을 필요로 하는 대기 전력이 아니라, 미군이 위기 상황이나 유사시에 뚫어 내야 하는 방어막 안쪽에 이미 배치된 전력임이 드러난다"고 적었다. 이어 "베이징 시각에서 보면 오산 공군기지에 배치된 미군 전력은 원거리 전력이 아니라 중국 주변에서 즉각적 효과를 낼 수 있는 인접한 전력"이라는 인식을 노골적으로 드러냈다.

브런슨 사령관과 미국의 이런 전략적 판단이 실제 행동으로 바뀌는 데는 그리 오랜 시간이 걸리지 않았다. 주한미군의 F-16 전투기 10여 대는 이 발언이 나온 지 석 달 뒤인 2026년 2월 18일 밤~19일 새벽 사이에 서해의 중국 방공식별구역ADIZ 근처에서 훈련을 벌였다. 주한미군 전투기들이 서해에서 훈련하는 것은 일상적인 일이지만, 서해의 중간선을 넘어 중국에 치우친 공해까지

진출한 것은 극히 이례적인 일이었다. 오산과 중국의 수도 베이징까지 거리는 채 1000km를 넘지 않는다. 화들짝 놀란 중국 전투기들이 긴급발진해, 서해에서 미중 전투기들이 대치하는 아찔한 상황이 전개됐다. 주한미군이 한반도의 '지정학적 이점'을 최대한 활용할 수 있는 오산·군산의 제7공군을 중국 견제에 활용하기 위해 적극 움직이기 시작한 것이라고 판단할 수밖에 없다.

일본에 요구하는 역할은 조금 더 복잡하다. 미국은 "우리는 제1열도선 일대에 강력한 '거부 방어denial defense' 역량을 구축하고, 배치하고, 유지할 것"이며 "이를 위해 이 지역에 있는 우리 동맹들과 파트너들이 특히 효과적인 거부 방어와 관련된 집단 안보를 위해 더 많이 기여하도록 유도하고 지원할 것"이라고 밝혔다. 일본열도에서 시작해 오키나와~대만을 거쳐 필리핀에 이르는 제1열도선에 위치한 미국의 동맹은 일본과 필리핀이다. 즉, 미국이 일본에 요구하는 것은 중국 해군이 대만 침공을 위해 접근하거나 제1열도선을 벗어나 서태평양으로 진출하려 할 때 이를 강력히 견제하는 '거부 능력'을 갖추는 것임을 알 수 있다. 이 거부 능력을 갖추려면 일본은 중거리 미사일을 대량으로 확보해야 한다. 미국이 원하는 수준의 거부 능력을 행사하려면 개헌을 통해 현재 한정적으로 행사하게 되어 있는 집단적 자위권의 제한을 풀어야 할지도 모른다.

결국 앞으로 변화된 안보 환경 속에서 대한민국이 생존해 나가기 위해선 우리 역시 한미동맹의 변화에만 초점을 맞추는 데서 벗어나 미일동맹을 포함한 한미일 관계, 나아가 미국의 전체적인 글로벌 전략을 이해해야 한다. 이런 맥락에서 우리 앞에 놓인 당면 과제는 1960년 1월 당시 기시 노부스케 정권이 미일안전보장 조약을 개정하며 얻어 낸 것과 비슷한 수준의 '사전협의'제도를 확보하는 일이라고 할 수 있다.

미국은 앞서 소개한 주한미군 전투기의 서해 훈련을 통해 한국 내 미군기지를 베이징 등 중국 심장부를 직접 견제하는 데 활용하겠다는 뜻을 명확히 드러냈다. 미국이 오산 기지를 중국 견제를 위한 '발진기지'로 활용한다면, 미중 갈등이 단숨에 한중전쟁으로 변할 수 있다. 우리도 일본처럼 주한미군이 한국 내 기지를 활용해 직접전투작전행동에 나서려면 한국 정부와 사전협의를 하도록 의무화해야 한다. 이 책엔 미일이 사전협의제도를 둘러싸고 어떤 줄다리기를 벌여 왔으며 이 제도로 인해 동맹 간에 어떤 문제가 발생했는지 자세히 기록돼 있다. 미일동맹의 선례를 통해 한미동맹을 개선시켜 나가려는 시각을 '나의 문제로서의 미일동맹 이해'라는 말로 설명할 수 있겠다는 생각이 든다. 그런 의미에서 미일동맹의 지난 70여 년의 역사를 '한미·미일 양 동맹'이라는 관점에서 풀어 주는 이 책은 한국인들의 시야 확장에 큰 도움이 될 수 있을 것이라 믿는다.

마지막으로 책과 관련해 '한국인 입장'에서 아쉬운 점을 두 가지만 꼽아 보려 한다. 먼저 저자는 일본이 극동 사태 때 미국에 기지를 제공해야 하는 당위성의 근거를 이른바 '극동 1905년 체제'라는 개념에서 찾고 있다. 이 체제는 일본이 청일전쟁(1894~1895)과 러일전쟁(1904~1905)에서 승리해 대만과 한반도를 자신의 영향력 아래 넣게 되면서 확립한 안보 체제를 뜻한다. 일본은 이 체제 안에서 장기적인 안정을 유지해 왔을지 모르지만, 한국은 이 과정에서 나라가 망하고, 결국 둘로 쪼개지는 큰 아픔을 겪었다. 저자가 당연히 지켜 내야 한다고 주장하는 '극동 1905년 체제'란 일본의 국익을 중심에 놓고 한국과 대만을 도구화하는 '일본 중심적 개념'이 아닌가 하는 생각을 떨치기 힘들다. 비슷한 맥락에서 일본은 한국 진보 정부의 대북 접근을 경계하고 때로는 견제하는 것을 넘어 방해하는 역할도 서슴지 않아 왔다. 지금의 국제 정세 속에서 한일의 안보 이해는 큰 틀에선 같다고 할 수 있지만, 대북·대중 정책의 핵심적 부분에선 일치하지 않는 지점도 많다.

두 번째는 '일본적 시점'에 대한 지나친 경시다. 저자는 패전 이후 일본이 전후 부흥을 가능케 한 일본의 '전후 평화주의'에 기초한 '일본적 시점'이, 객관적인 안전보장 현실을 도외시한 좁은 식견인 것처럼 비판하고 있다. 아마도 저자는 한국 진보가 오랫동안 유지해 온 안보관이나 대북관에도 비슷한 잣대를 들이대며 비판하려 들지 모른다. 한국의 진보는 남북 관계 개선을 중시하면서 한미일이 힘을 합쳐 북(나아가 중국)을 강하게 견제하는 것엔 극히 신중한 태도를 취해 왔다. 북한이 사실상 핵보유국의 지위를 확보하게 된 현재 시점에서 생각해 보자면, 햇볕정책이라 불리는 이 접근법은 의도했던 성과를 내지 못했다고 인정할 수밖에 없다.

하지만 1989년 냉전이 끝난 뒤부터 2018~2019년 한반도 평화 프로세스가 실패할 때까지 우리에겐 북핵 문제를 해결할 수 있었던 30년이란 충분한 시간이 있었다. 지난 햇볕정책이 더 이상 현실의 문제를 푸는 데 유용하지 않은 접근법이라고 비판할 순 있겠지만, 이 구상이 처음 만들어졌던 무렵에 있었던 효용성까지 부정해선 안 된다. 즉, 이 생각들이 원래부터 틀렸던 것은 아니다. 홍

　　　　　　　　　　　　　미일동맹이라는 거울

상수의 영화 제목에 빗대 말하자면, 그때는 맞지만 우리의 수많은 잘못과 실패로 인해 지금은 틀려지게 된 것이다. 그렇다고 납치자 문제 해결을 국가의 가장 중요한 과제로 삼아 온 일본의 강경한 대북 정책이 성공한 것도 아니다.

마지막으로 동맹을 경시하는 트럼프 2기 행정부의 등장으로 저자가 강조하는 '극동 1905년 체제' 자체가 크게 흔들리고 있다는 점을 언급해 두려 한다. 일본 리버럴들의 꽉 막힌 '일본적 시점(한국 리버럴들의 '한국적 시점'도 있다)'은 극복해야 할 대상이겠지만, 우리가 추구해야 할 유일한 대안이 '한미·미일 양 동맹'을 착실히 강화하는 '제3자적 시점'인지는 확신하기 어렵다. 미국에 대한 의존을 조금씩 줄여가면서 한일이 다른 중견국들과 힘을 합쳐 미중 모두와 공존할 수 있는 '대안적 질서'를 만들어 낼 순 없을까. 스멀스멀 밀려오는 복잡한 감정을 일일이 옮겨 적기 힘들다. 책을 만드는 데 큰 고생을 한 최진우 편집자께 감사의 마음을 전한다. 집의 새 식구가 되어 준 꼬마 고양이 '마롱이'의 건강과 행복을 빈다.

2026년 3·1절 다음 날
이문동 서재에서
역자 길윤형

연표

1890년(메이지 23년)

3월　　　　야마가타 아리토모 총리가 건의서 '외교정략론'에서 '주권선' 과 '이익선'을 주장.

1894~1895년(메이지 27~28년)

청일전쟁. 일본이 시모노세키 조약을 통해 대만을 할양받음.

1905년(메이지 38년)

9월 4일　　러일전쟁(1904~1905)의 강화조약인 포츠머스 조약에 서명, 동아시아의 지역 질서인 '극동 1905년 체제'가 성립.

1945년(쇼와 20년)

8월 14일　일본이 연합국의 항복 권고인 '포츠담 선언'을 수락, 제2차 세계대전 종결.

1947년(쇼와 22년)

3월 12일　트루먼 미국 대통령이 '트루먼 독트린' 발표.

1948년(쇼와 23년)

8월 15일　대한민국 수립.

9월 9일　　조선민주주의인민공화국 성립.

1949년(쇼와 24년)

4월 4일　　미국과 서유럽 국가들 및 캐나다가 북대서양조약에 근거한 북대서양조약기구NATO 결성.

10월 1일　중화인민공화국 성립, 중화민국 정부는 12월 7일 대만섬으로

도망.

1950년(쇼와 25년)

1월 12일   애치슨 미 국무장관 ‘애치슨 라인’ 발표.

6월 25일   한국전쟁 발발, 7월 7일 미국이 ‘한국유엔군’으로 군사개입,
10월 19일 중국이 의용군으로 참전.

1951년(쇼와 26년)

8월 30일   미필 상호방위조약에 근거한 미필동맹 결성.

9월 1일   앤저스ANZUS 조약에 근거해 미국·오스트레일리아·뉴질랜드
동맹 결성.

9월 8일   옛 미일안전보장조약 서명.

1952년(쇼와 27년)

2월 19일   유엔군지위협정 서명.

2월 28일   미일행정협정 서명(1960년 안보조약 개정과 함께 ‘미일지휘
협정’으로 개칭).

4월 28일   샌프란시스코 강화조약 발효, 일화평화조약 서명.

7월 23일   ‘클라크-요시다 비밀 구두양해(지휘권 밀약)’이 교환됨.

1953년(쇼와 28년)

7월 17일   한국전쟁 휴전.

10월 1일   한미상호방위조약에 근거한 한미동맹 결성.

1954년(쇼와 29년)

9월 3일   제1차 대만해협 위기(~1955년 5월 1일).

12월 2일   미화상호방위조약에 근거한 미대(미화)동맹 성립.

1958년(쇼와 33년)

8월 23일   제2차 대만해협 위기(~10월 5일).

3월 30일　스나가와 사건에 대해 주일미군의 주둔이 헌법 위반이라는 제
　　　　　1심 판결(다테 판결) 선고(이후 최고재판소에서 파기).

1960년(쇼와 35년)

1월 6일　　한국의사록(조선밀약)을 결정.

1월 19일　미일안전보장조약 개정, 기시 노부스케 총리와 허터 미 국무
　　　　　장관 사이에 '허터-기시 교환공문'(정식명칭 '조약 제6조의 실
　　　　　시에 관한 교환공문')이 교환됨.

2월 26일　일본 정부의 통일 견해로 미일안보조약에 나온 '극동'의 범위를
　　　　　"대체로 필리핀 이북 및 일본 및 그 주변 지역으로 한국 및 중화
　　　　　민국의 지배 아래 있는 지역도 이에 포함된다"는 사실 제시.

1965년(쇼와 40년)

1월 13일　사토 에이사쿠 총리와 존슨 미 대통령의 정상회담 후 공동성
　　　　　명에서 미국이 일본 방위 의무를 준수하겠다고 재확인(내부적
　　　　　으로 확장억지 제공을 보증).

2월 10일　중의원 예산위원회에서 '미쓰야 연구(유사사태에 대한 자위대
　　　　　의 극비 연구)'가 발각.

6월 22일　한일기본조약 서명.

1968년(쇼와 43년)

1월 27일　외무성의 도고 후미히코 미국국 안전보장과장이 '장비의 중요
　　　　　한 변경에 관한 사전합의의 건(도고 메모)'를 작성.

1969년(쇼와 44년)

2월 21일　사토 에이사쿠 총리와 리처드 닉슨 미국 대통령이 오키나와를
　　　　　'핵 빼고, 본토와 같은 수준'에서 반환하기로 합의(닉슨-사토
　　　　　공동성명).

1972년(쇼와 47년)

2월 21일 닉슨 대통령 중국 방문.

5월 15일 오키나와 반환 실현.

10월 9일 '제4차 방위협력정비계획(4차방)' 책정.

1975년(쇼와 50년)

8월 5~6일 미키 다케오 총리와 제럴드 포드 미국 대통령 미일 정상회담
이후 공동성명 발표, 이 속에서 미국이 확장억지를 제공하기
로 공식 보증.

1976년(쇼와 51년)

10월 29일 '방위계획대강(1976년 대강)' 책정.

1978년(쇼와 53년)

11월 27일 '미일 방위협력 지침(1978년 가이드라인)' 책정.

1979년(쇼와 54년)

4월 10일 미국에서 대만관계법 제정.

1980년(쇼와 55년)

1월 1일 미대동맹 종료.

1993년(헤이세이 5년)

제1차 북핵위기(~1994년).

1995년(헤이세이 7년)

11월 28일 '방위계획대강(1995년 대강)' 책정.

1996년(헤이세이 8년)

4월 17일 '미일안전보장공동선언' 발표.

1997년(헤이세이 9년)

9월 23일　일본 유사사태에 더해 '주변사태'도 대상으로 포함해 '1997년 가이드라인' 개정.

1999년(헤이세이 11년)

5월 28일　'주변사태법' 제정.

2001년(헤이세이 13년)

10월 29일　'대테러 특별조치법' 제정, 아프가니스탄전쟁에 협력 지원.

2002년(헤이세이 14년)

12월 16일　미일 간에 '방위정책재검토협의DPRI' 시작.

2003년(헤이세이 15년)

6월 6일　'사태대처법' 성립.
7월 26일　'이라크특별조치법' 제정, 이라크 부흥에 협력 지원.

2004년(헤이세이 16년)

12월 10일　'방위계획대강(2004년)' 책정.

2006년(헤이세이 18년)

5월 1일　'주일미군 재편 로드맵 합의'에 의해 오키나와 후텐마 비행장 기능을 나고시 헤노코사키 지구로 이설하는 것 등을 미일이 합의.

2007년(헤이세이 19년)

4월 17일　'안전보장의 법적 기반의 재구축에 관한 간담회(안보법제간)' 설치.

2009년(헤이세이 21년)

9월 16일　오키다 가쓰야 외상이 외무성에 미일 간의 '밀약'에 관한 조사를 명령, 이후 '조선의사록'이 외무성 내에서 발견.

2010년(헤이세이 22년)

2월 18일   확장억지의 유지·강화를 논의하는 '미일확장억지협의EDD'가
            정례화.

3월 9일   "이른바 '밀약' 문제에 관한 전문가 조사위원회"가 보고서 제출.

12월 17일   '방위계획대강(2010년 대강)' 책정.

2013년(헤이세이 25년)

12월 17일   '국가안전보장전략' '방위계획대강(2013년 대강)' '중기방위력
            정비계획' 등으로 구성되는 '안보 3문서' 책정.

2015년(헤이세이 27년)

4월 27일   '2015년 가이드라인' 책정, '동맹강화 메커니즘ACM' 설치 등의
            내용 포함.

9월 19일   평화안전법제 제정, 주변사태법을 '중요영향사태법'으로 개정.

2018년(헤이세이 30년)

12월 18일   '방위계획 대강(2018년 대강)' 책정.

2022년(레이와 4년)

12월 16일   '국가안전보장전략' '국가빙위전략' '방위력정비계획' 등으로
            구성되는 '안보 3문서' 책정, 일본 '반격 능력' 보유 등의 내용
            포함.

미주

들어가는 말

1   David Holloway, "Jockeying for Position in the Postwar World: Soviet Entry into the War with Japan in August 1945," in Tsuyoshi Hasegawa ed., The End of the Pacific War: Reappraisals (Stanford: Stanford University Press, 2007), p. 174.

2   Byrnes-Molotov Meeting, July 27, 1945," U.S. Department of State, Foreign Relations of the United States: The Conference of Berlin (The Potsdam Conference) Vol. II (Washington, D.C.: Government Printing Office, 1960) [hereafter FRUS], p. 450

3   長谷川毅『暗闘—スターリン、トルーマンと日本降伏[新版]』中央公論新社、二〇〇六年、三六五頁。

4   保科善四郎『大東亜戦争秘史—失われた和平工作』原書房、一九七五年、一三四頁。

5   マイケル・J・グリーン(上原裕美子訳)『安倍晋三と日本の大戦略—21世紀の「利益線」構想』 日本経済新聞出版、二〇二三年、南基正(市村繁和訳)『基地国家の誕生—朝鮮戦争と日本・アメリカ』 東京堂出版、二〇二三年。

6   首相官邸「ジョンズ・ホプキンス大学高等国際関係大学院における岸田総理スピーチ」（令和五年一月一三日）〈https://www.kantei.go.jp/jp/101_kishida/statement/2023/0113speech.html〉（二〇二三年六月一九日アクセス）。

7   「佐藤発東郷宛第1480号」（七月三〇日）外務省編纂『終戦史録』（上）新聞月鑑社、一九五二年、五二二頁。

제1장 기지 사용: 동맹의 성격과 작동 원리

1　西村熊雄『サンフランシスコ平和条約・日米安保条約』中公文庫、一九九九年、四七一ー四八頁。

2　柴山太「冷戦初期のイギリス連邦は国際システム上の『極』と見なし得るか？ー化学兵器大国としての英国そして米軍部内での英連邦総力戦能力についての評価」『総合政策研究』四七号(二〇一四年七月)五九頁。

3　小谷賢『日本インテリジェンス史ー旧日本軍から公安、内調、NSCまで』中公新書、二〇二二年、七〇頁。

4　村野将「平和安全法制後の朝鮮半島有事に備えてー日米韓協力の展望と課題」『国際安全保障』四七巻二号(二〇一九年九月)七五頁。

5　外務省「日米安全保障条約(主要規定の解説)」〈https://www.mofa.go.jp/mofaj/area/usa/hosho/jyoyaku_k.html〉(二〇二三年六月一九日アクセス)。

6　「参議院議員春日正一君提出日米共同声明と安保・沖縄問題に関する質問に対する答弁書」(昭和四四年一二月二九日)〈https://www.sangiin.go.jp/japanese/joho1/kousei/syuisyo/062/touh/t062001.htm〉(二〇二三年六月一九日アクセス)。

7　信夫隆司「ボーレン・セラノ協定と事前協議制度」『法学紀要』五五巻(二〇一三年)二〇〇、二〇八頁。

8　坂元一哉『日米同盟の絆ー安保条約と相互性の模索[増補版]』有斐閣、二〇二〇年、二七五頁。

9　Yasuhiro Izumikawa, "Network Connections and the Emergence of the Hub-and-Spokes Alliance System in East Asia," International Security 45: 2 (Fall 2020), p. 34

10　松田春香「東アジア『前哨国家』による集団安全保障体制構想とアメリカの対応ー『太平洋同盟』と『アジア民族反共連盟』を中心に」『アメリカ太平洋研究』五号(二〇〇五年三月)一四三頁。

11　Memorandum of Conversation, by the Deputy to the Consultant (Allison)," January 29, 1951, FRUS: 1951, Asia and the Pacific, Vol. VI, Part 1, Document 487 〈https://history.state.gov/historicaldocuments/frus1951v06p1/d487〉(二〇二三年六月二九日アクセス)。

12　大山梓編『山県有朋意見書』原書房、一九六六年、一九六ー二〇一頁。

13　北岡伸一『世界地図を読み直すー協力と均衡の地政学』新潮選書、二〇一九年、八〇ー八一頁。

14　井上毅伝記編纂委員会編『井上毅伝 史料篇第二』國學院大學図書館、一九六八年、六八八頁。

15　古結諒子『日清戦争における日本外交ー東アジアをめぐる国際関係の変容』名古屋大学出版会、二〇一六年、一二一頁。

16　楊素霞「日露戦後における植民地経営と樺太統治機構の成立―日本政府内部の議論からみる」『社会システム研究』三二号(二〇一六年三月)三一頁。

17　庄司潤一郎「日本の南進と南洋興発―中国の太平洋進出への示唆」『NIDSコメンタリー』一一三号(二〇二〇年三月二四日)〈http://www.nids.mod.go.jp/publication/commentary/pdf/commentary113.pdf〉(二〇二三年六月一九日アクセス)二頁。

18　高橋慶吉『米国と戦後東アジア秩序―中国大国化構想の挫折』有斐閣、二〇一九年、一九頁。

19　永井陽之助『冷戦の起源―戦後アジアの国際環境Ⅱ』中公クラシックス、二〇一三年、七―八頁。

20　柴山太『日本再軍備への道―1945～1954年』ミネルヴァ書房、二〇一〇年、二七頁。

21　佐橋亮『共存の模索―アメリカと「二つの中国」の冷戦史』勁草書房、二〇一五年、三〇頁。

22　高坂正堯「世界史を創る人びと―現代指導者論」高坂正堯著作集刊行会編『高坂正堯著作集(4)』都市出版、二〇〇〇年、二九四頁。

23　デイヴィッド・ハルバースタム(金子宣子訳)『ザ・フィフティーズ』(上)新潮社、一九九七年、二一頁。

24　村田晃嗣『大統領の挫折―カーター政権の在韓米軍撤退政策』有斐閣、一九九八年、二六頁。

25　"Memorandum by the Director of the Office of Northeast Asian Affairs (Allison) to the Director of the Policy Planning Staff(Nitze)," July 24, 1950, FRUS: 1950, Korea, Vol. VII, Document 349 〈https://history.state.gov/historicaldocuments/frus1950v07/d349〉(二〇二三年六月二九日アクセス)。

26　太田昌克『日米「核密約」の全貌』筑摩書房、二〇一一年、六八頁。

27　ジョージ・F・ケナン(清水…俊雄訳)『ジョージ・F・ケナン回顧録―対ソ外交に生きて』(上)読売新聞社、一九七三年、三七一頁。

28　"Report by the Policy Planning Staff," November 6, 1947, FRUS: 1947, General; The United Nations, Vol. I, Document 393 〈https://history.state.gov/historicaldocuments/frus1947v01/d393〉(二〇二三年六月二九日アクセス);"Memorandum by the Director of the Policy Planning Staff (Kennan)," July 6, 1949, FRUS: 1949, The Far East: China, Vol. IX, Document 402 〈https://history.state.gov/historicaldocuments/frus1949v09/d402〉(二〇二三年六月二九日アクセス)。

29　高橋『米国と戦後東アジア秩序』二〇八― 二〇九頁。

30　陸戦史研究普及会編『陸戦史集(23)朝鮮戦争(7)―国連軍の再反攻』原書房、一九七二年、一〇頁。

31　兼原信克『戦略外交原論』日本経済新聞出版社、二〇一一年、四二、五二、

七六、三九二、三九六、四二八頁。

32　吉田茂『世界と日本』番町書房、一九六三年、一四八頁。

33　"Letter From the Ambassador in Japan (MacArthur) to the Secretary of State," May 25, 1957, FRUS: 1955-1957, Japan, Vol. XXIII, Part 1, Document 159 〈https://history.state.gov/historicaldocuments/frus1955-57v23p1/d159〉（二〇二三年六月二九日アクセス）。

34　「総理訪米(韓国問題)の件」（一九六一年六月二〇日）『オンライン版宮澤喜一関係文書』〈https://j-dac.jp/miyazawa/index.html〉（二〇二三年六月一九日アクセス）。

35　木宮正史『日韓関係史』岩波新書、二〇二一年、二〇一頁。

36　いわゆる「密約」問題に関する有識者委員会「いわゆる『密約』問題に関する有識者委員会報告書」（二〇一〇年三月九日）〈https://www.mofa.go.jp/mofaj/gaiko/mitsuyaku/pdfs/hokoku_yushiki.pdf〉（二〇二〇年一月二八日アクセス）五〇― 五一頁。

37　五味洋治『朝鮮戦争は、なぜ終わらないのか』創元社、二〇一七年、二五四― 二五五頁。

38　「『光復節』記念式典の尹錫悦大統領演説全文」『聯合ニュ…ース』（日本語版サイト）二〇二三年八月一五日付〈https://jp.yna.co.kr/view/AJP20230815002200882〉（二〇二三年一一月一六日アクセス）。

39　成田千尋『沖縄返還と東アジア冷戦体制―琉球…／沖縄の帰属・基地問題の変容』人文書院、二〇二〇年、二八八頁。

40　ヴィクター・D・チャ(船橋洋一監訳・倉田秀也訳)『米日韓反目を超えた提携』有斐閣、二〇〇三年、二六五頁。

41　小林聡明「沖縄返還をめぐる韓国外交の展開と北朝鮮の反応」竹内俊隆編著『日米同盟論―歴史・機能・周辺諸国の視点』ミネルヴァ書房、二〇一一年、三四〇― 三四五頁。

42　成田『沖縄返還と東アジア冷戦体制』二七四― 二七五頁。

43　「1969年佐藤総理・ニクソン大統領会談に至る沖縄返還問題」（一九六九年一二月一五日）『データベース「世界と日本」』〈https://worldjpn.net/documents/texts/JPUS/19691215.O1J.html〉（二〇二三年六月一九日アクセス）。

44　「沖縄返還問題に関する愛知大臣・マイヤー米大使会談」（一九六九年七月一七日）『データベース「世界と日本」』〈https://worldjpn.net/documents/texts/JPUS/19690717.O1J.html〉（二〇二三年六月一九日アクセス）。

45　石原雄介「検証『瓶の蓋』論―1970年代初頭日米中三国間の議論と不一致」『安全保障戦略研究』三巻二号(二〇二三年三月)二二二― 二二三頁。

46　"Memorandum of Conversation," July 10, 1971, FRUS: 1969-1976, Vol. XVII, China, 1969-1972, Document 140 〈https://history.state.gov/historicaldocuments/

frus1969-76v17/d140〉（二〇二三年六月二九日アクセス）。

47　"Memorandum of Conversation," February 22, 1972, National Archives, Nixon Presidential Materials Project, White HouseSpecial Files, President's Office Files, box 87, Memoranda for the President Beginning February 20, 1972　〈https://nsarchive2.gwu.edu/NSAEBB/NSAEBB106/NZ-1.pdf〉（二〇二三年六月二九日アクセス）。

48　「日本政府が『台湾条項』に対する統一見解」（一九七二年一一月八日）『データベース「世界と日本」』　〈https://worldjpn.net/documents/texts/JPCH/19721108.O1J.html〉（二〇二三年一〇月六日アクセス）。

49　栗山尚一『戦後日本外交ー軌跡と課題』　岩波書店、二〇一六年、一一八ー一一九頁。

50　『日本経済新聞』二〇二三年一〇月六日付。

51　『防衛白書』二〇二三年版〈https://www.mod.go.jp/j/press/wp/wp2023/html/n320502000.html〉（二〇二三年一一月一六日　アクセス）。

52　明田川融『日米地位協定ーその歴史と現在』みすず書房、二〇一七年、二四八ー二四九頁、山本章子『日米地位協定ー在日米軍と「同盟」の70年』中公新書、二〇一九年、二〇五頁。

53　外務省「日米地位協定Q＆A」〈https://www.mofa.go.jp/mofaj/area/usa/sfa/qa.html〉（二〇二四年一月四日アクセス）。

54　船橋洋一『地経学とは何か』文春新書、二〇二〇年、一〇〇頁。

55　『日本経済新聞』二〇二三年八月一五日付夕刊。

56　『日本経済新聞』二〇二三年二月四日付。

57　Mark F. Cancian, Matthew Cancian, and Eric Heginbotham, The First Battle of the Next War: Wargaming a Chinese Invasion of Taiwan (D.C.: Center for Strategic and International Studies, 2023), p. 83.

58　真部朗「台湾シナリオと防衛政策決定における日本の課題」森本敏・小原凡司編『台湾有事のシナリオー日本の安全保障を検証する』ミネルヴァ書房、二〇二二年、三〇一頁。

59　ボニー・グレイザー「台湾への関与強める米国の戦略」『外交』Vol.57(二〇一九年九・一〇月)二四頁。

60　太田昌克・兼原信克・髙見澤將林・番匠幸一郎『核兵器について、本音で話そう』新潮新書、二〇二二年、一二一頁。

61　Markus Garlauskas, "The United States and Its Allies Must Be Ready to Deter a Two-Front War and Nuclear Attacks in East Asia," August 16, 2023　〈https://www.atlanticcouncil.org/in-depth-research-reports/report/the-united-states-and-its-allies-must-be-ready-to-deter-a-two-front-war-and-nuclear-attacks-in-east-asia/〉（二〇二三年一〇月六日アクセス）

제2장 부대 운용: 누가 얼마나 지휘할 것인가

1 防衛省防衛研究所戦史研究センター編『オーラル・ヒストリー日本の安全保障と防衛力(5)―村木鴻二』防衛省防衛研究所、二〇一九年、八五頁。

2 "Joint Military Planning," October 19, 1974, 00094, Japan and the United States: Diplomatic, Security, and Economic Relations, Part II, 1972-1992, National Security Archive (D.C.)

3 板山真弓『日米同盟における共同防衛体制の形成―条約締結から「日米防衛協力のための指針」策定まで』ミネルヴァ書房、二〇二〇年、一二二― 一二四頁。

4 西野純也「朝鮮半島と太平洋軍」土屋大洋編著『アメリカ太平洋軍の研究―インド・太平洋の安全保障』千倉書房、二〇一八年、一〇八頁。

5 U.S. Joint Chiefs of Staff, Joint Publication 1: Doctrine for the Armed Forces of the United States, March 25, 2013, p. II-23, 〈https://www.jcs.mil/Portals/36/Documents/Doctrine/pubs/jp1_ch1.pdf.〉(二〇二三年六月二九日アクセス)。

6 土屋大洋「米国統合軍の組織と歴史―太平洋軍を中心に」土屋編著『アメリカ太平洋軍の研究』二頁。

7 磯部晃一『トモダチ作戦の最前線―福島原発事故に見る日米同盟連携の教訓』彩流社、二〇一九年、一二七頁。

8 Joint Publication 3-16: Multinational Operations, March 1, 2019, p. II-7, 〈https://www.jcs.mil/Portals/36/Documents/Doctrine/pubs/jp3_16.pdf.〉(二〇二三年七月四日アクセス)。

9 "CINCFE to Department of Army, C52588," July 26, 1952, 石井修・植村秀樹監修『アメリカ合衆国対日政策文書集成アメリカ統合参謀本部資料 1948―1953』(15)柏書房、二〇〇〇年、二一四― 二一五頁。

10 "Administrative Agreement Between the United States of America and Japan to Implement Provisions of the Agreement They Have Entered into for Collective Defense,"「平和条約の締結に関する調書IV」、外務省、二四七頁〈https://www.mofa.go.jp/mofaj/annai/honsho/shiryo/archives/pdfs/heiwajouyaku2_06.pdf〉(二〇二三年六月一九日アクセス)。

11 「第12回非公式会談要録」(一九五二年二月一八日)「調書VIII」三二九―三三一頁〈https://www.mofa.go.jp/mofaj/annai/honsho/shiryo/archives/pdfs/heiwajouyaku5_16.pdf〉(二〇二三年六月一九日アクセス)。

12 "CINCFE to Department of Army, CX 68274," May, 10, 1952, 石井・植村監修 『アメリカ合衆国対日政策文書集成アメリカ統合参謀本部資料 1948―1953』(15)六六頁。

13 柴山『日本再軍備への道』四二五頁。

14　松本はる香「第一次台湾海峡危機をめぐる大陸沿岸諸島の防衛問題の変遷—『蔣介石日記』および台湾側一次史料による分析」『アジア経済』五八巻三号（二〇一七年九月）三〇頁。

15　Commander in Chief, Pacific Command, CINCPAC Command History, 1974, Vol. I, pp. 54-55. 部政明「米韓合同軍司令部の設置—同盟の中核」菅英輝編著『冷戦史の再検討—変容する秩序と冷戦の終焉』法政大学出版局、二〇一〇年、一八五— 一九二頁。

16　CINCPAC Command History, 1975, Vol. I, pp. 48-49.

17　"National Security Decision Memorandum 251," March 29, 1974, p. 2, Federation of American Scientists 〈https://fas.org/irp/offdocs/nsdm-nixon/nsdm_251.pdf.〉（二〇二三年六月二九日アクセス）。

18　防衛省防衛研究所戦史研究センター編「石津節正オーラル・ヒストリー」『オーラル・ヒストリー冷戦期の防衛力整備と同盟政策(3)』防衛省防衛研究所、二〇一四年、九三— 九五頁。

19　板山『日米同盟における共同防衛体制の形成』一九八— 一九九頁。

20　Institute for Military History, The History of the ROK-US Alliance 1953-2013 (Seoul: Institute for Military History, Ministry of National Defense, ROK, 2014), p. 165.

21　春原剛『同盟変貌—日米一体化の光と影』日本経済新聞出版社、二〇〇七年、二三八、二四二頁。

22　春原剛『在日米軍司令部』新潮社、二〇〇八年、二一二— 二一五頁。

23　春原『在日米軍司令部』二〇九— 二一〇頁。

24　倉田秀也「米韓『未来連合司令部』構想とトランプ政権—変則的指揮体系の可能性と限界」『外交』Vol. 54(二〇一九年三・四月)一〇五頁。

25　平和・安全保障研究所「危機に抗して国家の総合力を発揮できる安全保障戦略—大国間競争の最前線における日本の選択」(二〇二二年七月)一六—一七頁〈https://www.rips.or.jp/jp/wp-content/uploads/2022/07/0701b8bc11476e8e94164d09e8058558-1.pdf〉（二〇二三年六月一九日アクセス）。

26　『日本経済新聞』二〇二三年八月六日付。

27　『産経新聞』二〇二二年一二月一七日付。

28　岩田清文・武居智久・尾上定正・兼原信克『自衛隊最高幹部が語る令和の国防』新潮新書、二〇二一年、一二〇— 一二三頁。

29　『中央日報』(日本語版サイト)二〇二三年九月二六日付。

30　村野「平和安全法制後の朝鮮半島有事に備えて」九〇頁。

31　真部「台湾シナリオと防衛政策決定における日本の課題」三〇五— 三〇六頁。

제3장 사태 대처: 단계별 유사사태와 대응 방안

1　西原正監修・朝雲新聞社出版業務部編『わかる平和安全法制—日本と世界の平和のために果たす自衛隊の役割』朝雲新聞社、二〇一五年。

2　西原正監修・朝雲新聞社出版業務部編『わかる平和安全法制—日本と世界の平和のために果たす自衛隊の役割』朝雲新聞社、二〇一五年。

3　小谷哲男「台湾海峡有事シミュ…レーション：概要と評価」（二〇二三年三月三〇日）〈https://www.jiia.or.jp/research-report/security-fy2022-04.html〉（二〇二三年六月一九日アクセス）。

4　久江雅彦『9・11と日本外交』講談社現代新書、二〇〇二年、八九頁。

5　竹内行夫『外交証言録—高度成長期からポスト冷戦期の外交・安全保障—国際秩序の担い手への道』岩波書店、二〇二二年、四二二— 四二三頁。

6　防衛省防衛研究所戦史研究センター編『オーラル・ヒストリー日本の安全保障と防衛力(14)—佐藤謙』防衛省防衛研究所、二〇二四年、八五— 八六頁。

7　原彬久『戦後政治の証言者たち—オーラル・ヒストリーを往く』岩波書店、二〇一五年、二〇八— 二〇九頁。

8　春原『同盟変貌』六六頁。

9　読売新聞政治部編著『安全保障関連法—変わる安保体制』信山社、二〇一五年、一五三—一五四頁。

10　이 점에 대해서는, 쓰루오카 미치토鶴岡路人(게이오대학 준교수)가 알려 주었다.

11　神保謙「外交・安全保障戦略性の追求」アジア・パシフィック・イニシアティブ『検証安倍政権—保守とリアリズムの政治』文春新書、一六七頁。

12　木村草太「安保法案のどこに問題があるのか」長谷部恭男編『検証・安保法案—どこが憲法違反か』有斐閣、二〇一五年、一四頁。

13　森聡「平和安全法制における法的事態とその認定について」「安全保障政策のリアリティ・チェック—新安保法制・ガイドラインと朝鮮半島・中東情勢」研究プロジェクト安全保障政策研究会『安全保障政策のリアリティ・チェック』日本国際問題研究所、二〇一七年、一八— 一九頁。

14　西原正『「吉田ドクトリン」を越えて—冷戦後日本の外交・防衛を考える』内外出版、二〇二二年、一八九頁。

제4장 출구전략: 전쟁을 어떻게 끝낼 것인가

1　千々和泰明『戦争はいかに終結したか—二度の大戦からベトナム、イラクまで』中公新書、二〇二一年。

2　篠田英朗『憲法学の病』新潮新書、二〇一九年、九四頁。

3　バートン・バーンスタイン「検証原爆投下決定までの三百日」『中央公論』
一三一八号(一九九五年二月)四〇〇頁。

4　Barton J. Bernstein, "Syngman Rhee: The Pawn as Rook: The Struggle to End the
Korean War," Bulletin of Concerned Asian Scholars 10: 1 (January-March 1978), p.
40.

5　Nguyen Tien Hung and Jerrold L. Schecter, The Palace File (New York: Harper &
Row, 1986), pp. 88-89, 105.

6　ウィリアム・シャイラー(井上勇訳)『フランス第三共和制の興亡(2)―1940年、フ
ランス没落の探究』東京創元社、一九七一年、三五九― 三六一、四〇五頁。

7　P・カルヴォコレッシー、G・ウィント、J・プリチャード(八木勇訳)『トータル・ウ
ォ――第二次世界大戦の原因と経過(上)西半球…編』河出書房新社、一九九一
年、四二七頁。

8　村野将「北朝鮮のセオリー・オブ・ビクトリーを支える核・ミサイル能力の向上」
日本の抑止力とアジアの安定研究会『日本の抑止力とアジアの安定を考える』
PHP総研、二〇二一年、一八― 二〇頁。

9　村野「北朝鮮のセオリー・オブ・ビクトリーを支える核・ミサイル能力の向上」
二〇頁。

10　Cancian, et al., The First Battle of the Next War, p. 4.

11　Cancian, et al., The First Battle of the Next War, pp. 87-88, 120.

12　『日本経済新聞』二〇二三年二月二四日付。

13　Cancian, et al., The First Battle of the Next War, p. 144.

14　岩田清文・武居智久・尾上定正・兼原信克『自衛隊最高幹部が語る台湾有事』新
潮新書、二〇二二年、一六六― 一六七頁。

15　真山全「在外自国民保護の国際法上の評価」武田康裕編著『在外邦人の保護・救
出―朝鮮半島と台湾海峡有事への対応』東信堂、二〇二一年、七八頁。

16　黒﨑将広「台湾シナリオとグレーゾーン事態の国際法―日中共同声明の制約と
域外サイバー行動の法的課題」森本・小原編 『台湾有事のシナリオ』二五三頁。

17　松岡完『ベトナム戦争―誤算と誤解の戦場』中公新書、二〇〇一年、四三頁。

18　Steven Rosen, "War Power and the Willingness to Suffer," in Bruce M. Russett ed.,
Peace, War, and Numbers (Beverly Hills: Sage Publications, 1972)

19　Marilyn B. Young, The Vietnam Wars 1945-1990 (NY: HarperCollins, 1991), p. 172.

20　W・S・チャーチル(佐藤亮一訳)『第二次世界大戦』(2)河出書房新社、一九八三年、
八五― 八八頁。

21　"Draft Memorandum from Secretary of Defense McNamara to President Johnson,"
June 12, 1967, FRUS: 1964-1968, Vietnam, Vol. V, p. 481.

　　　　　　　　　　　　　　　　　　　　　미일동맹이라는 거울

제5장 확장억지: 열도와 반도, 미국의 핵전략

1　太田『日米「核密約」の全貌』三五〇— 三五一頁。

2　ブラッド・ロバーツ(村野将監訳・解説)『正しい核戦略とは何か—冷戦後アメリカの模索』勁草書房、二〇二二年、一一一頁。

3　田中明彦『安全保障—戦後50年の模索』読売新聞社、一九九七年、二二二頁。

4　「いわゆる『密約』問題に関する有識者委員会報告書」六七頁。

5　"Telegram from the Embassy in Japan to the Department of State," December 29, 1964, FRUS: 1964-1968, Vol. XXIX, Part 2, Japan, Document 37 〈https://history.state.gov/historicaldocuments/frus1964-68v29p2/d37〉 (二〇二三年六月二九日アクセス)。

6　"Memorandum of Conversation," January 12, 1965, FRUS: 1964-1968, Vol. XXIX, Part 2, Japan, Document 41 〈https://history.state.gov/historicaldocuments/frus1964 -68v29p2/d41〉 (二〇二三年六月二九日アクセス)。

7　木宮『日韓関係史』八九頁。

8　五十嵐隆幸『大陸反攻と台湾—中華民国による統一の構想と挫折』名古屋大学出版会、二〇二一年、一七三頁。

9　板山『日米同盟における共同防衛体制の形成』七一頁。

10　岡本行夫『危機の外交岡本行夫自伝』新潮社、二〇二二年、一五九— 一六〇頁。

11　岸俊光「『灰色の領域』最終回公文書が伝えない証言の重み毎日新聞取材班がのこしたもの」『アジア時報』五七八号(二〇二二年七・八月)四七— 四八頁。

12　中島琢磨「『灰色の領域』(4)高橋通敏・外務省元条約局長—米国の核の傘と非核三原則の交差点」『アジア時報』五四二号(二〇一八年一二月)三六、三九— 四〇頁。

13　岸「『灰色の領域』最終回」四九頁。

14　外務省安全保障課「核兵器の持ち込みに関する事前協議の件」(昭和三八年四月一三日)〈https://www.mofa.go.jp/mofaj/gaiko/mitsuyaku/pdfs/t_1960kaku.pdf〉(二〇二三年六月二九日アクセス)。

15　"Telegram from Tokyo to Secretary of State," April 4, 1963, NSA 〈https://nsarchive2.gwu.edu/nukevault/ebb291/doc03.pdf〉 (二〇二三年六月二九日アクセス)。

16　「装備の重要な変更に関する事前協議の件」(一九六八年一月二七日)『データベース「世界と日本」』〈https://worldjpn.net/documents/texts/JPUS/19680127.O1J.html〉(二〇二三年六月二一日アクセス)。

17　「いわゆる『密約』問題に関する有識者委員会報告書」四六頁。

18　飯山雅史「交渉当事者・マッカーサー元駐日大使の証言日本は『核密約』を明
　　確に理解していた」『中央公論』一二四巻一二号（二〇〇九年一二月）一七八―
　　一七九頁。

19　栗山尚一著、中島琢磨・服部龍二・江藤名保子編『外交証言録―沖縄返還・日中
　　国交正常化・日米「密約」』岩波書店、二〇一〇年、二一九頁。

20　佐藤行雄『差し掛けられた傘―米国の核抑止力と日本の安全保障』時事通信
　　社、二〇一七年、三一〇― 三一一頁。

21　鶴岡路人「NPRへの視点(2)―非戦略核、核の前方展開」『NIDSコメンタリ
　　ー』一一号（二〇一〇年五月二四日）〈http://www.nids.mod.go.jp/publication/
　　commentary/pdf/commentary011.pdf〉（二〇二三年六月二一日アクセス）。

22　『朝日新聞』一九八五年三月一六日付。

23　『朝日新聞』一九八五年三月一六日付。

24　中島琢磨『沖縄返還と日米安保体制』有斐閣、二〇一二年、二六六、二七二―
　　二七三頁。

25　「いわゆる『密約』問題に関する有識者委員会報告書」七九頁。

26　中島『沖縄返還と日米安保体制』二七五頁。

27　「衆議院議員松本善明君提出安保条約と防衛問題等に関する質問に対する答弁
　　書」（昭和四四年四月八日）〈https://www.shugiin.go.jp/internet/itdb_shitsumona.
　　nsf/html/shitsumon/b061002.htm〉（二〇二四年一月二七日アクセス）。

28　中島『沖縄返還と日米安保体制』二七二― 二七八頁。

29　中島『沖縄返還と日米安保体制』二七七頁。

30　波多野澄雄『歴史としての日米安保条約―機密外交記録が明かす「密約」の虚
　　実』岩波書店、二〇一〇年、二五三頁。

31　小林聡明「沖縄返還をめぐる韓国外交の展開と北朝鮮の反応」竹内俊隆編『日
　　米同盟論―歴史・機能・周辺諸国の視点』ミネルヴァ書房、二〇一一年、三四二
　　頁。

32　小林「沖縄返還をめぐる韓国外交の展開と北朝鮮の反応」三四三―三四四頁、
　　崔慶原『冷戦期日韓安全保障関係の形成』慶應義塾大学出版会、二〇一四年、
　　八五頁。

33　小林「沖縄返還をめぐる韓国外交の展開と北朝鮮の反応」三五一頁。

34　Kenneth P. Werrell, The Evolution of the Cruise Missile (Maxwell: Air University
　　Press, 1985), p. 112.

35　元山仁士郎「米中接近における沖縄ファクターの検討―米国の対中作戦計画と
　　中国の不干渉」『国際政治』二〇九号（二〇二三年三月）八七頁。

36　石井修「ニクソン政権の核戦略」『一橋法学』一三巻一号（二〇一四年三月）七一
　　八頁。

37　太田『日米「核密約」の全貌』五〇頁。

38　obert S. Norris, William M. Arkin, and William Burr, "Where They Were," Bulletin of the Atomic Scientists 55: 6 (November 1999), p. 29.

39　Norris, et. al., "Where They Were," p. 29.

40　Norris, et. al., "Where They Were," p. 30.

41　太田『日米「核密約」の全貌』六八頁。

42　"National Security Study Memorandum 5: Japan Policy," April 28, 1969, pp. 23-24, 01061, Japan and the United States: Diplomatic,Security, and Economic Relations, Part I: 1960-1976, NSA.

43　U・アレクシス・ジョンソン(増田弘訳)『ジョンソン米大使の日本回想ー二・二六事件から沖縄返還・ニクソンショックま。

44　村野将「米中『相互確証破壊』時代の到来ー日本に高まる『核の脅し』のリスク」『フォーサイト』(二〇二三年二月一〇日)。

45　後瀉桂太郎「欧州とアジアにおける『核の閾値』ー非戦略核をめぐる思考実験」岩間陽子編『核共有の現実ーNATOの経験と日本』信山社、二〇二三年、一九三頁。

46　太田『日米「核密約」の全貌』二七三ー 二七四、二八八ー 二八九、三三一ー三三二頁。

47　梅本哲也『核兵器と国際政治ー1945ー1995』日本国際問題研究所、一九九六年、八〇頁。

48　栗山『戦後日本外交』一〇一頁。

49　"NSSM 5," p. 23.

50　Norris, et. al., "Where They Were," p. 34

51　Hans M. Kristensen, Robert S. Norris, and Matthew G. McKinzie, Chinese Nuclear Forces and U S. Nuclear War Planning (D.C.: Federation of American Scientists and Natural Resources Defense Council), pp. 134-135.

52　太田『日米「核密約」の全貌』三三八頁。

53　『防衛白書』二〇二三年版〈https://www.mod.go.jp/j/press/wp/wp2023/w2023_00.html〉(二〇二三年一一月一九日アクセス)。

54　後瀉「欧州とアジアにおける『核の閾値』」一九三頁。

55　高橋杉雄「日米同盟に『核共有』は必要か」『正論』六〇八号(二〇二二年五月)五三ー 五四頁。

56　岩間陽子「核共有と日本の安全保障」岩間編『核共有の現実』二〇五ー 二〇六頁。

57　後瀉「欧州とアジアにおける『核の閾値』」一九三頁。

58　後瀉「欧州とアジアにおける『核の閾値』」一九三頁。

59 ロバーツ『正しい核戦略とは何か』二四七頁。

60 岡田克也外務大臣発ヒラリー・クリントン国務長官宛書簡(二〇〇九年一二月二四日) 〈https://www.mofa.go.jp/mofaj/press/kaiken/gaisho/pdfs/g_1001_01.pdf〉(二〇二三年六月二一日アクセス)。

61 田中慎吾「核付きトマホーク(TLAM-N)とは何か―核の傘における日米間の認識のズレとその収束」『東アジア研究』 七四号(二〇二一年)二五― 二六頁

62 アンドリュ…ー・クレピネヴィッチ(飯塚真紀子取材・構成)「米ペンタゴンが恐れる北の奇襲攻撃」『文藝春秋』九五巻九号(二〇一七年九月)一七七頁。

63 岩田・武居・尾上・兼原『自衛隊最高幹部が語る令和の国防』一四三頁。

나가는 말

1 이 시나리오들은 2022년판 《방위 백서》 71쪽, 고타니 데쓰오小谷哲男의 《대만해협 유사사태 시뮬레이션》, 무라노 마사시의 《북한의 승리이론을 뒷받침하는 핵·미사일 능력 향상》 20쪽을 참고했다.

미일동맹이라는 거울

ⓒ 지지와 야스아키, 2026

초판 1쇄 인쇄 2026년 4월 3일
초판 1쇄 발행 2026년 4월 20일

지은이 지지와 야스아키
옮긴이 길윤형
펴낸이 유강문
인문사회팀 최진우 김효진
마케팅 김한성 조재성 박신영 김애린 오민정 우지윤

펴낸곳 ㈜한겨레엔 www.hanibook.co.kr
등록 2006년 1월 4일 제313-2006-00003호
주소 서울시 마포구 창전로 70(신수동) 화수목빌딩 5층
전화 02-6383-1602~3
팩스 02-6383-1610
대표메일 book@hanien.co.kr
ISBN 979-11-7213-390-0 03340